内容简介

《中国研究生教育研究进展报告（2015）》继续坚持"汇聚研究生教育研究成果、展示研究生教育研究现状、启示研究生教育研究方向、促进研究生教育科学发展"的编写方针，对2014年度我国研究生教育研究的进展进行了梳理，希望能够帮助读者从宏观的视角认知中国研究生教育研究的主要领域和重点问题，准确把握当前研究生教育研究的内容及热点和趋势。

本报告分为研究生教育基本问题、质量研究、人才培养、导师队伍、招生与就业、德育研究、学科建设、管理问题、国际比较9个专题。各专题聚焦研究主题，系统梳理文献，全面反映了2014年度我国研究生教育的研究成果。同时，在分析文献分布情况的基础上，归纳了年度研究热点、研究方法、作者群特点，指出相关专题的研究空白领域，并在综合2012年、2013年、2014年报告的基础上，增加了2011—2014年相关主题的比较分析，希望对学者的研究有所启示。

本报告可以为想了解中国研究生教育研究的研究生和学者提供研究信息与线索，也可以为研究生教育管理者和工作者提供相关的参考。阅读本书的学者可以通过专题二、三、四、七、九等专题，了解最新研究热点、研究进展，以创新性开展研究，促进研究生教育科学发展；管理者和工作者通过专题一、七、八、九等专题，更为充分认知研究生教育发展趋势，全面了解全国以及国外研究生教育发展现状，对具体工作有着重要的指导与借鉴意义；研究生，尤其是教育学领域的研究生，可以关注专题三、五、六、九，了解与个人学习密切相关的热点问题，为开展研究找到方向。

Abstract

This report reveals the progress of the Chinese graduate education research in 2014, by collecting the outcomes of the graduate education research, demonstrating current situation, revealing the direction, promoting the development. 9 subjects are included in this report, which are theoretical research, quality research, graduate students cultivation, graduate supervisors, enrollment and employment, moral education research, discipline construction, graduate education management, comparative study. The book containing the main contents, hotspots and tendency of the Chinese graduate education research in 2014, desiring to help readers cognate main areas and important issue about Chinese graduate education on macro perspective, and have an accurate grasp of the content, focus, trends in current graduate education research.

Each subject focus on research themes combing the literature, fully reflect the Chinese graduate education research in 2014. While analyzing the distribution of the literature, the report summed up the annual research focus, research methods, the authors group characteristics, noted areas of research gaps related to the topic, and on the basis of 2012—2014, increase the comparative analysis of the topic from 2011 to 2014.

This report provides research information to graduate student and scholars, who want to learn China graduate education research, also can provide reference for graduate education managers and workers. Scholars can learn the hot spots, research process to research innovatively in topic two, three, four, seven, and nine topics. By reading topic one, seven, eight, nine, managers and workers can more comprehensively cognitive graduate education trends and understand the status of China and foreign postgraduate education development; Graduate students, especially in pedagogy field can focus on three, five, six, nine, topics, understanding the hot issues closely related with individual learning, and finding direction for research.

中国研究生教育研究进展报告
（2015）

**Chinese Graduate Education
Research Progress Report 2015**

中国学位与研究生教育学会进展报告编写组　编著

中国科学技术出版社
·北　京·

图书在版编目（CIP）数据

中国研究生教育研究进展报告.2015／中国学位与研究生教育学会进展报告编写组编著.—北京：中国科学技术出版社，2015.10

ISBN 978－7－5046－7008－3

Ⅰ.①中…　Ⅱ.①中…　Ⅲ.①研究生教育－教育研究－研究报告－中国－2015　Ⅳ.①G643

中国版本图书馆 CIP 数据核字（2015）第 253908 号

- -

选题策划	王晓义
责任编辑	王晓义
封面设计	孙雪骊
责任校对	何士如
责任印制	张建农

- -

出　　版	中国科学技术出版社
发　　行	科学普及出版社发行部
地　　址	北京市海淀区中关村南大街 16 号
邮　　编	100081
发行电话	010－62103130
传　　真	010－62179148
投稿电话	010－62176522
网　　址	http：//www.cspbooks.com.cn

- -

开　　本	720mm×1000mm　1/16
字　　数	280 千字
印　　张	18
印　　数	1—2000 册
版　　次	2015 年 10 月第 1 版
印　　次	2015 年 10 月第 1 次印刷
印　　刷	北京凯鑫彩色印刷有限公司

- -

书　　号	ISBN 978－7－5046－7008－3/G·700
定　　价	40.00 元

- -

中国学位与研究生教育学会的价值与定位

（代　序）

"学会"是一种社会性学术组织，是由某一学科领域人士组成的公益性学术共同体，如中国物理学会、中国计算机学会、中国教育学会等。中国学位与研究生教育学会是我国研究生教育领域唯一的全国性一级学会。目前，我国研究生教育正在进行新一轮改革。不同于以往，这一轮改革开始触及研究生教育的深层次问题，包括构建研究生教育的现代治理体系。此时，深入思考中国学位与研究生教育学会的作用、价值和定位，以及如何构建学会运行机制，提升学会能力，增强学会凝聚力，推动学会价值的实现，具有重要的现实和深远意义。

一、学会为什么而存在

学会为什么而存在，也即学会的作用是什么，其价值何在，这决定了学会的宗旨。学会有两大基本要素：一是学科，本学会是研究生教育；二是会员，也就是加入学会的专业人士。中国学位与研究生教育学会的价值就在于为这两方面要素的发展服务，并通过这两方面的发展，推动我国研究生教育事业的发展，进而为全社会做出贡献。在学科方面，学会致力于推动研究生教育学学科的形成和发展；在会员方面，学会致力于通过搭建各类服务平台，构建会员间的合作交流网络，服务与助推研究生教育专业人士学术和管理能力的提高。因此，学会的作用和价值就是：提供各类学术服务。服务会员，提高会员的研究生教育职业水平；服务学科，引领研究生教育的学术研究，促进研究生教育学学科建设；服务社会，推动我国研究生教育健康发展。

1. 服务会员和学会自律

学会的会员包括两类：一是团体会员，主要是研究生培养单位，培养单位委派本单位相关管理人员作为代表参加学会的活动。团体会员及其代表目前是学会的主体，他们为学会的建立、发展，为我国研究生教育事业做出了巨大贡献。但是，由于管理人员存在轮岗、调动和晋升等问题，团体会员代表的流动性比较大，专业行为期较短，而且代表是"被委派"，因此情况差异比较大，部分代表对研究生教育缺乏专业热情和专业思考，不能在学会活动中发挥积极作用；二是个人会员，主要是研究生教育的管理人员、研究生指导教师、从事研究生教育学术研究的专家和学生，以及关心支持研究生教育事业的社会人士。他们一般都以研究生教育为职业，或对研究生教育具有高度兴趣，热爱研究生教育事业。他们自愿加入学会，把自己作为研究生教育学术共同体的一员，积极思考研究生教育方面的问题，主动参与和组织学会的有关活动。个人会员是学会未来活力的源泉。

学会的作用和价值是提供学术服务，这涉及一个根本问题：谁提供服务？谁获得服务？这个问题的明晰有助于学会构建运行和活动机制。学会是会员组成的学术共同体，是会员自己搭建的学术交流自治组织，所以本质上是会员服务会员。由于会员在研究生教育方面所处的发展阶段不同，因此所需要的服务和所能提供的服务也不同。处于发展初级阶段的会员，比如新增的研究生培养单位，刚从事研究生教育管理或研究的个人，需要获得全方位的服务，需要与同类和有经验的会员进行交流；处于发展中级阶段、较有成就的会员，需要获得服务，需要交流提高，同时也希望展示自己，扩大影响；有较大发展和成就的会员，需要更高水平的服务，同时迫切希望交流展示自己的成就和理念，希望影响研究生教育战线，影响政府政策。学会应该针对会员的不同服务需求，搭建各类交流共享平台，开展各种活动，在服务会员职业能力提高的同时，促进研究生教育学学科和研究生教育事业的发展。可以说，对会员最好的服务就是能让所有会员都有机会参与活动并表现自己。

学会是学术自治组织，一个成熟的在所属学科领域具有强大影响力的学会，也必定具有成熟和有力的自律能力。这要求学会具有完善的规章制度，有效的监督体制，严格规范的准入机制和会员的事业、职业行为准则，并能够通过学会自律影响形成行业的自律。目前，学会正在考虑成立监事会，监督学会理事和工作人员的履职情况、分支机构的活动开展和学会各项评选活动的公平、公正性。通过监事会的建立，加强学会的自律能力。通过学会开展的活动和自律行为，促进形成我国研究生教育领域的自律，这也是学会作用和价值的重要体现。

2. 服务社会和社会责任

作为教育类学会，为社会（包括研究生培养单位、用人单位、学生家长等）和研究生教育战线的各类人士提供所需服务，是应尽的义务。如向社会提供各类人才的需求和供给信息，不同学科研究生的就业情况，研究生培养单位的质量信息和国外一流大学的研究生教育相关信息等，从而为研究生培养单位探索符合自身定位和发展目标的改革，构建主动适应社会发展需求的培养机制提供支撑。同时为培养单位和社会提供评价服务，如水平评价、质量评价、认证等，引领研究生教育的理念和学术研究，推动研究生教育事业的健康发展。

3. 服务政府和建言政府

学会接受政府的指导，同时由于学会能够在培养单位、专家学者、研究生、政府和社会之间建立密切沟通的桥梁，可以主动做好政府的助手，为政府提供咨询服务，如基于政策研究、发展战略研究的各类调查研究等。学会成立20年来，积极完成政府委托的各类事项，围绕党和政府的中心工作，服务支撑国家发展战略目标，作为我国研究生教育领域智库的作用日益显现。

总的来说，学会的凝聚力或者说对会员的吸引力，源自于学会的价值观、成员构成、有效服务、活动平台，以及所具有的制度和文化。学会先进的价值观和信念、宗旨把研究生教育战线的有识之士汇聚在一起，结成学术共同体，为了共同的目标贡献自己的聪明才智，这是学会凝聚力的核心；全方位的学术服务平台，丰富有效的各种学术活动，完善的制度保障，以及所有成员参与构成的积极向上的文化，是形成学会凝聚力的条件。由这些因素凝聚而成的共同体，远比利益驱动的共同体坚固、强大和富有生命力。

二、个人会员和理事的价值

个人会员不同于团体会员代表的主要特征就是自愿性和主动性。个人会员一般都从事与研究生教育事业紧密相关的研究或实践工作。个人会员的价值在于认同学会的宗旨和价值观，热爱研究生教育事业，致力于研究生教育学学科的发展，主动、积极地参加学会的各类活动。同时，热心宣传学会的理念，并以自身所获取的服务体验来发展更多的参与者，呼吁更多的人热爱并发展研究生教育事业。对于个人会员而言，他们不是只希望获取学会服务的"客户"，他们在获得学会服务的同时，也是学会服务的提供者，是和其他成员结成共同体，致力于发展研究生教育学学科和研究生教育事业的推动者。

学会理事应当是研究生教育领域的精英，有崇高的价值取向，富有奉献精神，积极推动我国研究生教育事业的发展。他们在学术或管理方面优秀，对研究生教育有较丰富的体验和研究，有较深刻的思想和独到的见解，还有一定的治理能力和影响力；理事受全体会员委托治理学会，要能够代表会员的意志，反映会员的意见和建议，要热心公益，服务学会；理事是在研究生教育领域有一定成就的人才，希望在有显示度的平台上体现自己的成就和经验，这就需要奉献，需要无私地提供高水平服务，影响和带领会员共同推动研究生教育事业的发展。

每一位个人会员都有权利成为理事。目前有5位个人会员通过差额选举成为学会理事，这是一个良好的开端。随着学会事业的发展，差额竞选机制将成为常态，个人会员在理事会中的比例也会增加，并将适时地在常务理事中增加个人会员。

三、服务类型与服务平台

学会可以提供的服务类型主要有信息服务、评价服务、咨询服务和培训服务。信息服务包括提供招生信息、就业信息、质量信息、舆情信息、国外信息等。其中，质量信息全面反映各培养单位研究生教育的质量标准、培养方案、学科水平、教育管理制度等；舆情信息如实反映并客观分析来自社会对各培养单位研究生教育的正面和负面情势；评价服务包括水平评价、质量评价以及未来将开展的认证服务等；咨询服务提供基于政策研究、发展战略研究、理论和实证研究的各类调查研究和咨询报告。

学会的服务通过相关平台和活动实现。学会的服务平台主要有：

(1) 信息平台。包括两刊（《学位与研究生教育》和《研究生教育研究》），主要发布学术性、基础性和前沿性研究成果，反映研究生教育改革实践进展，在研究生教育领域具有重要影响力；网站，包括学会网站、各分支机构网站，如个人会员服务网等，从不同侧面提供我国研究生教育的有关信息；《国外研究生教育动态》电子版期刊，每月选载世界各地报刊媒体和高等教育机构的最新信息，报道国外研究生教育的最新动态；《中国研究生教育研究进展报告》，从 2012 年开始按年度出版，"汇聚研究生教育研究成果、展示研究生教育研究现状、启示研究生教育研究方向、促进研究生教育学科发展"；境外学位与研究生教育信息资源库，收录了世界主要国际组织、国家或地区，以及高等院校有关研究生教育的重要文献资料。

（2）研究平台。主要指学会每两年组织的研究课题。学会根据研究生教育改革实践和研究生教育学学科建设需要，制定并发布课题指南，内容涉及发展战略、基本理论、应用研究等诸多方面，有定向和自选等多种类型。通过学会研究课题引领研究生教育学术研究，培育研究生教育研究队伍。同时，《国外研究生教育动态》《中国研究生教育研究进展报告》、境外学位与研究生教育信息资源库等，也都对研究生教育研究起着有益的支撑作用。

（3）交流平台。包括两刊、研究生教育丛书、学会分支机构研讨会、中国/国际研究生教育大会等。学会两刊每年都结合当前研究生教育工作实际和改革实践需求制订组稿重点，发挥着重要的成果发布、经验交流和工作引导作用；研究生教育丛书出版我国有关研究生教育的高水平理论、政策研究和改革实践成果著作。学会鼓励和支持分支机构主动、积极地开展有特色的学术活动，更好地搭建满足不同需求的交流平台。中国研究生教育学术交流大会每两年召开一次，国际研究生教育学术交流大会拟每届召开一次，目标是形成学会的品牌学术交流平台。

（4）评价平台。包括学会优秀博士学位论文奖、研究生教育成果奖的评选工作，以后还会适时开展学科专业/能力认证等。优秀博士学位论文评选活动从 2011 年启动，已进行了四次评选活动，入选成果反映了我国当前研究生教育相关学科的学术研究水平，在一定程度上激励了研究生从事研究生教育学术研究的积极性，发现了优秀青年人才，推动了研究生教育学学科的形成。研究生教育成果奖于 2014 年启动首届评选，得到各培养单位的热烈响应，入选成果反映了我国当前研究生教育研究的最高水平和成功的教育改革与实践经验，对研究生教育改革实践起到了有益的示范作用。学会今后还会根据改革发展需要开展新的评价服务工作，包括设立新的奖项，以激励创新求真，发现优秀人才，推广成功的改革经验。

（5）咨询平台。目前主要是接受政府和有关教育机构委托，开展研究和调研工作。学会今后要加强面向高校、社会，甚至国外的咨询工作，以更好地服务政府、服务高校和社会。

（6）培训平台。目前主要是与教育部学位与研究生教育发展中心联合举办的培养单位干部培训班。以后要加强研究生教育理论、管理和服务方面的培训工作，开展主题培训或某一类群体培训，使培训工作更加多样，更有针对性，以满足不断增长的培训需求。

在构建服务平台特别是信息平台时，要充分利用网络、新媒体，要积极发挥自媒体时代的特点，培育自己的专、兼职或志愿者小编队伍。例如学会会员部开办了微信公众平台，这是很好的开端。下一步学会将拓展服务领域，将各类服务平台形成合力，提供全面、便捷、有效的服务。

四、推动研究生教育学研究，发展研究生教育学学科

1. 存在的问题

我国研究生教育经过30多年的发展，已成为名副其实的研究生教育大国，但从总体上看还存在如下一些深层次的问题或长期困扰我们的难点问题：①还没有形成主动适应社会发展需求的研究生教育规模调节机制，以及激励先进的投入机制；②研究生教育的现代治理结构和机制尚需探索；③国家层面的研究生教育法规落后研究生教育实践；④研究生的创新意识和创新能力相对薄弱；⑤研究生教育，特别是专业学位研究生和博士研究生的质量评价和保障体系有待进一步健全完善。

2. 加强研究生教育学研究

上述问题的解决需要进行深入、系统的理论和实证研究，在科学理论的指导下进行改革实践，否则将依然"头痛医头，脚痛医脚"。这给我国研究生教育带来很大挑战，同时，也给学会提供了发展研究生教育学学科的重要机遇。

由于历史原因，长期以来研究生教育研究一直是我国高等教育研究中的一个薄弱环节，专门研究者极少，研究成果不多，关于研究生教育学的研究更存在许多空白方向有待填补。研究生教育规律是研究生教育学的基本问题，也是研究生教育发展的根本依据。但有关这一问题的系统性论述尚未见到，研究生教育规律究竟有哪些，无一定论。薄弱的研究生教育学理论研究与我国蓬勃发展的研究生教育实践形成鲜明对照。

研究生教育学研究的诸多空白为学会会员，特别是个人会员提供了

广阔的理论研究和学术发展空间。我国研究生教育研究的条件和环境越来越好，研究队伍正在形成。选择研究生教育学的某些方向作为自己研究的目标，进行深入的理论和实证研究，可以在填补研究生教育学研究空白，为研究生教育发展做出贡献的过程中确立自己的学术地位。开拓、创新、求真、立说，科学构建研究生教育学学科体系，这一历史重任落在了每一位会员的肩上，历史机遇也摆在了每一位会员的面前。

3. 研究生教育学学科体系的基本内容

研究生教育学属于高等教育学范畴，但具有自己特殊的研究对象，受教育者学历程度较高，身心比较成熟，而且他们既是知识获取者，也是知识创造者。因此，研究生教育学既有高等教育的共性研究内容，同时也有自身的个性研究内容，这必然会带来具有独特性的教育理论和知识体系。

研究生教育学涉及的研究内容目前尚无定论，依个人的粗浅认识，首先是研究生教育规律，包括发展规律、育人规律和办学规律，这方面的理论结果甚少，有着巨大的研究空间。其他包括研究生教育社会学、研究生教育经济学、研究生教育管理学、研究生教育法规学、研究生教育方法学、研究生教育心理学、比较研究生教育学、研究生教育文化及其对社会的作用等。上述大部分研究方向的成果还较少，有的研究方向尚属空白。

形成具有中国特色的研究生教育学学科体系是我国研究生教育成熟的重要标志之一，也是我国走向研究生教育强国的必由之路。学会将坚持自己的信念和宗旨，不断提升服务会员、服务社会、服务政府的能力，增强凝聚力，开拓、创新、求真、立说，为形成研究生教育学学科体系，推动我国研究生教育健康发展做出自己的历史性贡献。

中国学位与研究生教育学会会长　赵沁平

（原载《学位与研究生教育》2015 年第 4 期）

目　　录

Contents

文 献 概 述

文献概述重点反映 2014 年度研究生教育领域的总体进展。采用文献计量的方法，从关键词、基金资助、期刊、作者、发文机构等角度，描绘本领域文献的分布特点。本部分以年度统计为主，也兼顾了文献分布的纵向比较，保证数据的连续性。*

第一节 文 献 检 索

一、数据来源

本报告涉及的研究文献类型为公开发表的期刊论文、学位论文、学术著作和报纸文章，起讫时间为 2014 年 1 月 1 日至 2014 年 12 月 31 日。

期刊文献来源于南京大学中国社会科学研究评价中心的《中文社会科学引文索引 CSSCI 来源期刊 (2014—2015)》中的教育学期刊 (包含扩展版)。期刊文献的全文来自中国知网 (CNKI) 期刊全文数据库；学位论文来自 CNKI 博士学位论文全文数据库和优秀硕士学位论文全文数据库；报纸文章来自 CNKI 重要报纸全文数据库；学术著作来自读秀学术搜索引擎图书数据库。

二、检索方法

期刊论文的检索继续沿用"目录定刊""词语定文""人工鉴别"三个步骤。具体如下。

1. 目录定刊
CSSCI 来源期刊目录 (2014—2015) 共有教育学期刊 36 种。为更全

---

* 本书中列选的文献及数据不含香港、澳门和台湾地区的。本书中的"大陆"一词不包括香港和澳门特别行政区。

面地反映论文发表情况，根据专家建议，今年的期刊文献范围也包含扩展版（15 种）。剔除扩展版目录中极少发表研究生教育论文的《基础教育》《外国中小学教育》，实际选用期刊共计 49 种。我们编制了检索式，在 CNKI 期刊数据库中通过"专业检索"方式对 49 种期刊进行了检索。同时，也对 CSSCI 收录的 2011—2013 年刊载 3 篇（含 3 篇）以上的非教育学期刊进行了试检索，由于数量较少，在今年的统计中不计入。

2. 词语定文

在期刊检索的结果中，分别进行关键词二次检索。检索关键词与往年相同，由本领域研究专家充分研究后确定。检索关键词分为核心关键词和辅助关键词。核心关键词包括"学位""研究生""硕士"和"博士"，辅助关键词包括"导师"和"学科"。按照往年的经验和今年的试检索情况，使用核心关键词检索得到的文献基本属于研究生教育领域，而通过辅助关键词检索得到的文献有的属于该领域，有的则不属于，需要重点筛选。

3. 人工鉴别

将包含题名、作者、发表期刊、关键词、摘要、作者单位、基金等信息的文献题录信息首先发给报告编制组全体成员征求意见。在综合各组反馈意见的基础上，由文献组两名成员分别进行逐篇鉴别，必要时泛读全文。两人意见不一致的，提交给课题组另外一名成员进行判断。最后，根据三人中的多数意见确定某篇文献是否属于本领域研究文献。

学位论文、学术著作和报纸文章的检索方法与往年相同，主要采用关键词检索和人工鉴别两个步骤获得最终的文献。

最终获得的 2014 年研究生教育研究文献见统计表 1-1。

表 1-1　2014 年研究生教育研究文献来源统计

文献类型	数据库	数量	比例/%	检索日期
期刊论文	CSSCI（2012—2013）来源期刊目录（含扩展版）	985	60.69	2015-05-01
学位论文	CNKI 中国博士学位论文全文数据库	13	0.80	2015-05-01
学位论文	CNKI 中国优秀硕士学位论文全文数据库	365	22.49	2015-05-01
学术著作	读秀学术搜索引擎（图书数据库）	49	3.02	2015-05-01
报纸文章	CNKI 中国重要报纸全文数据库	211	13.0	2015-05-01
总计		1623	100.00	

图 1 - 1 是 2011—2013 年研究生教育研究文献的比较。可以看到，2014 年，期刊论文总数达到 985 篇，这与文献范围扩大到扩展版有一定关系。如果保留历年载文数排在第二位的《研究生教育研究》，其他 12 种扩展版期刊载文数共计 246 篇。可见，即使文献范围不扩大到这些期刊，2014 年的期刊论文数与 2013 年相比仍有小幅增加。2014 年博士论文数量仍然较少，学术著作小幅增加，报纸文章数量大幅增长。

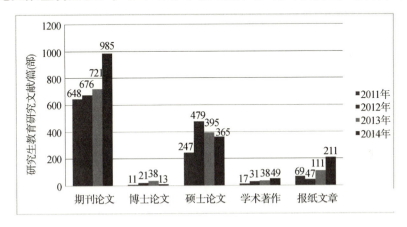

图 1 - 1　2011—2014 年研究生教育研究文献分布

第二节　文　献　分　布

本节主要从关键词、课题资助、载文期刊、作者、机构等维度，对 2014 年的研究生教育研究文献进行统计分析，展现文献分布的总体情况。

一、期刊论文

期刊是研究成果最主要的发表阵地和学术影响力传播平台。相对而言，CSSCI 收录的中文期刊上发表的论文，总体水平较高，质量较好。选取 CSSCI 期刊论文进行分析，较能反映年度研究生教育研究的概貌。

1. 按关键词统计

论文的关键词传递了文章的理论基础、关键问题、主要方法与核心观点等方面的信息。985 篇期刊论文中，关键词出现的总频次为 4258

次（包括机标关键词），篇均标注关键词 4.3 个，比 2013 年的篇均 4.0 个略高。这与部分期刊，例如《中国高等教育》在数据库中有较多的机标关键词有关。表 1 - 2 列出了 2014 年研究生教育研究期刊论文中出现 5 次以上的关键词，共计 76 个。与 2011—2013 年类似，"研究生教育""研究生""专业学位" 等仍然是出现频次较高的关键词。

表 1 - 2   2014 年研究生教育研究期刊论文的关键词统计

排序	频次	占总频次比例/%	关 键 词
1	113	2.65	研究生教育
2	62	1.46	研究生
3	38	0.89	专业学位
4	36	0.85	人才培养
5	33	0.78	美国
6	26	0.61	培养模式
7	25	0.59	协同创新
8	23	0.54	学科建设、高校
9	20	0.47	高等教育
10	16	0.38	创新能力
11	15	0.35	研究生培养
12	14	0.33	专业学位研究生、硕士研究生
13	13	0.31	学科、工程硕士
14	12	0.28	学位论文
15	11	0.26	思想政治教育、教育学
16	10	0.23	博士生教育、学科发展、影响因素、英国、问题
17	9	0.21	博士生、研究型大学、高等教育学、启示、改革、教师教育、教育博士、教育改革、策略
18	7	0.16	全日制、创新、学位制度、学科教学知识、教学模式、教育硕士、日本、课程设置、跨学科
19	6	0.14	专业硕士、人文学科、大学、学科文化、导师、政治教育学科、教育、教育质量、综合改革、质量保障
20	5	0.12	全日制教育硕士、制度、博士生培养、博士研究生、博士论文、博洛尼亚进程、双导师制、国际化、培养、培养体系、培养质量、实证研究、实践教学、实践能力、拔尖创新人才、教学改革、教学方法、文科、现代大学制度、研究对象、研究方法、课程、质量、高等职业教育

表 1-3 列出了 2011—2014 年排序前 20 位（含并列）的关键词及其变化情况。4 年中，"研究生教育""研究生""学科建设""专业学位"等关键词出现的频次一直较高，位于前列。2011 年的"教育硕士""博士学位论文"，2012 年的"教育博士""教师教育"，2013 年的"研究型大学""教育学""跨学科"等关键词在 2014 年未进入前 20 位，"工程硕士"重新进入前 20 位，而关键词"美国"进入前 5 位，出现了 33 次。

表 1-3 2011—2014 年排序前 20 位（含并列）的关键词统计

2011 年		2012 年		2013 年		2014 年	
关键词	频次	关键词	频次	关键词	频次	关键词	频次
研究生教育	112	研究生教育	145	研究生教育	111	研究生教育	113
研究生	90	学科建设	53	研究生	71	研究生	62
学科建设	81	研究生	51	专业学位	34	专业学位	38
专业学位	37	专业学位	47	学科建设	30	人才培养	36
学位论文	34	高等教育	19	培养模式	21	美国	33
培养质量	19	思想政治教育	17	学科	20	培养模式	26
博士生教育	16	培养质量	15	学位论文	18	协同创新	25
培养模式	16	学科	15	高等教育	17	学科建设	23
硕士研究生	14	培养模式	14	研究生培养	16	高校	23
高等教育	13	博士生	13	美国	16	高等教育	20
工程硕士	13	硕士研究生	12	硕士研究生	13	创新能力	16
博士生	12	研究生培养	12	人才培养	12	研究生培养	15
博士学位论文	10	跨学科	11	创新能力	11	专业学位研究生	14
研究生培养	10	学科发展	11	博士生	11	硕士研究生	14
教育改革	9	博士生教育	10	教育学	11	学科	13
情报学	9	学位论文	10	研究型大学	11	工程硕士	13
创新	8	教师教育	9	跨学科	10	学位论文	12
创新能力	8	教育博士	9	博士生教育	9	思想政治教育	11
教育硕士	8	课程设置	9	大学	9	教育学	11
课程设置	8	研究型大学	9	教育技术学	9	博士生教育，等	10

文字云（tag cloud）是关键词的可视化描述，用字体的大小和粗细来表示词条的频次或重要性的高低。图 1 - 2 是根据 2011—2014 年研究生教育期刊论文中出现 5 次以上的关键词，利用 Tagul.com 在线工具制作生成的文字云。较直观地显示了 2011—2014 年研究生教育领域期刊论文关键词的使用情况。

图 1 - 2　2011—2014 年研究生教育期刊论文关键词云（5 次以上）

2. 按课题资助统计

课题资助特别是竞争性基金项目的资助情况，往往能反映出研究的重要性、创新性和新动向。2014 年的 CSSCI 期刊论文中，588 篇标注了课题资助，占总数的 59.7%。标注资助的总数为达到 766 项，篇均标注 0.77 项。其中，178 篇文章标注了 2 个及 2 个以上资助项目；资助标记最多的一篇论文列出了 5 个项目。目前，资助项目一文多注的情况较为常见，真实性、合理性问题有待深入研究。但可以预计的是，如果结题成果认定上没有严格的规定，这一现象将会长期存在。

从表 1 - 4 中可以看到，2014 年，省、自治区、直辖市的其他专项基金仍然居于各项资助之首，达到 26.9%。所谓其他专项基金，是指省市区自主设立的，除自然基金、社科基金（含教育科学规划项目）之外的基金。若加上省、自治区、直辖市社会科学基金和自然科学基金，则 2014 年省市区各项基金项目数占到了总数的 45.8%。2014 年，国家自然科学基金、社会科学基金，省市区自然科学基金，教育部人文社会科学项目、国务院学位办委托项目、其他专业学会和教指委资助项目、校级课题所占比例较 2013 年有所下降；省市区社会科学基金占比提高了 8 百分点；部委其他专项基金和中国学位与研究生教育学会项目占比略有上升。当然，这与文献范围的变化有一定关系。

表 1-4 2011—2014 年研究生教育研究期刊论文的资助统计

资　助	2011 年		2012 年		2013 年		2014 年	
	项目数	比例/%	项目数	比例/%	项目数	比例/%	项目数	比例/%
国家自然科学基金	9	2.3	18	3.6	21	3.7	20	2.6
国家社会科学基金	44	11.3	33	6.7	63	11.2	50	6.5
省（自治区、直辖市）社会科学基金	42	10.7	71	14.4	59	10.5	144	18.8
省（自治区、直辖市）自然基金	2	0.5	3	0.6	3	0.5	1	0.1
省市区其他专项基金	101	25.8	123	24.9	141	25.1	206	26.9
教育部人文社会科学项目	36	9.2	78	15.8	94	16.8	99	12.9
国务院学位办委托项目	9	2.3	7	1.4	3	0.5	3	0.4
部委其他专项基金	40	10.2	40	8.1	24	4.3	58	7.6
中国学位与研究生教育学会项目	21	5.4	15	3.0	17	3.0	38	5.0
其他专业学会、教指委托项目	9	2.3	8	1.6	16	2.9	19	2.5
校级课题资助	74	18.9	98	19.8	118	21.0	119	15.5
其他课题资助	4	1.0	0	0.0	2	0.4	9	1.2
资助合计	391	100.0	494	100.0	561	100.0	766	100.0

注：①统计包含一篇文章标注多个项目资助的情况；②国家和省部级社会科学基金中包括教育科学规划项目。

虽然 2011—2013 年中基金数量和比例各有增减，2014 年又将来源期刊限定在教育学科并包含拓展版。但是，2011—2014 年 CSSCI 收录期刊的研究生教育论文资助的总体结构基本稳定。国家社会科学基金、省级社会科学基金（含教育科学规划项目）、教育部人文社会科学项目、省、自治区、直辖市自主设立的其他专项基金、校级课题资助为五类资助合计约占每年资助项目总数的 80%。另外一个值得注意的现象是，CSSCI 期刊上发表的研究生教育方面的文章，很少受到国际合作项目的资助，2014 年只有两项。

3. **按期刊发文统计**

表 1-5 列出了刊载 3 篇以上本领域论文的期刊。《学位与研究生教育》和《研究生教育研究》两本会刊的发文数量继续高居前两位。发文数量排在前五位的还有《黑龙江高教研究》《中国高等教育》《教育理论与实践》等。2014 年，排序前十位的期刊载文量合计 601 篇，占到了总数的 61.1%。2014 年，载文量前十位的期刊中，有 5 本属于 CSSCI 扩展版来源期刊，这也使来源期刊的排序退出前十位。

表 1-5　2014 年刊载研究生教育研究论文的期刊统计

篇数	期刊名称	篇数	期刊名称
157	学位与研究生教育	21	教育发展研究
107	研究生教育研究	18	高校教育管理
73	黑龙江高教研究	16	复旦教育论坛
48	中国高等教育	15	清华大学教育研究、国家教育行政学院学报
43	教育理论与实践	14	电化教育研究、高教发展与评估
40	江苏高教	13	现代大学教育
38	中国高校科技	10	中国电化教育
35	中国高教研究	8	全球教育展望、教育科学、现代教育技术
30	中国大学教学、中国教育学刊	7	大学教育科学、教育研究与实验
26	高等教育研究、现代教育管理	6	北京大学教育评论
24	教育研究、比较教育研究	5	教师教育研究、教育学报、湖南师范大学教育科学学报
23	高教探索	4	中国特殊教育、中国远程教育
22	高等工程教育研究	3	开放教育研究、教育科学研究、远程教育杂志

4. 按作者统计

表 1-6 中，2014 年孙友莲以第一作者身份发表论文 5 篇，梁传杰等 10 名作者发文在 3 篇以上。其中，一些作者的论文发表在 CSSCI 扩展版来源期刊。

表 1-6　2014 年发表 3 篇以上研究生教育研究论文的作者列表 C（第一作者）

篇数	作　者
5	孙友莲
4	梁传杰、张睦楚
3	方泽强、马明霞、王建华、肖凤翔、英爽、张秀峰、赵蒙成、赵世奎

注：按姓名拼音排序

如果不计署名顺序，孙友莲、马永红等 33 位作者发表了 3 篇以上的研究生教育研究论文（表 1-7）。

表 1-7　2014 年发表 3 篇以上研究生教育研究论文的作者列表（不计署名顺序）

篇数	作　者
7	孙友莲
6	马永红
5	沈文钦、赵世奎
4	董维春、梁传杰、蒋承、张睦楚、王传毅
3	陈小平、方泽强、高益民、康君、李平、李松林、李伟、林华、刘强、刘燕楠、陆晓雨、罗英姿、马明霞、汪霞、王建华、王启烁、肖凤翔、英爽、张斌贤、张淑林、张秀峰、赵蒙成、赵文华、甄良

注：按姓名拼音排序

5. 按机构统计

表 1-8 是 2014 年发表 3 篇以上研究生教育论文的第一作者机构统计。发表论文数在 10 篇以上的有 24 所高校，其中包括 7 所师范类院校、17 所非师范类院校。北京师范大学、华东师范大学、清华大学、南京师范大学、北京大学、北京航空航天大学等学校位于前列，与 2012 年相同。

表 1-8　2014 年发表 3 篇以上研究生教育研究论文的第一作者机构统计

篇数	机 构 名 称
41	北京师范大学
27	华东师范大学
20	清华大学、南京师范大学
19	北京大学、北京航空航天大学
18	华中师范大学、上海交通大学
16	华中科技大学
15	东北师范大学、厦门大学
13	西南大学、浙江大学
12	南京大学、天津大学、中国人民大学
11	哈尔滨工业大学、华南理工大学、扬州大学
10	北京理工大学、华南师范大学、南京农业大学、首都师范大学、中国科学技术大学
9	大连理工大学、陕西师范大学
8	山东师范大学、山西大学、上海师范大学、苏州大学、浙江师范大学
7	同济大学、武汉理工大学、中国地质大学
6	武汉大学、西安交通大学、西北师范大学、中国矿业大学、
5	北京科技大学、北京外国语大学、东南大学、福建师范大学、复旦大学、哈尔滨师范大学、河北大学、湖南师范大学、山西财经大学、沈阳师范大学、燕山大学
4	北京联合大学、东北大学、对外经济贸易大学、杭州师范大学、华南农业大学、江苏大学、南京工业大学、上海财经大学、温州大学、西华师范大学、浙江工业大学、郑州大学、中南大学、中山大学、中央财经大学
3	北京工业大学、北京交通大学、电子科技大学、东北农业大学、广西大学、国家开放大学、河海大学、湖南大学、湖南农业大学、华北电力大学、华中农业大学、吉林大学、江南大学、江苏科技大学、江西师范大学、井冈山大学、辽宁师范大学、南京航空航天大学、南京信息工程大学、宁波大学、曲阜师范大学、山东大学、上海理工大学、四川师范大学、西南科技大学、云南师范大学、中国石油大学、中国政法大学、中南财经政法大学、重庆师范大学

2014 年，"985 工程"高校和一些非"985 工程"的师范类高校，仍然是研究生教育研究成果的主要学术生产机构。其他高校研究生教育论文的数量较少。这从一定程度上反映了研究生教育理论研究与实践的密切关系。研究生教育研究具有明显的实践导向，研究问题大多源于研

究生教育改革发展进程，研究生教育规模较大、高水平学科集聚的"985 工程"院校显然有更丰富的问题需要进行理论探讨。

6. 按关注度统计

在线文献数据库为研究者接触最新的研究成果提供了便利，数据库中文献的被引和下载情况能从一定程度上反映文献的受关注程度。但是，论文被引具有滞后性，也是积累的过程，引文考察经常需要一个较长的周期。因此，本处主要通过统计论文下载数量来反映论文被关注的程度。表 1 - 9 列出了 2014 年发表的研究生教育论文在 CNKI 期刊数据库中 2015 年上半年的下载量排在前 50 位的论文（检索时间为 2015 - 6 - 25 14：00）。这些文章绝大多数发表在 CSSCI 来源期刊，很少在扩展版。下载数量在一定程度上反映了这些论文抓住了当前的研究热点和重点，引起较多的关注。当然，下载量受到发表时间、更新频率和人为因素影响，不是一个严格的计量指标，仅供参考。

二、学位论文

学位论文是研究生科学研究能力和水平的集体体现，是研究生理论基础和专业知识的素养的综合反映，也是评价研究生培养质量的核心指标。高质量的学位论文反映了本领域的热点和重点，具有前沿性和创新性。

学位论文的研究文献来源依据为 CNKI 中国博士学位论文全文数据库和中国优秀硕士学位论文全文数据库。通过对这两个数据库的检索，2014 年涉及"研究生教育"的学位经过人工筛选，共得到 378 篇。其中，博士学位 13 篇，硕士学位论文 365 篇。较 2013 年，学位论文总体数量减少 55 篇。其中，博士学位论文数量较 2013 年下降 65.79%，硕士学位论文数量下降 7.59%。

需要说明的是，部分培养单位的学位论文未收录在 CNKI 中国博士、硕士学位论文全文数据库，因此本部分未对这些培养单位 2014 年度将研究生教育作为选题的博士、硕士论文进行统计和分析。

（一）按关键词统计

学位论文的关键词反映了该论文的研究领域、内容、范围，研究主要问题及核心观点等内容。通过对 2014 年筛选出的 378 篇学位论文中关键词统计得出，全部论文共出现 1422 个关键词，篇均标注关键词 3.76 个。

表 1－9　2014 年 CNKI 期刊即时下载数量前 50 位的研究生教育论文统计

序号	篇　名	作　者	刊　名	下载量
1	走出开题报告撰写的三个误区——一种教育学的视角	李润洲	学位与研究生教育	1509
2	本硕层次学徒制：英国高层次应用型人才培养的另辟蹊径	王辉、刘冬	高等教育研究	752
3	我国远程教育研究热点知识图谱——基于 3170 篇硕士及博士学位论文的关键词共词分析	郭文斌、俞树文	电化教育研究	679
4	中美博士教育规模扩张的比较分析——基于 20 世纪 60 年代以来博士教育发展的数据分析	赵世奎、沈文钦	教育研究	678
5	研究型大学研究生教育满意度模型实证分析——基于华南地区 6 所研究型大学的调查	张蓓、文晓巍	中国高教研究	607
6	我国研究生教育培养模式改革的探索与实践	英爽、康君、甄良、丁雪梅	研究生教育研究	551
7	以实践能力为核心的专业硕士培养模式探究	黄锐	教育研究	516
8	加快建立健全我国学位与研究生教育质量保证和监督体系	黄宝印、徐维清、张艳、郝彤亮	学位与研究生教育	447
9	基于 Canvas LMS 的翻转课堂设计——以西北大学研究生教育技术学课程为例	郭佳、高东怀、宁玉文	现代教育技术	404
10	中国高等教育质量保障的新理念和新制度	王战军、乔伟峰	清华大学教育研究	395
11	目标导向的研究生培养模式研究	秦发兰、胡承孝	学位与研究生教育	382
12	中美博士后教育发展的比较与启示——基于北京大学和哈佛大学的调查	李福华、姚云、吴敏	教育研究	368

序号	篇 名	作 者	刊 名	下载量
13	加强顶层设计 深化研究生教育综合改革	卓志、毛洪涛、赵磊	中国高等教育	349
14	大学生出国留学意愿的影响因素分析	陆根书、田美、黎万红	复旦教育论坛	339
15	从硕士研究生培养方向看我国慕课技术发展	杨方琦、杨晓宏	电化教育研究	331
16	"慕课"视角下慕课教学在专硕教育革新中的应用:模式、课程与组织	熊海帆	电化教育研究	330
17	实施"2011计划"全面推进高校综合改革	李晓红	中国高等教育	328
18	我国高校研究生培养存在的问题与对策	刘越男	江苏高教	325
19	多学科视角下高校研究生招生宣传策略研究	刘玉芳、刘浩	现代大学教育	321
20	近十年来我国研究生教育质量保障体系研究综述	郭艳利	学位与研究生教育	316
21	专业学位研究生教育外部质量保障体系探究	李军、王耀荣、林梦泉、朱金明	中国高教研究	293
22	世界一流大学建设之路与启示	冯倬琳、王琪、刘念才	中国高等教育	287
23	以"六化"模式为核心,推进专业学位人才培养模式改革——以上海市专业学位研究生教育综合改革试验为例	陆靖、束金龙、赵坚	学位与研究生教育	281
24	我国教育硕士专业学位研究生教育综合改革的探索与思考	张斌贤、李子江、翟东升	学位与研究生教育	275
25	研究生体验调查:英国研究生教育质量保障的基本途径	蒋家琼	高等教育研究	275
26	对推进我国研究型大学国际化的思考与实践	朱敏	高等工程教育研究	274

续表

序号	篇名	作者	刊名	下载量
27	全国优秀博士学位论文作者高等教育学学术路径的研究	张国栋，王宁，周昊	中国高教研究	272
28	硕士研究生招生制度的问题及改进建议	孙友莲	江苏高教	271
29	多视角下研究生教育结构构演变的驱动力研究	颜建勇	中国高教研究	269
30	研究生创业教育的现状与对策	刘红斌，杨志群，陈丽冰	高教探索	267
31	协同创新视野下研究生培养模式的转换	黄正夫，易连云	学位与研究生教育	264
32	高校研究生学术道德失范问题防治策略研究	何弦莲，宋雪	教育科学	263
33	推进综合改革 创新培养模式 提升教育质量 满足社会需求——工程硕士专业学位研究生教育综合改革试点工作总结	沈岩，秦颖超，高彦芳，贺兑斌	学位与研究生教育	258
34	参与式学习环境设计研究——以N大学"学习科学导论"研究生课程为例	曹俏俏，张宝辉，梁乐明	开放教育研究	257
35	一名教育学研究生的学术苦旅	张建国	现代大学教育	254
36	我国博士生创新能力培养误区的解读——基于心理学创造力的视角	张晓明	高等教育研究	252
37	全日制法律硕士专业学位研究生实践能力培养体系的构建与实践——以海南大学为例	王崇敏，刁晓平，邓和军，张银东	学位与研究生教育	250
38	博士学位论文评价的主观性与客观性	刘少雪	高等教育研究	248

续表

序号	篇 名	作 者	刊 名	下载量
39	学科评估的方法、指标体系及其政策影响：美英中三国的比较研究	蒋林浩、沈文钦、陈洪捷、黄俊平	高等教育研究	246
40	企业研究生工作站人才培养绩效影响因素及其演进机制	朱广华、陈万明、蔡瑞林、钱颖赟	高等教育研究	246
41	硕士研究生导师满意度的现状调查及其影响因素	常正霞、狄美琳	学位与研究生教育	245
42	我国博士生就业影响因素实证研究	汪栋、曾燕萍	教育发展研究	245
43	研究生"全面收费"政策的合理性研究	魏红梅、陈宇	研究生教育研究	242
44	哈佛大学医学院研究生微课程项目及其启示	廖国建、谢建平	学位与研究生教育	242
45	研究生学术不端行为的成因及对策研究	居占杰、李平	研究生教育研究	240
46	美国教育技术学研究生培养：视点与方法——与刘余良教授的对话	王卫军、刘余良	电化教育研究	238
47	对美国研究生入学考试（GRE）的历史研究	陈露茜	清华大学教育研究	236
48	美国大学联盟的生成逻辑与运行特点	向东春	高等教育研究	235
49	我国研究生招生制度60年嬗变——基于历史制度主义的视角	谢静、卢晓中	大学教育科学	235
50	论学位管理体制的立法逻辑	马怀德、林华	教育研究	234

（来源：中国知网，检索时间 2015 - 6 - 25 14：00）

表 1-10 列出了出现频次 5 次及以上的关键词，共计 27 个。由于论文总体篇数有所减少，因此与 2013 年相比，部分关键词的出现频次有所减少，少数关键词如"研究生""硕士研究生""培养模式""专业学位"的出现频次有所增加。总体上，2014 年"研究生教育"学位论文的关键词使用频次排在前两位的仍然是"研究生"和"硕士研究生"。"课程设置"等关键词出现频次也相对较高。这表明，"研究生教育"学位论文围绕我国研究生教育的热点问题进行研究，另一方面或许表明，相关研究更加关注对研究生教育中的中观层面和微观层面内容的研究与探讨。

表 1-10　2014 年研究研究生教育学位论文的关键词统计

频次	关 键 词
69	研究生
47	硕士研究生
23	培养模式
18	研究生教育
17	专业学位
16	课程设置
13	影响因素
10	教育硕士
9	思想政治教育、体育硕士
8	全日制教育硕士、硕士学位论文
7	学科建设、全日制、对策、培养
6	教育博士、培养质量、高校、学术道德
5	女硕士研究生、现状、现状分析、学位论文、科研能力、美国、农村教育硕士

按照关键词的含义及具体指向，大体可以把表 1-10 涉及的关键词划分为四类：①研究群体（或个体）"研究生""硕士研究生""教育硕士""体育硕士""全日制教育硕士""教育博士""女硕士研究生""农村教育硕士"；②方法或对策："现状""现状分析""影响因素""对策"；③研究问题："研究生教育""专业学位""学科建设""全日制""培养""高校""学术道德""美国"；④培养环节："培

模式""课程设置""思想政治教育""硕士学位论文""培养质量""学位论文""科研能力"。在四类关键词中，涉及培养环节的关键词最多，在一定程度上反映了大陆研究生教育研究对相关问题的重视。

总体而言，2014"研究生教育"研究紧密围绕"研究生"和"硕士研究生"两个核心关键词，对有关研究生教育的"培养模式""课程设置""影响因素"等内容进行了深入研究，并产生了一系列诸如"体育硕士""教育博士""学术道德""美国""农村教育硕士"等新的一级关键词。

（二）按学位授予机构统计

2014 年以"研究生教育"为研究主题的学位论文共涉及 124 所研究生培养单位。其中，学位论文数量在 5 篇及以上的培养单位共 26 所，占全部培养单位的 20.97%，涉及论文 201 篇，占所有论文总数的 53.17%。华中师范大学以 17 篇的数量位居第一。在学位论文 5 篇及以上的培养单位中，师范类大学共 16 所，占总数的 12.9%；综合性大学 10 所，占总数的 61.54%。2013—2014 年研究生教育学位论文培养单位统计详见表 1-11。与 2013 年相比，学位论文总数 5 篇及以上涉研究生培养单位数量均有所增加。从培养单位情况看，2014 年仅有华中师范大学、东北师范大学、湖南师范大学、陕西师范大学、华东师范大学、南京师范大学、沈阳师范大学、河南大学和山东师范大学保持 5 篇及以上学位论文。上海师范大学变化最大，研究生教育的学位论文 16 篇，2014 年仅有 3 篇。

表 1-11 2013—2014 年研究生教育学位论文（5 篇以上）培养单位统计

2013 年	培养单位	2014 年	培养单位
23	东北师范大学	17	华中师范大学
16	上海师范大学	11	首都师范大学
15	陕西师范大学	10	东北师范大学、湖南师范大学、西南大学、陕西师范大学
14	南京师范大学		
13	山东师范大学	9	河北师范大学
12	华中科技大学、华中师范大学	8	广西师范大学、华东师范大学、苏州大学、辽宁师范大学、南京师范大学
11	河南大学、广州大学		
8	哈尔滨工程大学	7	厦门大学

续表

2013 年	培养单位	2014 年	培养单位
7	湖南大学、浙江师范大学、沈阳师范大学	6	广西大学、福建师范大学、河南师范大学、南昌大学、沈阳师范大学、浙江大学
6	北方工业大学、大连理工大学、华东师范大学、江西师范大学、中南民族大学、湘潭大学	5	河南大学、兰州大学、山东师范大学、云南师范大学、中北大学、重庆大学、重庆师范大学
5	中国科学技术大学、上海交通大学、哈尔滨工业大学、哈尔滨师范大学、江西师范大学、山东大学		

三、著作和报纸

除期刊论文和学位论文外，著作也是研究生教育研究文献的重要组成部分，体现着研究生教育研究的综合水平和实力。另外，新闻媒体也时刻关注研究生教育的时事热点，吸引了社会公众的注意力。

（一）著作

2014 年，大陆共出版 53 部研究生教育领域的专著和译著。较 2012 年和 2013 年，有了较大幅度的提高（表 1 - 12）。在这些著作中，研究内容涉及了研究生教育的诸多方面，既有对研究生教育质量、研究生教育研究进展、人才选拔、培养模式、学科建设、科研活动、思想政治教育、国际化等方面的研究，也有对研究生个体的人文素养、出国求学等方面的关注和探讨。同时，这些著作中既有研究专著，也有研究报告，还有对研究生改革实践的探索，甚至包括研究生导师个人经验的总结。

从出版研究生教育研究著作的出版地分布状况来看，2014 年出版的 49 部著作共分布在全国 13 个城市。其中，北京市所占比例达到 59.18%，其次分别是重庆市和上海市各占 7.69%。从分布来看，2014 年著作出版地排名前第一的城市仍为北京，重庆市和上海市并列排在第二名。较 2013 年，著作出版地新增重庆、郑州、长春、杭州、广州和成都。

表 1-12 2014 年研究生教育著作统计

序号	著作名称	作者	出版社	出版地
1	中国研究生教育研究进展报告（2013）	赵沁平	中国科学技术出版社	北京
2	研究生培养的国际视野	北京市教育委员会组织编写	人民出版社	北京
3	研究生思想政治教育创新模式构建	徐园媛、王净萍	西南交通大学出版社	成都
4	高校与科研院所联合培养研究生典型案例汇编（2012）	马永红	北京大学出版社	北京
5	研究生科研活动与学术规范	叶四桥、郑丹、王宗建等著	中国水利水电出版社	北京
6	中国研究生教育质量年度报告（2013）	研究生教育质量报告编研组	中国科学技术出版社	北京
7	研究生思想政治教育与创新能力培养	魏志敏、高艳	中国文史出版社	北京
8	国外高校研究生事务管理实务	崔海英	华东师范大学出版社	上海
9	守道：研究生人文素养教育与培养	陈继会、汪永成	大象出版社	郑州
10	研究生培养机制改革 行动与反思	赵军	清华大学出版社	北京
11	我国外语学科研究生学术能力发展 问题与对策	王雪梅	华东师范大学出版社	上海
12	中国研究生教育及学科专业评价报告（2014—2015）	邱均平	科学出版社	北京
13	如何有效选拔研究生 人力资源选拔的视角	孙晓敏	北京师范大学出版社	北京
14	医学研究生教育概论	樊国康、游金辉	科学出版社	北京
15	法大研究生 第 1 辑	解志勇	中国政法大学出版社	北京
16	去美国读研究生	刘新娟、刘瞿、刘文勇	中国人民大学出版社	北京

续表

序号	著作名称	作者	出版社	出版地
17	研究生学术行为规范读本	上海在读研究生学术行为规范研究课题组	复旦大学出版社	上海
18	研究生教育管理工作研究文集	罗梅，王彬，袁雯	四川大学出版社	成都
19	中俄博士研究生教育比较	李申申	人民出版社	北京
20	博士之路——自然科学研究生求学指南	（美）布卢姆，（美）卡普，（美）科恩著，贾建军（译者）贾米娜（译者）	南京大学出版社	南京
21	研究生舞蹈认知与体验 芭蕾舞基训	李春华	上海音乐出版社	上海
22	四川美术学院现代漆画研究生教学	陈恩深	重庆大学出版社	重庆
23	住院医师临床医学专业学位研究生临床培训指南	李岩	北京大学医学出版社	北京
24	西南地区马克思主义理论学科第二届研究生学术会议论文集	黄蓉生	西南师范大学出版社	重庆
25	2013年全国土木工程研究生学术会议论文集	朴修力	中国建筑工业出版社	北京
26	首届全国教育博士专业学位研究生论坛优秀论文集	张斌贤	西南师范大学出版社	重庆
27	中美专业学位研究生培养模式比较研究	张建功	华南理工大学出版社	广州
28	教育硕士专业学位研究生优秀成果选 第1辑	刘晓华	北京交通大学出版社	北京
29	金石为开 研究生党建与思想政治教育工作案例评析	杨娜	北京燕山出版社	北京

续表

序号	著作名称	作者	出版社	出版地
30	中国学位与研究生教育发展年度报告（2013）	《中国学位与研究生教育发展年度报告》课题组	中国人民大学出版社	北京
31	让理想照进现实——以青年马克思主义者为目标的研究生党员培养研究	屈晓婷	北京交通大学出版社	北京
32	区域内高校研究生教育质量保障体系建设研究——基于辽宁的案例分析	王素君，张莉，杨玉	辽宁人民出版社	沈阳
33	深化改革 提高质量 重庆市学位与研究生教育论文选	牟延林	重庆大学出版社	重庆
34	文学地理学与当代中国的研究生教育 邹建军教授访谈录	覃莉	世界图书北京出版公司	北京
35	青蓝辉映求是路——浙江大学优秀研究生导学团队掠影	吕淼华	浙江大学出版社	杭州
36	医路追梦 人背后的故事 赵水平临床研究生随想录	赵水平	湖南科学技术出版社	长沙
37	探索创新——第五届全国工科研究生教育工作研讨会论文选集	蒋毅坚，赵伟	北京工业大学出版社	北京
38	研究生教育转型发展与法律硕士培养模式的创新研究	史凤林	法律出版社	北京
39	我国硕士毕业生社会生存状态调查研究——对硕士教育的现实性反思	王玲，任启平	山东人民出版社	济南

续表

序号	著作名称	作者	出版社	出版地
40	教育硕士教育教学改革与实践探索 第2辑	叶苑	湖北人民出版社	武汉
41	论文写作与国际发表	胡庚申	外语教学与研究出版社	北京
42	如何写学术论文	宋楚瑜	北京大学出版社	北京
43	博士生培养内在制度研究	刘贞华	对外经济贸易大学出版社	北京
44	一级学科博士、硕士学位基本要求（上、下）	国务院学位委员会第六届学科评议组	高等教育出版社	北京
45	工程硕士教育研究成果选编 2012—2013年	全国工程硕士专业学位教育指导委员会	清华大学出版社	北京
46	好医生是怎样炼成的一位医学院教师的调查笔记	李飞	湖北教育出版社	武汉
47	治学之道	刘中树	长春出版社	长春
48	教育的道理——谢维和教育文集第（一）卷	谢维和	教育科学出版社	北京
49	研究型大学与美国未来——事关美国繁荣与安全的十大突破性举措	美国国家学术研究委员会	湖南大学出版社	长沙

2014 年，大陆出版有关研究生教育的著作作者共包括 60 位个人和 7 个群体。其中，既有研究生教育质量报告编研组、《中国学位与研究生教育发展年度报告》课题组等大陆从事研究生教育研究的群体，也有赵沁平、谢维和、赵军、张斌贤、马永红等大陆知名学者，更有美国国家学术研究委员会、（美）戴尔·F·布卢姆、（美）乔纳森·D·卡普、（美）尼古拉斯·科恩等国外群体和学者。与 2013 年相比，本年度由课题组编著的著作数量减少了 58.33%。同时，对比 2012—2014 年发现，目前大陆学者赵沁平、邱均平，研究生教育质量报告编研组、《中国学位与研究生教育发展年度报告》课题组、中国学位与研究生教育学会进展编写组连续出版研究生教育报告。

（二）报纸

2014 年，大陆各大报纸对研究生的相关事件进行了深入报道，较为突出的是《中国教育报》。作为国家级报纸，该报全面、准确、及时宣传党和国家的教育方针、政策及工作部署，传播教育改革与发展的信息和经验，对我国研究生教育改革发展情况进行了集中报道。另外，《光明日报》和《人民日报》也对我国研究生教育的重大事件进行了深入报道（表 1–13）。

表 1–13　2014 年刊登 3 篇及以上研究生教育新闻报道的报纸

篇数	报 纸 名 称
37	中国教育报
25	光明日报
9	人民日报
7	中国财经报
5	河北日报
4	解放军报、科技日报、工人日报、湖北日报、四川日报
3	新华每日电讯、人民政协报、中国社会科学报、第一财经日报、山西青年报

同时，报纸作为重要的传播媒介之一，2014 年大陆部分报纸刊发了有关学者围绕研究生招生、教育教学、科学研究、研究生德育、研究生辅导员队伍建设等内容撰写的一定数量的有关研究生教育的文章或评

论。表 1 – 14 列举了 2014 年大陆专家学者发表的有关研究生教育问题的观点、看法的文章，其余新闻性报道不在本报告研究范围内。

表 1 – 14　2014 年报纸刊登的研究生教育文章选录

标　题	作者及工作单位与职务	报纸名称
抓住机遇 深化改革 全面提高研究生教育质量	郭新立，教育部学位管理与研究生教育司司长	中国教育报
走向研究生教育创新发展的新路标	徐俊忠，广州大学副校长	中国教育报
军事学研究生案例教学如何创新	张江宁，国防大学研究生院院长少将	光明日报
研究生教育亟需"由胖变壮"	别敦荣，厦门大学高等教育发展研究中心主任	中国教育报
研究生作科研不如本科生"不足为奇"	文双春，湖南大学教授 国家杰出青年基金获得者	中国教育报
发展研究生教育需遏制"规模冲动"	熊丙奇，21 世纪教育研究院副院长	中国教育报
五年培养了半数研究生不是一项成就	熊丙奇，上海 21 世纪教育研究院副院长	第一财经日报
规范在职研究生 教育需着眼长远	熊丙奇，21 世纪教育研究院副院长	中国教育报
英国报告：研究生教育哪家强	李霄鹏，中国驻英国大使馆教育处	中国教育报
当下我国女研究生发展问题之思考	余永跃，秦丽萍（博士生），武汉大学马克思主义学院教授 博导	中国妇女报
校内外联合创新研究生培养	王慧敏，北京农学院院长	人民日报
高校学生如何看待研究生教育投入机制与奖助	何华伟，杨娜，首都师范大学研究生院	中国财经报
高校研究生党支部建设现状的调查与研究	陈霞，山西财经大学管理科学与工程学院	发展导报

标题	作者及工作单位与职务	报纸名称
大众化时代研究生定位培养之探析	涂春花，江西科技师范大学研究生部	山西青年报
破解"保录班"怪招还须改革研究生教育	顾骏，上海大学教授	中国教育报
研究生辅导员职业化专业化发展探析	翟娟，华中师范大学	山西青年报

研究生教育基本问题研究

2014 年，学界在研究生教育基本问题方面的研究取得了较为丰硕的成果，通过检索相关关键词，并对研究内容进行人工筛选，得到 90 篇（部）有关研究生教育基本问题的文献。其中，著作 2 部、期刊论文 73 篇，硕士学位论文 14 篇、博士学位论文 1 篇。研究内容从多个视角、多个侧面对研究生教育发展、研究生教育发展战略、学位制度与授权体系、研究生教育规模结构、研究生教育基层学术组织、专业学位研究生教育、研究生教育信息化等研究生教育的基本问题展开了研究，对加深理论认识、破解研究生教育发展中的难题有较强的理论指导作用，下面对研究进展进行综述。

第一节　研究生教育发展

研究生教育发展的研究内容包括研究生教育发展历史的研究、发展阶段的研究、发展现状的研究、发展问题的研究、发展特征的研究等多个方面，这些研究从不同角度展现了研究生教育发展面貌，探索了研究生教育发展规律，有助于认清研究生教育的形态和定位，认识研究生教育发展的总体状况和存在的不足，把握研究生教育发展的基本脉络。

中国学位与研究生教育学会会长赵沁平院士认为迫切需要加强研究生教育理论研究，形成符合我国国情的研究生教育学理论和学科体系，为我国研究生教育实践和发展提供理论支持，并从必要性、可行性及内涵 3 个方面对构建研究生教育学学科体系进行了分析和阐述。构建研究生教育学科体系是解决研究生教育的深层次问题和长期困扰的难点问题、走向研究生教育强国的必由之路，具有历史必然性。研究生教育学学科具有自己特殊的研究对象，我国丰富的研究生教育实践为研究生教育学学科体系的构建提供了土壤和发展动力，这些条件为研究生教育学学科体系的构建奠定了良好的实践、理论和人才基础，构建研究生教育学学科体系切实可行。研究生教育与其他教育一样，其规律可分为发展规律、育人规律和办学规律三大类，揭示这些规律的研究，按学术方向可分为：研究生教育规律研究、研究生教育社会学、研究生教育经济学、研究生教育管理学、研究生教育法规学、研究生教育方法学、研究生教育心理学、比较研究生教育学、研究生教育文化及其对社会的作用。①

北京理工大学学位与研究生教育研究中心主任王战军对我国研究生教育研究的现状进行了统计和分析，指出了当前我国研究生教育研究的特点和存在的问题，认为研究生教育研究还比较薄弱，研究成果特别是具有我国特色的研究成果不多。提出应基于我国研究生教育取得的巨大成就和实践经验，加强研究生教育研究，探索教育规律，以服务于研究生教育的改革与实践。②

沈阳师范大学朱艳等认为新中国成立以来，研究生教育的发展经历了3个发展阶段。影响我国研究生教育发展演变的深层结构包括经济体制变迁、政治体制改革和科技体制创新。研究生教育在其变迁中呈现出强劲的路径依赖是政府对研究生教育资源的理性选择的结果，而研究生教育制度变迁的动力主要是国家的立法行为和政府与高校之间的权力博弈。③

华中师范大学郑刚研究了抗日战争时期我国研究生教育。在"战时须作平时看"教育方针指导下，教育部门及各高校都制订了系列政策和措施，积极恢复和发展因战争而打乱了进程的研究生教育。留学教育政策的紧缩也为大陆研究生教育的发展提供了新的契机。在8年抗战中，研究生教育历经了恢复调整、发展壮大和巩固提高3个阶段，研究所数量、招生人数以及专业分布，都呈现蓬勃发展的态势。各高校根据时代的需要及所属地的实际，探索研究生教育培养的模式，形成了鲜明的特色：研究生教育制度化的发展、以专业模式进行、适应国家战时需

---

① 赵沁平. 开拓、创新、求真, 科学构建研究生教育学学科体系 [J]. 研究生教育研究, 2014 (6)：1—3.

② 王战军. 加强研究生教育科学研究 促进研究生教育改革与发展 [J]. 学位与研究生教育, 2014 (8)：1—5.

③ 朱艳, 徐文娜. 建国以来我国研究生教育发展演变的制度分析——基于历史制度主义的视角 [J]. 现代教育管理, 2014 (12)：103—106.

要。抗战时期的研究生教育培养了一大批优秀人才，为抗战建国及新中国的建设提供了可贵的人力支撑。①

湘潭大学钟旗在其学位论文中回顾了我国研究生教育政策范式的演变历程，依次分恢复、调整改革、深化改革、加快发展4个阶段。对我国1977年以来研究生教育发展各个阶段的政策文本进行了分析，总结了每个阶段研究生教育政策的重点和特点，并总结了每个阶段政策制定的主要范式及其存在的问题。最后，结合我国研究生教育政策的实际情况，从决策方法理性化、决策模式多样化、决策过程民主化、决策人员专业化4个方面提出了优化未来我国研究生教育政策制定范式的策略。②

中国社会科学院李进峰从内外部因素分析了科研机构研究生教育现状、存在的主要问题与面临的发展困境。科研机构研究生培养内部存在的主要问题是：内部管理体制与运行机制不畅、部分科研机构改制后面对市场举办研究生教育举步维艰、重视科研业绩考核忽视研究生教育考核，招生规模较小、校园文化不足、学术气场弱，生源质量参差不齐。科研机构研究生教育面临的外部困境有：办学体制困境、研究生招生名额少、科研机构在与大学合作中处于劣势地位、知识生产方式转型对科研机构研究生教育的影响、科研机构缺乏专门的评估机制。从国家教育主管部门、科研机构、科研机构的研究生教育单位三个层面，就科研机构如何理顺内部管理机制，发挥特色优势，获得外部支持，提高研究生教育质量提出了建议。③

第二节　研究生教育发展战略

研究生教育发展战略的研究内容包括研究生教育发展方向、发展道路、发展规划、发展模式、发展策略、发展机制等方面的研究，这些研究从宏观、中观、微观等多个层面对研究生教育发展战略进行了分析，

---

① 郑刚. 抗战时期我国研究生教育的变迁及其特点［J］. 高等教育研究，2014（12）：74—81，88.
② 钟旗. 研究生教育政策范式的演变及优化策略研究［D］. 湘潭：湘潭大学，2014.
③ 李进峰. 科研机构研究生教育面临的困境与对策建议［J］. 中国高教研究，2014（6）：27—30.

提出了前瞻性的对策建议，对把握研究生教育发展趋势，制定、理解和实施研究生教育发展战略具有较强的指导作用。

一、研究生教育发展改革的优化设计

三峡大学赵军围绕培养机制改革相关问题对部属高校和地方高校研究生教育工作者进行了问卷调查。结果表明，部属高校和地方高校研究生培养机制改革既有明显的共性——为对培养机制改革成效的总体评价均处于比较不满意状态，而对研究生培养质量的总体评价均处于比较满意状态等；也有鲜明的殊性——在全面收费制、奖学金制、导师制、以及改革缺少经费支持等维度呈现出显著差异。基于共性和殊性，研究生培养机制改革的深化还需要进一步反思改革模式，鼓励和激励研究生培养机制改革的自主创新；拓宽改革内容，推动规模质量结构效益的协调和可持续发展；优化改革设计，注重改革主体的多元诉求并避免改革的一刀切；突出改革殊性，部属高校和地方高校要不断提升改革的针对性。[①]

北京师范大学张睦楚认为当前研究生教育存在"近亲繁殖"的招生模式、"麦当劳化"的培养模式、"趋低龄化"教育范式3个突出问题。各培养单位应清楚地认识自身的教育战略特点和优势，明确"做什么，怎么做"，及时规避研究生教育过程中可能出现的问题，并积极探讨更为适合的、立体的、优化的教育模式，成就每一位学习者。[②]

三峡大学赵军以2006年以来我国实施的研究生培养机制改革为研究对象，剖析了研究生培养机制改革成效，并提出了改革的深化路径。研究基于调查研究、政策分析、内容分析、制度分析等理论与方法，揭示出2006年以来我国启动的研究生培养机制改革，虽然取得了显著成效，但具体到不同维度、不同层次，还存在突出问题，改革还存在较大的深化空间。强化顶层设计，全面协调地推动研究生教育综合改革，是研究生培养机制改革的必由之路。[③]

湖南大学阳荣威等认为目前容易忽视硕士研究生扩张速度比本科生扩张速度更快的事实。在硕士研究生扩招的背景下，一些大学模糊了本

① 赵军. 研究生培养机制改革成效、问题与对策——基于部属高校与地方高校的比较研究[J]. 研究生教育研究，2014（2）：1—8.
② 张睦楚. 当前研究生教育中的三重困境及其路径选择[J]. 江苏高教，2014（4）：105—107.
③ 赵军. 研究生培养机制改革：行动与反思[M]. 北京：清华大学出版社，2014

科教育和硕士研究生教育的界限，使硕士生教育呈现出"本科化"趋势。对硕士研究生教育与本科生教育究的差别进行了分析，认为硕士研究生教育应坚守精英教育；专业教育方面，本科重基础、硕士重专业；知识建构模式方面，本科重概念建构、硕士重问题探索建构；教学内容的选择方面，本科注重知识的全面性，硕士注重知识自我探索；教学方法的选择方面，本科以专业知识讲授为主，硕士则具有多样性。提出了预防和缓解我国硕士生教育"本科化"倾向的应对措施：严格遴选优秀导师，拒绝研究生导师大众化；创新培养模式，设计多样化学术活动；调整教学方式及内容，增加教学内容前沿性、实践性；重视硕士生培养过程倡导"以探究为本"的学习；. 重视硕士生教育中的"传帮带"作用等。①

湖南师范大学陈惠认为研究生教育的核心目标理应是研究与创新能力的培养。通过现状调查与国际比较发现，我国研究生教育在招生、内容、方法等方面远远落后于人才发展的目标需要，研究生教育的各个环节没有真正聚焦创造力。需要在招生模式、教学内容、教学方法、导师制度等方面加大改革力度，借鉴国外先进的教育理念和方式，构建并实施以创造力培养为核心的研究生教育系统工程。②

江苏盐城师范学院韩业斌认为我国博士生教育近年来招生规模扩大、教育资源短缺、培养模式滞后，存在博士生课程松散、学位论文质量下降、过分强调在读期间的科研成果等问题。改革博士生教育制度，应该提高博士生科研经费，加强导师与学生的互动，把重点放在博士学位论文本身，淡化在读期间需要发表论文要求，同时尽量缩小在职博士生比例，逐渐向全职脱产博士生倾斜。③

辽宁对外经贸学院靳晓光针对高校研究生扩招后研究生就业不如本科生、研究生教育质量的下滑、研究生教育质量考核方式单一等问题，提出要借鉴西方发达国家培养研究生的经验，优化课程结构，构建新型课程体系；改变传统的培养模式，实现协同交叉型教学；改变单一的评

① 阳荣威，胡陆英. 我国硕士研究生教育"本科化"倾向及其应对措施 [J]. 研究生教育研究，2014（1）：11—16.

② 陈惠. 聚焦创造力：研究生教育创新论 [J]. 湖南师范大学教育科学学报，2014（4）：125—128.

③ 韩业斌. 我国博士生教育过程中的问题与对策分析 [J]. 中国教育学刊，2014（S6）：80—81，83.

价标准，构建多样化考核体系是解决研究生教育中存在问题的主要途径与方法。①

华东师范大学陈伟在其学位论文中对西部研究生教育发展相关政策及实践进行了梳理，探究了已有政策的成效：研究生规模扩大、师资增强、管理水平提高、科研能力提高等。分析了存在的问题：与东部、中部地区仍存在差距，师资不足、经费不足，西部各省市之间发展不均衡，专业学位发展滞后等问题。分别从国家层面、省部层面、高校层面对西部研究生教育提出了相应对策。基于国家层面，建议加强顶层设计，建构政策指标体系，完善激励机制和评估机制，制定研究生教育远程发展规划以及加大财政投入等措施。基于西部省、自治区、直辖市和教育部等部委层面，建议加强省、部间协调沟通，加强宣传和交流平台建设，以及根据西部经济发展需求，协调西部省、自治区、直辖市间研究生教育发展水平，落实财政投入目标等措施。基于西部高校，建议做好高校研究生教育发展规划和对口支援规划，对症改进对口支援活动，同时提出优化学科结构，试行校长招聘制，加强师资建设，开展边疆国际教育和中外联合办学，借鉴大陆高校研究生教育改革经验，改革研究生培养机制等措施。②

二、国际化与特色发展战略

厦门大学李凯歌在其学位论文中选择了一个包含国际化发展水平较高的学科的二级学院作为研究对象，对我国研究生教育国际化进行个案透视。以高等教育国际化动因理论、高校国际化发展的路径理论为基础，以厦门大学王亚南经济研究院为案例，分析其研究生教育国际化的总体情况、实施路径、保障措施。通过访谈该院的部分学生和教师，综合他们对研究生教育国际化的评价，得出国际化的氛围是研究生教育国际化的条件、国际化的师资是研究生教育国际化的保障、国际化的课程是研究生教育国际化的核心。建议进一步促进国际化与本土化的融合、更加凸显国际化的观念和意识、着力提升对国际留学生的吸引力、搭建

---

① 靳晓光. 论研究生教育面临的困境与解决的途径［J］. 黑龙江高教研究，2014（7）：102—104.

② 陈伟. 西部研究生教育发展对策分析［D］. 上海：华东师范大学，2014.

更完善的国际化服务平台。[①]

北京邮电大学陈岩等认为我国行业特色型大学应积极探索科学基础、实践能力和人文素养融合发展的创新型人才培养的新模式；培养满足行业特质的拔尖创新型人才是我国行业特色型大学"适用性"办学定位与发展战略的核心；在更高层次上强化"产学研"互动的人才培养机制是提高行业特色型大学工程教育培养质量的有力保障；瞄准国家战略需求，超前部署适应国家战略性新兴产业所需的专业学科布局与集群，主动参与重大战略性科学研究，构建行业特色型大学"适用性"工程教育体系与学科体系协调发展的引擎；建设高水平、开放式、纵向一体化的"适用性"学科体系，实现行业特色型大学的内涵式、特色型、可持续发展。[②]

三、国际研究生教育发展战略比较借鉴

黑龙江科技大学霍影认为研究生教育及其学位制度的国际化程度是衡量国家高等教育发展水平的重要考评因子之一。在分析我国当前研究生国际化教育在修业年限、学位证书、资助渠道以及国际交流4个方面不足的基础上，通过比较博洛尼亚进程中欧洲高等教育区在以上4个方面的先进经验，得出了下阶段我国研究生教育国际化工作应侧重"拓展学位授予类别，接轨国际修业年限；提升合作交流层次，完善留学资助制度；规范学位证书项目，接轨国际体系标准"的结论。[③]

江汉大学胥秋对20世纪90年代以来日本研究生教育组织结构变革进行了评述，集中在研究生院重点化改革、独立研究科与研究生院大学的创设以及新型专门职研究生院的设置3个方面，体现了研究生教育重点化、多样化和职业化的趋向，对日本研究生教育产生了深远的影响。[④]

清华大学高阳等以"加强研究生教育的系统性"政策的实施为例，

---

① 李凯歌. 我国研究生教育国际化的案例研究 [D]. 厦门：厦门大学，2014.
② 陈岩，等. 构建"适用性"工程教育学科体系是行业特色型大学培养拔尖创新人才的关键 [J]. 高等工程教育研究，2014（3）：95—100.
③ 霍影. 我国研究生教育学位制度国际可比性探讨——与博洛尼亚进程的比较 [J]. 高校教育管理，2014（6）：108—112，127.
④ 胥秋. 90年代以来日本研究生教育组织结构变革述评 [J]. 现代教育管理，2014（10）：124—128.

对日本研究生教育政策评价的机制进行了研究，认为其政策评价机制贯穿了政策实施的全过程，并具有鲜明的特征，包括管办分离的评价主体、公正灵活的评价标准、前后呼应的评价内容、以评促建的评价功能以及全面透明的结果发布等。①

第三节　研究生教育质量观

从纵向看，作为一种动态的观念体系，研究生教育教育质量观处在不断发展变化过程中。从横向看，不同的视角有不同的研究生教育质量观，有内适性质量观、目的适切性质量观、价值增值质量观等。

中山大学戚兴华认为，研究生教育质量既是研究生教育的重要概念，又是教育质量的一种特殊类型，在理论研究与教育实践中广受关注。文章认为近10年来研究生教育质量概念的探讨，主要存在统摄论、逻辑论、代表论、替代论、价值论等几种理解。有必要探索一条既有基础性又具整合性的理解途径，使研究生教育质量成为一个具有稳定核心、开放边界和过滤吸纳机制的基本概念。因此，从知识论出发，以知识与学术系统为基点的考察和构建是一种可行的尝试。②

中国矿业大学吕向前等围绕研究生教育的量变与质变、现象与本质、发展与规律等问题进行哲学思考。认为理解研究生教育内涵式发展的本质，要从其外延式扩张与内涵式发展的关系上入手，将重点聚焦在学生素质、学科结构、导师能力、管理水平、投入产出比等方面。把握研究生教育内涵式发展的本质，就要把握其本质特征与核心任务，落脚在实现人才培养目标的诸多因素上。同时，在尊重规律的前提下，推出科学性、创新性、深化改革的举措和方法。③

南京农业大学程俊以"生成性思维"作为博士研究生教育质量生成机制的逻辑支点，重视博士生的个体发展，强调质量生成的动态特

①　高阳，王传毅，赵世奎. 日本研究生教育政策评价的机制及特征——基于"加强研究生教育的系统性"政策的案例研究 [J]. 学位与研究生教育，2014（7）：72—77.

②　戚兴华. 多元与泛化：研究生教育质量理论面相解析 [J]. 研究生教育研究，2014（5）：6—11.

③　吕向前，查振高. 关于我国研究生教育内涵式发展的哲学思考 [J]. 学位与研究生教育，2014（4）：41—44.

性。在理论层次探析博士生教育质量生产机制，强调增强博士生的主观能动性、创造性、互动性和自我完成性。基于"以学生为中心"的质量评价、深入研究质量观及其变革的价值机制、导向与激励的动力机制、博士生与教育环境的相互影响机制、输入—过程—结果的有机链接机制以及基于博士生教育质量评价的保障机制展开。①

第四节　研究生教育基层学术组织

承担研究生教育的学术组织有不同的形态，既有学科、学系、研究所、实验室等传统的、结构单一的组织，也有创新平台、创新团队、协同创新中心等新涌现的、跨学科、学科交叉的组织。学术组织如何有效实现研究生培养功能、研究生与学术组织的互动机制、学术组织知识生产和传播等是研究生教育学术组织研究的核心内容。

一、学术组织内的研究生知识共享

中国地质大学（武汉）侯志军等研究了研究生的知识共享及其对学术创新能力培养的作用。认为研究生的知识共享是由知识积累、知识转移、知识整合构成的知识创新过程，包含着知识、个体、关系、组织4个影响要素。指出知识共享对提升研究生的学术创新能力具有重要的推动作用，能够促进研究生形成创新思维、拓展创新途径、催化创新过程。提出重视研究生的隐性知识共享、改善研究生的共享心智模式、形成研究生共享的信任氛围是促进研究生知识共享的主要对策。②

西南大学张向向在其学位论文中编制了《研究生知识共享调查问卷》，并对来自全国8所不同院校的352名硕士研究生进行问卷调查以及对部分研究生进行深度访谈。从研究生知识共享的认知程度、行为博弈、空间范围、平台选择4个维度解析研究生知识共享现状，发现在研究生知识共享的实践中存在如下问题：一是研究生知识共享的认知不足；二是研究生知识共享中非合作博弈凸显；三是研究生知识共享的空

---

① 程俊，罗英姿. 博士生教育质量生成机制研究 [J]. 研究生教育研究，2014（3）：37—42.
② 侯志军，王正元，朱誉雅. 研究生学术创新中的知识共享研究 [J]. 学位与研究生教育，2014（3）：57—61.

间范围狭窄；四是研究生知识共享的平台依赖。针对上述问题，基于缄默知识理论、知识转化的模型以及知识创造的"场"理论并以研究生知识共享的原则为导向，建构了研究生知识共享的可行路径和策略。①

山东理工大学孙绍慧在其学位论文中以山东理工大学两个硕士研究生学习团队为研究对象，探讨了知识共享的行为表现及影响因素，给出了提高知识共享水平的建设性意见：拓宽学习渠道，提高自身专业技术水平；打破专业壁垒，促进团队合作；构建良好的知识共享空间；建立健全管理机制，保证研究生培养成效。②

二、跨学科与交叉学科研究生教育

南京信息工程大学关辉等认为跨学科研究生教育具有鲜明的二重性特征。一方面，是创新人才培养的重要手段，符合科学发展规律和拔尖创新人才成长规律，具有科学性和价值性；另一方面，是一项探索性工作，具有风险性并产生一定的随意性。应对二重性，最理想的策略是建立与二重性特征相辅相成的自律机制，通过保障机制为跨学科研究生教育提供基础和条件，通过激励机制为跨学科研究生教育提供动力和导向，通过制约机制为跨学科研究生教育提供约束和控制。③

南京信息工程大学关辉认为主动适应学科文化是跨学科研究生教育质量提升的逻辑起点和瓶颈之所在。从宏观、中观、微观视角阐述了跨学科文化的主动适应，主动适应的宏观背景是现代大学的基本理念，主动适应的中观基础是学科发展的规律和趋势，主动适应的微观基础是跨学科研究生个体的自觉行动。对跨学科研究生主动适应学科文化提出了行动建议是：主动研究和突破学科文化壁垒，主动寻求跨学科人际交往，主动参与学科融合创新。④

哈尔滨工业大学刘婧在其学位论文中选取系统论及建构主义理论作为理论工具，从系统整体性、开放性、稳定性以及学生学习自主性的认识出发，指导工学跨学科博士生培养模式的构建过程。分析介绍了国外

---

① 张向向. 我国研究生知识共享的路径探讨 [D]. 重庆：西南大学，2014.

② 孙绍慧. 研究生学习团队知识共享研究 [D]. 淄博：山东理工大学，2014.

③ 关辉，成丰绛. 跨学科研究生教育的二重性特征及其应对策略 [J]. 现代教育管理，2014（5）：105—108.

④ 关辉. 主动适应：跨学科研究生学科文化适应的理性选择 [J]. 学位与研究生教育，2014（9）：48—52.

跨学科博士生培养现状，提炼了具有借鉴意义的经验启示。通过开展实地调研及问卷调查，对哈尔滨工业大学工学跨学科博士生培养现状实施调查研究，从而发现了现存的问题和不足。以哈尔滨工业大学为例，从培养目标、招生选拔、课程安排、科研训练、导师指导及质量监控6个方面，重构了具有开放性及系统性特征的工学跨学科博士培养模式。①

湖南农业大学李尚群认为跨学科能力的培养是研究生教育的一个重要问题。指出研究生跨学科能力的培养需要实现4个转向，即从学科情结到边界意识，从传承思想到挑战问题，从遵守规则到建构策略，从职业定向到无边界生涯。研究生跨学科能力的培养需要完成上述4个方面的转向，但这不是一种简单的逆向否定，而是一种中心视界的转移。②

华南理工大学焦磊等认为跨学科学术组织形式的创新是跨学科研究生教育成功的关键。国外跨学科研究生教育缘起较早，且已形成较为坚实的理论基础。当前，国外跨学科研究生教育主要有学院内部式，研究生院主导式，独立建制式。对我国的借鉴意义是：跨学科研究生教育以选拔、培养卓越人才为基本理念；创新跨学科研究生教育学术组织形式，彰显研究生院的作用；籍借跨学科研究推动跨学科研究生教育。③

上海交通大学高磊等认为构建多学科集成与交叉的培养环境与机制是各国研究生教育发展的共识和趋势。与传统研究生培养模式相比，学科交叉研究生培养具有知识多元、问题导向、协同创新等特性。学科交叉研究生培养的动力来自知识融合的内在需求、社会发展的外部驱动、大学发展的路径需要、研究生全面发展的深层次需要等。学科交叉研究生培养模式有其生成路径和一些重要特征。高校应重视学科交叉研究生培养，并根据自身办学定位与特色选择合适的学位交叉研究生培养模式。④

南京师范大学滕曼曼在其学位论文中编制了《跨学科硕士研究生专业认同问卷》，对东南大学、南京师范大学、河海大学、南京林业大

① 刘婧. 工学跨学科博士生培养模式研究 [D]. 哈尔滨：哈尔滨工业大学，2014.
② 李尚群. 告别规训：研究生跨学科能力的培养 [J]. 学位与研究生教育，2014（7）：17—21.
③ 焦磊，谢安邦. 国外跨学科研究生教育组织形式探究 [J]. 中国高教研究，2014（11）：54—58.
④ 高磊，赵文华. 学科交叉研究生培养的特性、动力及模式探析 [J]. 研究生教育研究，2014（3）：32—36.

学的名跨学科硕士研究生进行问卷调查。得出的结论为：跨学科硕士研究生专业认同可分为专业投入、专业情感、专业评价、专业前景认同4个维度。跨学科硕士研究生专业认同总体水平以及4个维度均处于中等略偏上，专业认同总体水平不高。影响跨学科硕士研究生专业认同的因素主要包括"个体因素""专业客观因素""家庭社会因素"和"学习氛围因素"。建议重视跨学科硕士研究生的自主性调整；加强专业建设，营造良好的学习氛围；完善就业机制，加强就业指导；重视专业认同的差异性，提高专业培养的针对性。[①]

上海交通大学高磊等介绍了美国开展学科交叉研究生培养的情况：在国家层面为学科交叉人才培养提供了政策支持，在经费资助方面也给予倾斜，大多数研究型大学都在积极实施研究生学科交叉培养计划。对1997年美国国家科学基金会开始启动的"研究生教育与科研训练一体化项目"（IGERT项目）进行了统计分析，选取了哈佛大学生物力学项目、加利福尼亚大学洛杉矶分校材料创新培训项目、康奈尔大学跨尺度生物地球化学与环境项目、杜克大学仿生学材料与材料系统中心4个典型IGERT项目作为案例进行了研究，并给出了启示与建议。[②]

三、团队等学术组织的人才培养机制

天津科技大学慕静等基于复杂适应系统理论，指出高校科研创新团队是由学术带头人、有科研能力的教师、博士研究生和硕士研究生等多个主体组成的复杂适应系统。从微观视角，建立了高校科研创新团队单个主体的刺激—反应模型，指出影响高校科研创新团队形成的驱动因素和制约因素，揭示了单个主体的运作机制；从宏观视角，建立了高校科研创新团队多主体交互合作的回声模型，揭示了多个主体之间的交互合作机制并进行了实例分析。[③]

南京航空航天大学朱广华等通过结构方程模型分析了不同变量组合动态共演进机制效应，发现高校整体知识对人才培养存在间接效应，呈

---

① 滕曼曼. 跨学科硕士研究生专业认同研究 [D]. 南京：南京师范大学，2014.
② 高磊，赵文华. 美国学科交叉研究生培养的现状及启示——以美国研究生教育与科研训练一体化项目为例 [J]. 学位与研究生教育，2014（8）：54—60.
③ 慕静，王仙雅. 基于CAS理论的高校科研创新团队形成机制研究 [J]. 黑龙江高教研究，2014（10）：8—11.

现出工作站环境路径的依赖性，隐性知识内化是培养的核心要素；人才培养诸多影响因素中，高校导师第一责任人的角色并未因环境改变、企业导师参与而发生变化；高校导师及团队指导、企业导师研发指导、工作站环境等因素的单维度独立效应依次递减；多因素不同变量组合的人才培养绩效具有不同的动态共演进机制，其作用存在显著差异。[①]

武汉科技大学李云梅等引入团队心理安全感作为中介变量，运用结构方程模型研究了团队氛围的 6 个维度对研究生科研能力的作用机理。研究表明，团队心理安全感在团队氛围对研究生科研能力的总体模型及分解模型中，起到了完全中介以及部分中介的作用。关于团队心理安全感中介作用的认识，对于了解团队氛围对研究生科研能力提升的作用机制以及如何充分发挥研究生导师和研究生的"双主体"性、改善团队氛围以提高团队的心理安全感和研究生的科研能力，具有一定的价值。[②]

昆明理工大学魏汉涛针对法学研究生传统培养模式的不足，提出在教学上采用优势教学法、研究能力培养上引入团队研习法。优势教学法可以充分发挥教学团队的整体合力，实现教学资源的最优配置，让学生接受到最优质的教育。团队研习法让学生组成团队，在协作中共同研究问题，可以让他们感受到创新的乐趣，从而激发创新热情。教学和研习两方面的革新相结合，可以使教、学、研融为一体，促使学生变被动接受知识为主动追求和积极探索知识。[③]

哈尔滨工业大学（威海）郑宏珍等针对市场对人才的需求，以培养研究生创新能力为核心，提出了高校创新平台与产学研联合培养研究生创新能力系统模型，整合了高校创新平台和产学研的优势，强化以项目和市场为驱动，将研究生的培养过程融入到联合创新平台，完成研究生创新能力培养的全过程，从而进一步实现面向市场需求的研究生创新能力培养途径。[④]

---

① 朱广华，等. 企业研究生工作站人才培养绩效影响因素及其演进机制［J］. 高等教育研究，2014（6）：59—67.

② 李云梅，李大为，胡阳. 团队氛围、团队心理安全感对研究生科研能力的影响［J］. 高等工程教育研究，2014（6）：112—117.

③ 魏汉涛. 法学研究生培养方式的革新——优势教学法与团队研习法的结合［J］. 研究生教育研究，2014（2）：43—47.

④ 郑宏珍，初佃辉. 创新平台与产学研联合培养研究生创新能力探索［J］. 中国高校科技，2014（5）：82—83.

第五节　学科建设基本问题

随着我国高等教育尤其是研究生教育改革的深化，大学学科建设内外环境发生了很大变化。这些变化不仅推动着大学学科实践探索活动的深入，也刺激着人们对大学学科建设基本问题的关注与思考。2014 年大学学科建设基本问题研究聚焦于大学学科制度、大学学科文化以及学科建设与研究生教育关系等问题。

南京师范大学王建华认为学科制度化是系科制的核心，由于分科模式本身的局限性，学科制度化危机不可避免。对于学科制度化及其改造，比较慎重的选择是，从现实出发尊重人类现有的知识格局和学科划分，鼓励学科的开放和人员的流动，以渐进的方式推动跨学科研究。[1]

江苏科技大学解瑞红认为对于学科固化现象的分析和研究是学科健康发展的必要。当前，追求利益已经成为学科发展的首要选择，这种价值倾向性的直接表现是大学学科的固化。学科等级结构体系、学科标准的利益性和集团化、学科群体的集群性以及知识传播中的惯性加剧了学科固化的倾向，也是学科固化得以延续的机制。而学科固化对学科与社会需求的对接、学科之间资源的流动以及新知识的生产都产生严重的危害。[2]

广东财经大学何晓聪认为高校学科发展的趋同化，是在一定制度环境下由强迫性机制、模仿机制和社会规范机制导致的。要在充分尊重高校自主权的基础上实现学科的差异化发展，通过外部环境的变革促进教育制度安排的理性化以及教育政策价值的多元化。[3]

南京师范大学朱龙在其学位论文中认为，大学中的学科在历史上不断地呈现出一种偏执的、狭隘的状态，选择失衡，盛衰不均，这与权力的实践脱不开关系，在知识规划和学科建设之间既有一致性又有冲

---

① 王建华. 学科制度化及其改造 [J]. 高校教育管理，2014 (9)：9—13.
② 解瑞红. 矛盾与反常：大学学科固化的危机 [J]. 江苏高教，2014 (6)：80—83.
③ 何晓聪，林仲豪. 新制度主义视域下的学科发展趋同机制分析 [J]. 高教探索，2014 (5)：126—128.

突性。①

江汉大学胥秋从广义上对学科文化内涵和外延进行了重新界定。从内涵来看，学科文化分为 4 个层次：物质层面的学科知识、规则层面的学科规训制度、行为层面的群落学术生活状态、精神层面的学科思维。从外延来看，学科文化包括学科知识、由学科知识决定的学科规训制度、群落学术生活方式、学科思维。其中，学科知识是学科文化之本，学科知识的特点决定了学科规训制度、学科学术生活的样态和学科思维方面的特性。知识属性是学科文化最重要的影响因素，整个国家文化传统、高等教育管理体制、大学文化传统等外部因素对学科文化虽然会有一定的影响，但不是最根本的影响因素，是一种次要因素。②

中国石油大学齐昌政等认为，在我国高校发展中，学科建设与研究生教育的协调发展存在实践困境，表现为重点建设还是共同提高的价值取向分歧、规模扩张还是内涵发展的目标迷失、突出科研还是教学为先的功能错位和注重学科边界还是跨学科培养的制度藩篱等方面。要促进学科建设与研究生教育的有机融合，一要树立内涵发展、特色发展的大学发展理念；二要扩大高校办学自主权，加强学科动态调整；三要建立科学的评价机制，引导学科建设回归人才培养本位；四要促进学科交叉融合，实现研究生跨学科培养。③

第六节　研究生教育规模结构

研究生教育规模结构适应需要既是研究生教育发展的重要规律，也是研究生教育发展的政策目标。研究生教育结构包括科类结构、层次结构、类型结构、区域分布结构等多种形式。合理的研究生教育规模如何判定、研究生教育结构如何优化等都是研究生教育所面临的重大理论和实践课题。

辽宁教育研究院杨玉认为我国区域经济与研究生教育之间存在协同

---

① 朱龙. 知识规划视野中的学科建设研究 [D]. 南京：南京师范大学，2014.

② 胥秋. 大学学科文化的特点及其影响因素研究 [J]. 黑龙江高教研究，2014（10）：1—4.

③ 齐昌政，等. 论学科建设与研究生教育的协调发展 [J]. 研究生教育研究，2014（3）：66—70.

发展的辩证关系；研究生教育规模扩张与区域经济发展存在矛盾：研究生教育规模扩张超出区域经济发展的实际需求和承受力，研究生教育的层次结构不适应区域经济产业结构的发展，研究生教育规模扩张易导致教育资源浪费和人才质量下降，结构性矛盾使研究生就业危机开始凸显等；提出了研究生教育结构优化与区域经济发展适应性的对策：根据区域经济发展水平定位研究教育发展的规模与速度，根据区域经济产业结构调整研究生教育的层次结构，根据产业要求调整研究生培养目标和培养方案，加强产学合作以谋求产学一体化协同发展，加强高等教育的预见性以实现适应与引领产业发展相统一。①

武汉大学王传毅等认为我国研究生教育类型结构与经济社会发展的协调性较低。数据分析表明：类型结构中学术型人才的供给远大于科研类岗位的需求，而应用型人才的供给则明显小于当前非科研类岗位的需求。同时，科研类岗位的现实需求以及大量潜在需求尚未被学术型人才的供给所满足，非科研类岗位的需求已逐步接近应用型人才的供给。建议现阶段应保持学术学位研究生教育和专业学位研究生教育之间的规模比例和各自增速，分类改革并优化研究生的培养模式，将类型结构调整从外延式转向内涵式。②

浙江财经大学颜建勇从学科发展、国家战略需求、经济发展、社会需求等多个视角分析了研究生教育结构的演变。从学科发展视角分析，知识的分化和发展丰富了学科种类和结构，学科种类和结构又内生性地改变了研究生教育的科类结构；从国家战略需求视角分析，政府通过政策导向使研究生教育的层次、科类、区域、类型等结构发生深刻变化；从经济发展视角分析，产业结构调整与转型、劳动力需求变化对各类教育层次的人才培养结构有显著影响，这种影响更多地表现为对科类结构的关联性变化。从社会需求视角分析，社会需求多样化在相当程度上改变了学术学位与专业学位两种类型的结构比例，也会改变博士、硕士两个层次的结构比例，对培养形式结构和学科结构也会有影响。研究生教育结构的演变是多种力量共同驱动的结果，学科发展规律是内在驱动

① 杨玉. 区域经济发展视角下的研究生教育结构优化探究［J］. 黑龙江高教研究，2014（10）：131—133.
② 王传毅，李旭，胡彬涵. 我国研究生教育类型结构与经济社会发展的协调性分析：基于人才供需的视角［J］. 教育发展研究，2014（23）：47—53.

力，外部需求是重要驱动力，社会生产力发展需要是最终驱动力。[①]

山西大学郎永杰等认为省际研究生教育发展的差异不应过大。以基尼系数表征的硕士研究生教育发展的省际差异，合理数值应为 0.33—0.40，博士层次的合理数值应为 0.40—0.50。分析表明，当前我国研究生教育省际差异偏大，尤其体现在研究生教育优势平台的分布上。但是，2003—2011 年，我国研究生教育，特别是硕士层次的研究生教育省际差异明显缩小。[②]

广东省研究生教育发展战略研究课题组针对当前广东研究生教育存在规模偏小、结构不够合理、培养质量不高等主要问题，结合未来近 10 年广东经济社会的发展需求分析，对广东省研究生教育发展规模与结构做出了预测，并据此提出了未来广东研究生教育发展战略：通过扩大规模保障质量的政府战略，深化校企合作倒逼专业结构调整的市场战略，改革培养机制培养创新能力的高校战略来推进未来近 10 年广东省研究生教育的发展。[③]

中国人民大学李立国等认为政府主导研究生教育发展是由我国国情所决定的。在政府主导的高等教育扩张的大背景下，研究生教育的规模得到了快速增长，也在一定程度上促进了研究生教育的平衡发展。在中央政府主导与授权，地方、高校竞争式发展的模式下，研究生教育的学科门类结构呈现"存量决定增量"的增长模式。国家主导的研究生教育发展需要建立科学有序的机制，特别是"需求和条件相结合"的刚性约束机制。[④]

第七节　专业学位研究生教育

我国从 1991 年开始实施专业学位制度，专业学位的定位是针对社会特定职业领域培养高层次应用型专门人才，与相应的学术学位处在同

① 颜建勇. 多视角下研究生教育结构演变的驱动力研究 [J]. 中国高教研究，2014（1）：67—70.

② 郎永杰，王传毅. 中国研究生教育省际差异的合理限度及其现实考察 [J]. 教育科学，2014（5）：67—70.

③ 广东省研究生教育发展战略研究课题组，陈先哲，卢晓中. 基于问题和需求的广东省中长期研究生教育发展战略 [J]. 高教探索，2014（2）：119—123.

④ 李立国，黄海军. 政府主导下的我国研究生教育发展特征 [J]. 复旦教育论坛，2014（1）：67—73.

一层次，主要在硕士层次设置专业学位。我国专业学位从 2009 年开始步入快速发展阶段，大部分专业学位硕士招生范围扩展至应届本科毕业生，实行全日制培养，并发放毕业证、学位证"双证"。截至 2014 年，我国设立的硕士层次专业学位有 40 种，博士层次专业学位有 6 种。

一、专业学位研究生教育改革与发展

武汉理工大学梁传杰等认为我国专业学位研究生教育发展历程可分为 3 个阶段，即探索试点期、开始起步期和改革发展期。探索试点期具有内生型发展、浅层次、面窄量小等特征，开始起步期具有内生型向外生型转变、系统性和初具规模等特征，改革发展期具有以外生型发展为主、系统创新和快速发展等特征。我国专业学位研究生教育在今后一个时期的发展，要遵照 2013 年研究生教育工作会议精神，客观认知我国专业学位研究生教育所处的发展阶段，准确把握发展方式、发展内容和发展速度。①

上海市教育委员会副主任陆靖等介绍了上海市专业学位研究生教育综合改革试点工作的情况。上海市以专业学位研究生培养模式创新和专业素养提升为重点，以专业学位研究生教育与职业任职资格衔接为突破口，探索开展以"六化"为核心的专业学位人才培养模式改革，取得了良好成效。"六化"即培养规格行业化、知识能力复合化、实习实践制度化、导师队伍"双师化"、考核评价系统化、培养途径国际化。②

重庆大学黄秋媚在其学位论文中分析了全日制专业学位研究生教育现状，提出建设培养主体目标利益平衡机制、评价机制、投入绩效考评机制等来保障全日制专业学位研究生培养工作的顺利进行。利用利益相关者理论系统分析了培养主体的利益诉求、行为动机以及冲突的利益，并在此基础上提出冲突利益协调的方式。提出引进市场化投入机制；改革培养模式；加强师资队伍建设，完善人事评聘、晋升制度等全日制专业学位研究生培养体系构建的适配策略。③

---

① 梁传杰，吴晶晶. 我国专业学位研究生教育发展历程回顾与前瞻 [J]. 研究生教育研究，2014（3）：23—27, 31.

② 陆靖，束金龙，赵坚. 以"六化"模式为核心，推进专业学位人才培养模式改革——以上海市专业学位研究生教育综合改革试验为例 [J]. 学位与研究生教育，2014（1）：1—4.

③ 黄秋媚. 全日制专业学位研究生培养体系建设机制与适配策略研究 [D]. 重庆：重庆大学，2014.

华南理工大学张建功以专业学位研究生培养模式为研究对象，依据系统理论、高等教育管理、人力资本等相关理论，运用系统分析法和文献研究法，对专业学位研究生培养模式进行了系统分析，提炼出其主要构成要素：培养目标、培养过程、支撑条件、外部协作、质量保障等，建立了培养模式的概念框架及旨在说明要素之间关系的实证模型。[①]

南京工业大学张翔认为专业学位与学术学位研究生相比具有培养目标的应用性和职业化、培养过程的多元参与性和实践性、论文形式多样性和成果的实用性等鲜明特点。专业学位研究生教育在目标维度上应满足社会对高层次应用型人才的需求；在制度维度上应健全人才培养的决策领导机制，制定实践诉求的培养方案，构建应用性、职业性的课程体系，实施校内外双导师指导制度；在过程维度上应突出招生录取环节的实践能力考核，强化课程教学内容和教学方法的针对性，加强专业实践的设计与实践基地建设，并注重学位论文的应用性。[②]

二、专业学位研究生教育理性思考

华北电力大学翟亚军认为正确认识专业学位研究生教育的本质属性，准确把握专业学位研究生教育规律是关系到专业学位研究生教育健康发展的根本问题。聚焦专业学位研究生教育的基本问题，从不同的视角对专业学位研究生教育的本质和特征进行了全方位的透视。[③]

南京农业大学刘国瑜等认为专业实践具有专业性、研究性、反思性等特点，对促进全日制专业学位研究生学习与掌握知识、提升专业实践能力、提高创新能力、形成专业伦理等起着重要的作用。全日制专业学位研究生专业实践应提高思想认识，制定相关法律法规，加强实践基地和师资队伍建设，完善专业实践管理，引导专业实践的方向，提升专业

---

① 张建功. 中美专业学位研究生培养模式比较研究［M］. 广州：华南理工大学出版社，2014.

② 张翔. 全日制专业学位研究生培养的理论分析与探索［J］. 江苏高教，2014（6）：107—109.

③ 翟亚军. 去魅与回归：专业学位研究生教育的本质与特征［J］. 学位与研究生教育，2014（2）：48—51.

实践的质量。①

　　华南理工大学张乐平等认为学位论文内隐着学生的能力，外显着学位的效力。全日制专业硕士学位论文应内隐三个能力：构建问题和解决问题的能力、知识整合和知识迁移的能力、理解职业和介入职业的能力；外显三个效力：法律效力、学术效力、职业效力。为解决形式、标准、结构和管理等方面的问题，全日制专业硕士学位论文的理想模式是：以研究结果为依据对形式进行分类，统合各个体系和主体的标准，充分整合课程学习和专业实践环节，以档案袋法聚集学习结果并实行模块化评价。②

三、专业学位研究生教育认证及衔接

　　常州大学孙粤文指出专业学位研究生教育与高等职业教育的衔接是经济社会发展、高等教育和高等职业教育改革与发展的需要。认为专业学位教育与高职教育的本质属性为衔接提供了内在依据，国际教育标准分类法为衔接提供了理论依据，发达国家、地区和我国部分地区的实践为衔接提供了现实参考。提出开展学士专业学位教育、高职本科学历教育、硕士专业学位教育联合培养是衔接的路径选择。③

　　重庆理工大学邱冬阳等分析了我国专业硕士培养与职业资格制度实施现状。职业资格制度方面，认证方式单一，行业协会参与度不高；社会认可度不高，用人单位不满意。针对专业硕士培养与职业资格分属不同部门、缺乏协调机制等原因造成的二者互通障碍，设计了以行业协会为纽带、以培养内容为核心、以市场需求为导向的专业硕士培养与职业资格互通机制，提出了保证该机制有效运行的建议，包括赋予行业协会在互通机制中的明确定位、加大国家职业标准的开发力度、对互通机制实施税费倾斜制度、学校加大培养投入、给考生提供便捷通道等。④

---

　　① 刘国瑜，李昌新. 全日制专业学位研究生专业实践的探讨 [J]. 教育理论与实践，2014（12）：3—5.
　　② 张乐平，等. 全日制专业硕士学位论文的理想模式——基于内隐能力、外显效力的分析 [J]. 研究生教育研究，2014（3）：76—81.
　　③ 孙粤文. 论专业学位研究生教育与高等职业教育的衔接 [J]. 学位与研究生教育，2014（1）：54—58.
　　④ 邱冬阳，吴斯. 专业硕士培养与职业资格互通机制设计 [J]. 研究生教育研究，2014（6）：75—80.

华北电力大学赵冬梅等认为，专业学位与职业资格认证对接是专业学位教育服务社会需求与提高培养质量的重要载体。通过对大陆外对接成功案例的研究和电气工程硕士与电气工程师对接的研究、探索与实践，认为要实现工程硕士教育与相关职业资格认证对接，需要有以下几方面的条件支撑：领域或行业有国家政府主管部门备案的行业协会（学会），这些行业建立了相关的职业资格认证体系；教育管理部门或机构与职业资格认证单位建立了相关对接合作的协议；高等院校通过教育部门与行业组织的专业认证或者通过行业协会的评估，同意开展对接工作；高等院校工程领域的培养方案的知识体系覆盖了职业资格认证要求的绝大部分知识点，专业实践环节培养和认证的能力要求对应，培养方案的选修课、工程案例课、其他相关素质训练环节的训练和认证工程师的综合素质要求有较大耦合。①

贵州财经大学蒋馨岚认为认证制度是保障与提升专业学位研究生教育质量的重要途径和手段。专业学位研究生教育的发展需要与之相适应的认证制度来进行保障。专业学位研究生教育认证制度，需要在积极营造良性制度环境的条件下，在对认证制度进行合理性论证的基础上，从社会规范、社会关系和文化认知等 3 个层面进行系统化的建构。②

四、专业学位研究生教育问题与对策

苏州大学赵阳认为本科化是专业学位研究生教学存在的一个显著弊端。其原因主要有教师队伍专门化程度不高、经费不足、缺少常态化的实践基地、对专业学位研究生教育性质的认识存在偏差等。要消除专业学位研究生教学本科化的不利影响，应在辨析专业学位研究生教育宗旨的基础上，构建与专业学位研究生教育相适应的教学模式及教师遴选机制，赋予基层培养单位在经费获得与使用方面更大的话语权，同时还应致力于建设专业学位研究生教育的联合培养体。③

---

① 赵冬梅，等. 工程硕士专业学位与职业资格认证对接研究——电气工程专业学位与电气工程师对接的研究与探索 [J]. 研究生教育研究，2014（4）：71—74.

② 蒋馨岚. 我国专业学位研究生教育认证制度的建构——基于新制度主义视角的分析 [J]. 研究生教育研究，2014（1）：78—83.

③ 赵阳. 专业学位研究生教学本科化的反思及其对策 [J]. 教育发展研究，2014（3）：79—84.

中央民族大学黄锐认为我国专业硕士教育存在大而不强、学生满意度和社会满意度不高、培养过程面向理论的多、面向实际应用的少、实践能力培养不足、与培养目标和定位脱节等问题。在解析专业硕士实践能力构成要素的基础上，从培养目标、课程设置、教学方法、保障体系4个方面构建以实践能力培养为核心的"1-3-3-4"专业硕士培养模式，即1个目标：以实践能力培养为核心；3个模块：课程设置上以实践能力培养为核心，根据专业硕士实践能力的具体内容，设计出基础模块、专业知识模块、软技能模块；3种方法：是指在教学过程中引入并把案例教学法、情景模拟法和行动学习法作为专业硕士的主要教学方法；4项保障：是指在学生选择、教师选择、课程考核和毕业考核4个方面为实践能力的培养提供保障。实现以实践能力培养为核心的专业学位硕士培养模式路径为：推进基于学术硕士教育的专业硕士教学改革；建立良好的管理系统；打造"雁阵模式"的培养经验转移。①

武汉科技大学黄卫华等根据鱼刺图分析了影响全日制专业学位研究生培养的各种因素，进行末端原因查找后，以就业需求为导向，对影响全日制专业学位硕士研究生差异化培养的3个因素：自我定位、课程设置和社会实践进行了问卷调查和现状分析。调查表明：专业学位研究生和社会对于全日制专业硕士学位的定位存在很大的偏差；课程不能满足研究生增强就业竞争力的需要；实际动手能力与实践工作经验是影响就业的首要因素。提出了完善全日制专业学位研究生培养模式的具体对策，包括以市场需求为导向，突出实践型和职业型的差异化培养目标定位；以实践性、前沿性和系统性的教学模式为基础，按照大课程框架进行课程群建设；以产学研结合为契机，加强实习基地建设，积极实施"双导师"制等。②

北京航空航天大学林莉萍认为专业学位研究生实践能力的培养还存在不足，包括培养方案有待完善、导师制度仍需改革、基地建设亟须加强、论文实践意义还应提升等问题。针对性提升策略有：培养方案中着重体现实践能力，学生指导中不断完善校外导师的沟通培训，基地建设

---

① 黄锐. 以实践能力为核心的专业硕士培养模式探究 [J]. 教育研究，2014 (11)：88—94.

② 黄卫华. 全日制专业学位研究生培养模式的调查研究 [J]. 研究生教育研究，2014 (5)：63—67.

中切实加强管理保障，论文撰写中着力提升实践属性。[①]

兰州大学郑琰在其学位论文中指出了我国专业学位教育发展中存在的相关法律法规不完善、社会参与力量薄弱等主要问题，分析了这些问题产生的原因。在介绍美国、英国、日本专业学位研究生教育制度发展过程及制度经验的基础上，从完善法律制度的角度，提出了我国专业学位发展的相应法律对策，主要包括完善专业学位相关法律法规，明确专业学位法律地位；调整专业学位现有管理体制，完善专业学位自身体系；改革相关制度，保证专业学位教育质量；建立多元化考核制度，完善与职业资格认证制度的衔接。[②]

兰州大学赵静在其学位论文中分析了大陆专业硕士研究生发展状况及存在的主要问题，选取亚洲和欧洲国家在应用型高层次专门人才培养上的案例进行了比较研究，探讨了发展我国专业硕士研究生教育的一系列特色路径。[③]

南京农业大学江惠云等认为专业学位研究生教育植根于社会各行各业实际部门对高层次应用型人才的需求，实践性是其存在和发展的基点。从大陆专业学位研究生培养的现状看，存在着课程设置学科化倾向严重、师资队伍偏重理论型、专业实践落实不到位、学位论文实践意义不强等问题。提出了提升专业学位研究生教育实践性的策略：构建基于专业工作的课程体系；加强实践型师资队伍建设；建立高质量的专业实践基地；建立应用导向的学位论文评价制度。[④]

中国科学技术大学李政等认为我国全日制专业学位硕士研究生教育还存在专业学位认同度低、高校相关教育资源匮乏等问题。要积极借鉴国外发达国家专业学位研究生教育经验，从提高专业学位认可度、创新授课方式和培养机制、加强师资队伍建设等方面着手，有效提升我国专业学位硕士研究生的人才培养质量。[⑤]

南京农业大学张永泽等在分析目前我国校企基地式合作培养模式存

---

① 林莉萍. 专业学位研究生实践能力培养现状及提升策略 ［J］. 中国高等教育，2014（12）：58—59.

② 郑琰. 我国专业学位研究生教育存在的问题及法律对策 ［D］. 兰州：兰州大学，2014.

③ 赵静. 我国专业硕士研究生教育发展的问题与对策研究 ［D］. 兰州：兰州大学，2014.

④ 江惠云，刘国瑜. 提升专业学位研究生教育实践性的思考 ［J］. 江苏高教，2014（6）：110—111.

⑤ 李政，方涛. 全日制专业学位硕士研究生培养探讨 ［J］. 中国高校科技，2014（3）：41—43.

在的不足及其原因的基础上，提出专业学位研究生基于项目的校企协同培养模式，该模式有两个核心内涵，一是校企全程协同培养，二是基于项目培养。在构建过程中除了要遵循构建专业学位研究生培养模式的一般原则外，还要遵循坚持以校企协同组织为培养主体、坚持项目引领、坚持交互式的培养流程、坚持项目团队培养等原则。①

五、专业学位研究生教育比较研究

北京航空航天大学马永红等通过国际比较研究，发现法国、英国、美国、德国、日本 5 个国家的专业学位在历史演变、专业学位类型名称、学位授权的关键要素等方面差异较大。国外专业学位授权可归纳为自然获取、指定、对接、激励、标准导引再授权、试点后评估再授权以及时效约束 7 种模式。这些授权模式可以为我国专业学位授权模式的构建提供有益的借鉴。②

华东师范大学徐颖珺在其学位论文中从 3 个方面研究分析了美国高校如何设立和运营硕士专业学位项目。撰写可行性分析报告或论证报告是美国高校成立硕士专业学位项目的必经环节，分析内容通常分为社会需求和学校视角的分析。美国硕士专业学位项目的运作主要包括招生、学生培养、项目组织管理 3 个方面。美国高校非常重视对硕士专业学位项目的评价分析，评价方式通常包括项目质量评价和可持续发展两种。从硕士专业学位的设置、建设、培养模式改革、经费筹措、质量保障体系建设 5 个方面，提出了美国硕士专业学位项目运行对我国的一些启示。③

湖南师范大学江敏在其学位论文中选取中国和英国各 5 所大学的教育博士培养方案作为比较研究的对象，主要运用文献研究方法与访谈研究法研究中英两国"教育领导与管理专业"教育博士招生制度、培养目标、课程体系和修学方式的异同。通过比较提出了对我国的建议：培养目标具体化，突出专业学位特色；培养目标的多元化，满足人才多样

---

① 张永泽，刘晓光，董维春. 专业学位研究生基于项目的校企协同培养模式探索［J］. 学位与研究生教育，2014（6）：8—12.

② 马永红. 专业学位授权模式的国际比较研究［J］. 国家教育行政学院学报，2014（8）：89—94.

③ 徐颖珺. 美国硕士专业学位运行机制研究［D］. 上海：华东师范大学，2014.

化需求。政府要简政放权，提高高校招生自主权；考生资格避免行政化取向，提高导师招生发言权；弱化入学考试作用，多种方式选拔人才。严格地把关教育博士培养年限；有步骤地确立多样化的教育博士培养方式。改革课程教学，丰富教学方法；调整课程结构，优化课程设置。鼓励学位论文形式创新；采用多元化论文模式；强化学位论文质量管理。①

华中师范大学董鸣燕在其学位论文中对 1992—2011 年的英国专业博士发展进行了研究。主要对专业博士总体发展数量、专业项目设置、学科设置、大学专业博士项目分布等方面展开了论述。从培养目标、入学标准、培养方式和质量评价 4 个方面对英国专业博士的培养模式进行了探讨，并论述了英国专业博士与英国其他博士类型在培养模式上的区别与联系，比较了英国大陆大学间的专业博士项目差异和国际间的专业博士项目结构差异。总结英国专业博士教育发展的特点，主要体现在专业领域不断拓展，与职业联系日趋紧密，社会大众的认可度不断提高，不过，也获得政府更多的重视；同时也存在命名繁杂、培养方式缺乏实践性、质量与标准不规范明确以及导师队伍力量薄弱这四个方面的问题。对改善当前我国专业博士学位的教育提出了可操作性建议。②

东北师范大学李婷在其学位论文中对澳大利亚的教育博士项目进行了动态考察，从实践运行的角度考察教育博士项目的培养目标、招生条件、课程设置、学习方式、毕业论文，比较第一代和第二代教育博士学位教育的不同，进而突出第二代教育博士项目的专业实践性。③

北京大学衣学磊等通过对中美两国专业硕士学位研究生教育在产生和经济发展背景、发展历程、管理与运行机制以及培养模式等方面的比较，认为我国专业硕士学位研究生教育应在加强师资力量、强化高校培养自主权的前提下进一步加大发展规模。④

山东女子学院李云鹏介绍了美国专业博士学位的产生发展过程，对专业博士学位的内涵、美国专业博士学位研究生培养模式、专业博士学

① 江敏. 中英教育博士培养方案的比较研究 [D]. 长沙：湖南师范大学，2014.
② 董鸣燕. 英国专业博士教育发展研究（1992—2011）[D]. 武汉：华中师范大学，2014.
③ 李婷. 澳大利亚教育博士专业学位教育研究 [D]. 长春：东北师范大学，2014.
④ 衣学磊，蒋承. 中美两国专业硕士学位研究生教育比较研究 [J]. 中国高教研究，2014 (5)：33—37.

位与哲学博士学位之间的关系进行了分析。认为专业博士学位具有学术性、职业指向性和效益性等属性，这些属性决定了专业博士学位教育具有与哲学博士学位教育不同的教育理念与培养模式。[①]

广东外语外贸大学康叶钦等对英国"教学专业硕士"政策进行了研究。英国"教学专业硕士"政策是在当下欧洲背景下发达国家之间教育借鉴的产物。运用比较教育领域中教育政策借鉴的"四步模型"理论进行分析，发现国际学生评价比较中的失利、英国大陆对教育现状的不满是引发"教学专业硕士"政策借鉴的原因，而试图快速解决的决策类型、政治变化、经济制约以及英国与借鉴的对象国芬兰之间教育背景的差异则导致了该政策的陨落。[②]

北京工商大学庄丽君等在梳理美国专业科学硕士教育创设背景和发展的基础上，介绍了其课程设置和教学贴近社会需求、将实习和顶峰体验项目纳入培养方案、设立校外顾问委员会参与人才培养过程等培养特色，并利用美国研究生院委员会的调查数据分析了毕业生对专业科学硕士教育的反思和评价：毕业生的入学动机与收益评价契合度非常高；毕业生的主要入学动机和教育收益几乎一致；毕业生认为其在学习过程中收获是：获得专业知识和技能，学习感兴趣的东西，增加升职、发展和加薪机会。我国可借鉴美国专业科学硕士教育的经验，着力在课程设置、实习实践教学、培养模式等方面进行系统研究和改革创新。[③]

中央财经大学袁东等对美国专业学位教育的特点进行了探讨。经过长期的发展，美国专业学位教育在教育目标、设置领域、教学模式、基本管理方面形成了一些共同的特点，如设置目的是为将来从事某一特定专业工作的学生，教学强调从未来实际出发。其总体趋势是向着更加灵活地适应社会，特别是更加灵活地适应企业和科技的发展变化。这对我国类似的学制教育推广具有一定参考意义。[④]

---

① 李云鹏. 美国专业博士学位的几个关键问题论析［J］. 学位与研究生教育，2014（1）：65—69.

② 康叶钦. 英国"教学专业硕士"政策的起与落——基于教育政策借鉴理论的研究［J］. 比较教育研究，2014（8）：68—73.

③ 庄丽君. 美国专业科学硕士教育研究及对我国的启示［J］. 学位与研究生教育，2014（2）：67—71.

④ 袁东，梁宁. 美国专业学位教育若干特点探讨［J］. 中国高校科技，2014（10）：7—8.

第八节　学位授权审核制度

学位授权审核是中国特色学位制度的重要内容，包括对各级各类学位授权单位和学科、专业点的审核。依据《中华人民共和国学位条例》和《中华人民共和国学位条例暂行实施办法》，内地任何单位要在某一学科专业授予学位必须经国务院学位委员会审定并取得授权。学位授权审核制度改革如何更好地适应经济和社会发展需求，是我国研究生教育研究的一项紧迫课题。

一、学位授权审核制度变革与完善研究

中国政法大学副校长马怀德等认为学位授予工作是由系列不同工作阶段组成的有机整体，包括学位授权阶段、学位授予阶段、学位授予监督检查阶段、学位授予辅助性阶段和学位争议解决阶段。学位管理体制的内在构成为：学位行政管理体制、学位管理部门与学位授予单位的关系机制、学位授予单位内部管理体制、学位管理部门与社会组织的关系机制。修订《学位条例》应处理好学位管理部门间的横向关系、学位管理部门间的纵向关系、政府与学位授予单位的关系、政府与社会的关系等。[①]

西南大学李祥等认为"学位法"争议的核心问题是学位管理权力如何配置，具体争议集中在学位授予标准、评定程序、评定主体权限、权利救济途径、学位授权审核制度5个方面。基于法的继承、局限性和内在保守性的考虑，"学位法"修订应基于实际情况，采取渐进式变革路径，围绕"权力配置"这一核心展开思考和提出修订建议。[②]

湖南师范大学罗建国从委托代理理论视角分析了我国学位授权制度，认为存在代理链条过长、办学效率不高；监督难以到位、易滋生腐败等问题。提出学位授权改革的目标是变国家学位为学校学位，"内

---

① 马怀德，林华. 论学位管理体制的立法逻辑 [J]. 教育研究，2014 (7)：15—21.

② 李祥，胡雪芳. 试论"学位法"修订的核心问题 [J]. 黑龙江高教研究，2014 (3)：28—30.

化"学位产权，充分发挥市场调控职能，鼓励培养单位开展公平、有序竞争。改革策略选择以政府职能转换为前提，政府主要致力于制定基本竞争规则和建立完备的监督体系；以培养单位内在制度建设为保障；以注重改革实验，渐次推广为改革节奏。①

中国政法大学王敬波认为，基于高等教育发展的客观规律和大学自治的理念，世界各国学位制度总体上是向强化学位授予单位的主体性方向转移。《学位条例》中确立的学位授权行政体制、运行机制、程序规则等已经难以适应当前高等教育改革的需要。我国学位授权审核的法治化路径是：厘清学位授权审核的性质，完善学位授权审核体系，明晰学位授权审核权限，完善学位授权审核程序。②

中国社会科学院法学所林华认为我国的学位管理体制建立在改革开放初期，已不适应学位管理工作实践的发展要求，也面临着文本规定与实践发展相脱节、学位管理体制横向关系中的部门职责不清、学位管理体制纵向关系的非确定性、学位授予单位自主权受限、社会组织参与学位授予工作的合法性缺失等诸多困境，亟待进一步发展与完善，要改革学位管理体制，实现文本规定与实践发展的统一，推动政府的学位管理职能转变，厘清国务院学位管理行政部门与省级学位管理行政部门的职责权限，保障学位授予单位自主权，鼓励和支持社会组织参与学位授予工作。③

兰州大学杨志亮在其学位论文中以胡宝兴与华中农业大学不授予学位纠纷案为切入点，论述了案中反映的我国现行学位立法中存在的滞后、高校学位授予工作实施细则与上位法相冲突等问题。建议推进学位制度改革，加快《学位法》的制订和出台，以法律为基础逐步解决高校学位纠纷问题。④

二、学位授权审核制度的比较研究

辽东学院丛日宏等从内涵研究、历史研究、比较研究、存在的问题、改革建议5个方面综述了2000年以来我国学位制度的研究进展。

① 罗建国. 我国学位授权改革目标与策略探究 [J]. 高等教育研究, 2014 (8)：55—60.
② 王敬波. 学位授权审核法治化路径探析 [J]. 学位与研究生教育, 2014 (7)：39—43.
③ 林华. 论我国学位管理体制的困境与革新 [J]. 学位与研究生教育, 2014 (5)：37—41.
④ 杨志亮. 胡宝兴与华中农业大学不授予学位纠纷案分析 [D]. 兰州：兰州大学, 2014.

内涵研究方面主要有对学位制度内涵的再认识、对科举制的学位性质的商榷和对学位制度相关概念的辨析；历史研究方面则梳理了中国学位制度发展的历史脉络和影响因素，成果以清末以来的近代学位制度发展演变为主；比较研究方面涉及了德国、美国、英国、俄罗斯等国家学位制度的各个层面，为我国学位制度的改革和发展提供了借鉴；问题研究方面对学位的授权审核、学位授予、学位的法制化等领域存在的问题进行了研究；学位制度改革方面，已有研究认为应完善学位授予权的审定、合理调整学位的结构、加强学位申请者的培养、严格规范学位授予的标准、完善学位法律法规的体系等。①

南京师范大学王洁在其学位论文中研究了学位制度的产生、演进、特点和影响三大主要问题。从欧洲中世纪大学诞生的时代背景出发，对学位制度的产生追根溯源，论述了欧洲中世纪大学的兴起，骑士制度和行会制度对于学位制度的影响以及学位制度发展中的权力博弈。分析了欧洲中世纪大学各级学位制度的演进，论述了学位制度中的4个等级——学士、资士、硕士和博士的各自演进情况，以及要获得相应的学位所要经历的程序。总结了欧洲中世纪大学学位制度的特点和影响，主要选取欧洲中世纪大学注重人文博雅教育，强调教学经验，宽进严出3个方面来阐述学位制度的特点。另外，从对大学发展的影响和对欧洲社会的影响两个方面论述了欧洲中世纪大学学位制度的影响。②

北京航空航天大学樊文强等对美国印第安纳州公立高校学位授权审核制度进行了研究，指出其学位授权审核工作具有受理申请灵活机动、审核流程层层递进、审核标准全面且质性、充分考虑专业学位点和远程学位点的特征，注重引导和帮助公立高校增设能够满足劳动力市场需求、保障学生就业的新学位项目，以促进高等教育与社会的协调发展。③

---

① 丛日宏，徐晓艳. 21世纪我国学位制度研究进展综述［J］. 现代教育管理，2014（5）：109—113.

② 王洁. 欧洲中世纪大学学位制度研究［D］. 南京：南京师范大学，2014.

③ 樊文强，马永红. 美国印第安纳州公立高校学位授权审核制度研究［J］. 学位与研究生教育，2014（7）：66—71.

第九节　文献分布及其特点分析

从文献的数量和结构方面分析，与 2013 年的研究文献相比，2014年关于研究生教育基本问题研究的文献总量增幅较大，期刊论文文献显著增加和硕士学位论文文献都大幅增加，博士学位论文和著作绝对数量变化不大，形成以期刊论文为主、硕士学位论文为辅、博士学位论文和著作作为补充的来源文献结构。2014 年研究生教育基本问题研究文献来源统计见下表，关于研究生教育基本问题文献分布见下面。

2014 年研究生教育基本问题研究文献来源统计表

文献类型	数据库	数量/（篇/部）	比例/%
期刊论文	CSSCI	73	81.1
学位论文	CNKI 中国博士学位论文全文数据库	1	1.1
	CNKI 中国优秀硕士学位论文全文数据库	14	15.6
学术著作	读秀学术搜索引擎（图书数据库）	2	2.2
合计		90	100

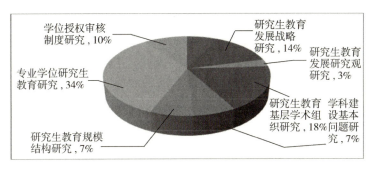

关于研究生教育基本问题的文献分布图

从文献的研究主题和研究方法方面分析，2014 年研究生教育基本问题这一领域的研究主题包括研究生教育理论、政策及实践等方面，既有研究生教育规律的探索，也有对研究生教育发展历史、发展战略和未来举措的总结与思考。研究方法以定性方法为主，定量方法主要集中在对研究生教育规模与结构的分析方面，具体的研究方法有案例研究、国际比较研究、问卷调查、统计分析等。

从文献的研究内容方面分析，一是对专业学位研究生教育研究的文献量多，仍然是研究生教育基本问题领域的研究热点，这从一个侧面反映了研究生教育结构调整和专业学位人才模式改革是社会和培养单位关注的重要主题；二是关于学位制度与授权体系研究的文献稳定增长，对学位制度的修订进行了一些理论探讨，特别是对学位授权体系的调整和管理问题进行了较为深入的研究。

从2011—2014 年的文献署名来统计，在研究生教育基本问题领域以第一作者身份发表文献 2 篇以上的共计有 18 位，3 篇以上的有王战军、袁本涛、王传毅、李立国、赵军、李云鹏、刘国瑜。

研究生教育质量研究

2014 年，国务院学位委员会、教育部正式发布了《关于加强学位与研究生教育质量保证和监督体系建设的意见》《学位授权点合格评估办法》和《博士硕士学位论文抽检办法》等文件，使得研究生质量与质量保障成为研究关注热点，研究论文增多，主题内容丰富。

本年度，检索得到 66 篇期刊论文、13 篇新闻报道、26 篇硕士学位论文、3 篇博士学位论文，总计 108 篇文献。有 43 篇期刊论文、4 篇新闻报道、17 篇学位论文，共计 68 篇被选择纳入本专题文献综述。本专题围绕研究生教育质量现状、质量分析与评价、质量保障 3 个小节展开。

第一节　研究生教育质量现状

2014 年，国务院学位委员会、教育部发布多项文件旨在提高研究生教育质量，体现了质量研究成为研究生教育研究年度热点。研究生教育满意度是从受教育者的角度出发衡量研究生教育质量的重要指标，逐渐被研究者关注，因而基于满意度调查的研究数量日益增多、深度日渐增强。专业学位研究生教育作为一种新型学位类型，对其质量的研究近年来始终受到学界关注。

一、研究生教育质量研究成为年度热点

伴随国家领导人和教育主管部门领导在多个场合强调提高研究生教育质量的重要意义，大陆主流媒体对有关内容进行了大量深度报道跟进，一批学者也纷纷论述提高研究生教育质量的方式和途径。

2014 年 11 月 5 日，在全国研究生教育质量工作会议暨国务院学位委员会第三十一次会议上，中共中央政治局委员、国务院副总理、国务

院学位委员会主任委员刘延东强调，要认真贯彻落实中共中央、国务院决策部署，全面深化综合改革，创新人才培养模式，坚持问题导向，大力提升研究生教育质量，为创新驱动发展、国家现代化建设培养更多高端人才。①

国务院学位委员会办公室副主任黄宝印回顾我国学位与研究生教育质量保障与监督体系建设历程，强调加强质量保障和监督体系建设的必要性和紧迫性。提出了建立健全质量保障和监督体系的主要思路及举措包括：加强调查研究、做好顶层设计；以学位授予单位质量保障为主体；完善教育行政管理部门的质量监督和引导；并充分发挥学术组织、行业部门和社会结构的监督作用。②

2014 年可谓是"研究生教育质量年"，受到社会各界包括主要媒体的广泛关注。《中国教育报》记者高靓就我国将系统构建研究生教育质量保障体系为题进行了报道，解读了国务院学位委员会办公室一系列文件，指出提高质量是当前研究生教育改革和发展的核心任务，研究生教育质量保障和监督体系建设的思路从政府主导转变为多元主体参与，明确学位授予单位作为第一主体的职责，加大研究生教育质量问题的处罚力度，树立全面质量管理观念，突出人才培养。③

科技日报社记者杨靖就上述文件采访教育部有关负责人，文件强调授予单位作为学位质量保障的第一主体，统筹构建以学位授予单位质量保障为基础，教育行政部门监管为引导，学术组织、行业部门和社会机构积极参与的内部质量保障和外部质量监督体系。学位授予单位要制定研究生教育发展目标和人才培养标准，建立健全与本单位发展目标相适应的内部质量保障体系。教育行政部门和第三方机构要制订质量基本要求，开展必要的质量监督，加强资源配置与质量的衔接，加强区域统筹，进一步完善研究生教育质量保障和监督体系建设。④

厦门大学别敦荣指出，我国高等教育规模日益壮大，具备了较完备的研究生教育学科专业体系，特别是专业学位研究生教育快速发展，改善了研究生教育的体系结构，提高研究生创新素质成为促进我国研究生

---

① 刘延东. 全面提高我国研究生教育质量 [N]. 人民日报，2014 – 11 – 06 (004).
② 黄宝印，等. 加快建立健全我国学位与研究生教育质量保证和监督体系 [J]. 学位与研究生教育，2014：1—9.
③ 高靓. 研究生教育：迈进质量时代 [N]. 中国教育报，2014 – 03 – 18 (1).
④ 杨靖. 研究生教育：向监督机制改革要质量 [N]. 科技日报，2014 – 05 – 08 (7).

教育进一步发展的主要问题。我国研究生教育发展速度较快，地区、院校间发展不均衡，全面加强研究生培养能力建设是一项涉及政府、高校和社会有关组织的系统工程，要多管齐下，政府做好宏观统筹，高校落实培养理念，社会积极参与协同培养模式，导师尽心提高指导能力，研究生专心务本，最终完成我国研究生教育"由胖变壮"的转变过程。[①]

二、研究生教育满意度调查

从受教育者学生的视角对研究生教育质量进行研究日益受到广大研究者的关注。大量学者和研究人员使用满意度问卷等调查工具，从不同角度、不同层面调查了解研究生主观感受及对研究生教育现状的满意程度。这些研究包括对专业学位研究生学业及课程教学、研究生德育、奖学金、就业、日常生活、师生关系及研究生期望等多方位的满意度研究。本年度，涉及满意度调查研究共15篇，表2-1汇总了各研究的调查样本、统计方法、主要结论等内容。

表2-1　2014年度研究生教育满意度调查研究情况汇总

序号	作者	标题	调查样本	统计方法	主要结论
1	周文辉，陆晓雨	专业学位硕士研究生课程教学现状及改革建议——基于研究生教育满意度调查的分析	全国37所培养单位，发放14000份问卷，回收10514份	描述统计	课程体系不合理，教学方法未能因材施教，课程内容陈旧、轻实践
2	张蓓，文晓巍	研究型大学研究生教育满意度模型实证分析——基于华南地区6所研究型大学的调查	华南6所高校，发放900份问卷，回收876份	因子分析、结构方程模型	研究生期望对满意度产生负向影响，课程教学、科研训练、管理服务正向影响满意度

① 别敦荣. 研究生教育亟需"由胖变壮"[N]. 中国教育报，2014-10-22 (2).

续表

序号	作者	标题	调查样本	统计方法	主要结论
3	文雯，王朝霞，陈强	来华留学研究生学习经历和满意度的实证研究	北京 7 所高校，网络加纸质问卷，552 个样本	描述统计、多元线性回归	学习、科研对来华留学生满意度影响较高
4	杨瑞东，倪士光	基于学生满意度的德育评价模型的开发与应用	深圳地区 5 所院校、香港地区 4 所大学	以顾客满意度的 SERVQUAL 指数模型为依据，探索性和验证性因子分析	德育质量由内容、途径和指导三部分质量组成
5	常慕佳，李剑	高校专业学位研究生教育满意度研究——基于某农业高校工商管理硕士的实证分析	某农业大学 MBA 在读研究生，发放 200 问卷，回收 180 份	定序 Probit 回归模型	教学实践、教学设施显著影响满意度
6	衣学磊，蒋承	研究生学业满意度的实证分析——基于不同学位类型的比较	首都高校硕士研究生，有效样本 5155 个	因子分析、T 检验、多元线性回归	专业学位研究生由于导师指导、课程教学等方面原因满意度较低
7	余凯，潘竹君	研究生视角下的指导关系探究——以美国马萨诸塞大学为例	西北 5 所高校，发放 1300 份问卷，回收 1221 份	T 检验、方差分析	硕士研究生对导师总体比较满意，导师人品得分最高，关心学生最低

续表

序号	作者	标题	调查样本	统计方法	主要结论
8	范哗,柳建兴	奖学金制度对研究生的心理激励探讨——基于厦门大学的案例研究	厦门大学硕士研究生,发放250份,获得有效问卷224份	相关分析、回归分析	50% 研究生对奖学金不满意,54%的研究生认为奖学金影响人际关系
9	陈相伶	HL 大学 MBA 学员满意度调研分析	HL 大学 MBA 学员 400 人	描述统计、因子分析、线性回归	总体满意度较高、各项专业技能满意度较低
10	张晋锋	H 大学 2013 届硕士研究生就业质量调查研究	2013 届 388 名硕士毕业生	访谈、描述统计、相关分析	就业满意度不高、专业不对口
11	孙梦遥	全日制专业学位研究生教育服务质量研究	对 3 所不同类型高校发放 600 份问卷	因子分析、方差分析、优先行动矩阵	专业学位研究生对服务质量普遍不满意
12	王晋霞	首都体育学院硕士研究生学校生活满意度研究	首都体育学院在读硕士研究生 130 份问卷	描述统计	总体满意度较高,氛围融洽
13	张睿	硕士研究生与导师关系的调查与分析	Z 大学 27 个院系发放 700 份问卷	因子分析	导师满意度较高
14	刘倩倩	硕士研究生专业满意度与归因方式的相关关系及干预研究	北方 4 所高校,300 份问卷,回收 241 份	T 检验、相关分析	硕士研究生专业满意度总体水平一般

续表

序号	作者	标题	调查样本	统计方法	主要结论
15	黄珍玲	以研究生为对象的高等教育服务满意度研究	湖南4所不同类型大学发放500份问卷	以顾客满意度理论和高等教育服务观为基础，使用修正的 SERVQUAL 量表、描述统计、T 检验、优先行动矩阵	研究生对高等教育服务质量普遍不满意

　　北京理工大学教育研究院周文辉主持开展了面向全国37所研究生培养单位的"2013年度研究生教育满意度调查"。结果表明，目前我国专业学位硕士研究生与学术学位硕士研究生课程体系差异性较小，学分偏少、范围偏窄、实践偏弱；课程教学中专业学位与学术学位有趋同性。因此，专业学位研究生对课程教学的满意度较低。应根据专业学位硕士研究生培养的本质特点，建立"基础""专业""综合知识""职业实践"四位一体的模块式课程体系，理论知识与实践应用兼顾。同时，加强师资队伍建设，增强教师的行业背景，提高教师应用技术能力，不断丰富课程教学方法和内容，保障专业学位硕士研究生教育质量。[①]

　　清华大学深圳研究生院杨瑞东等从研究生的视角出发，以顾客满意指数模型为基础，SERVQUAL 模型为依据，利用图 2 - 1 结构方程模型，对深圳大学、北京大学深圳研究生院、哈尔滨工业大学深圳研究生院、清华大学深圳研究生院、南开大学金融工程学院以及香港地区4所大学的德育工作开展实证研究。通过描述性统计分析、项目分析、探索性分析、验证性分析及模型的恒定性分析，得到以学生满意度为基础的德育评价量表，建立基于学生满意度的德育评价模型，揭示了德育内容性质量、途径性质量和指导性质量对感知价值具有显著影响，感知价值

---

① 周文辉，陆晓雨. 专业学位硕士研究生课程教学现状及改革建议——基于研究生教育满意度调查的分析 [J]. 研究生教育研究，2014（6）：60—64.

对学生满意具有显著的正面影响，学生满意度是质量价值影响行为意向的中介环节。①

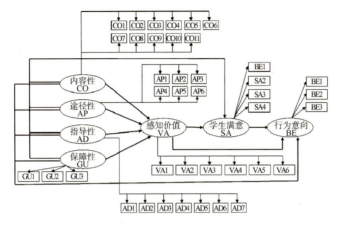

图2-1 基于学生满意度的德育评价结构方程模型

华南农业大学张蓓等从华南地区6所研究型大学采集了853个有效样本，使用研究生教育满意度结构方程模型（图2-2）分析研究生期望、课程教学质量、科研训练质量和管理服务质量4个变量对研究生教育满意度的影响以及满意度对研究生抱怨和研究生教育忠诚度的影响。

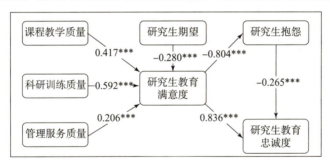

图2-2 研究型大学研究生教育满意度结构方程模型

结果表明：研究生期望对研究生教育满意度呈显著负向影响；课程教学质量、科研训练质量和管理服务质量对满意度存在不同程度的显著正向影响，其中，科研训练质量是最重要的影响因素；满意度显著影响

① 杨瑞东，倪士光. 基于学生满意度的德育评价模型的开发与应用［J］. 现代教育技术，2014（24）：47—53.

研究生教育忠诚度，教育满意度负向显著影响研究生抱怨，研究生抱怨负向显著影响研究生教育忠诚度。[①]

西北师范大学常正霞等采用方便抽样法调查了西北师范大学、兰州交通大学、甘肃政法学院、甘肃农业大学和兰州大学 5 所不同层次高校硕士研究生对导师的满意度。调查结果表明：研究生对导师总体比较满意，其中对"导师人品"满意度最高，对"导师关心学生"满意度最低；理工科研究生对导师的满意度高于文科研究生；国家重点和省部共建高校研究生满意度高于普通高校；研究生主观学习状态越好满意度越高；以学术研究为读研目的满意度显著高于其他目的；计划读博的研究生对导师的满意度高于无此计划的研究生；性别、年级、生源地、客观成绩和是否跨专业并不影响研究生对导师的满意度。在此基础上，文章提出提高导师关怀品质、改革教学方式、缩小师资配备差异及端正入学动机等建议。[②]

湖南师范大学黄玲玲在其学位论文中，从研究生的视角对高等教育服务的满意度评价进行探讨。以顾客满意度理论和高等教育服务观为基础，使用修正后的 SERVQUAL 量表对湖南省的 4 所高校研究生进行满意度调查。结果表明，研究生对高等教育服务质量普遍不满意，性别、就读学校类型和就读专业等研究生个人背景因素对研究生满意度有显著影响。通过调查问卷中的实际感知值与期望值建立优先行动矩阵，并将 4 个矩阵命名为优势区、改进区、维持区和机会区（如图 2 - 3 所示）。研究认为，政府需为高校教育服务质量的提高创造有利的制度环境，将满意度纳入高等教育评估体系，运用满意度调查作为改善高等教育服务的依据。[③]

北京大学衣学磊等使用首都高校学生发展调查数据分析研究生学业满意度。研究发现，专业学位硕士研究生的学业满意度相对较低，突出反映在学术科研和资助制度。学业成绩、读研动机、导师指导时间、家庭经济情况、学校层次等，对于专业学位研究生总体满意度影响显著。提出加强专业学位研究生教育的质量监控，完善专业学位研究生的培养

[①] 张蓓，文晓巍. 研究型大学研究生教育满意度模型实证分析——基于华南地区 6 所研究型大学的调查 [J]. 中国高教研究，2014（2）：64—69.

[②] 常正霞，狄美琳. 硕士研究生导师满意度的现状调查及其影响因素 [J]. 学位与研究生教育，2014（3）：29—33.

[③] 黄玲玲. 以研究生为对象的高等教育服务满意度研究 [D]. 长沙：湖南师范大学，2014.

制度，增强学校和院系提升全日制硕士专业学位研究生学业满意度的意识，导师加强与研究生交流等建议。[1]

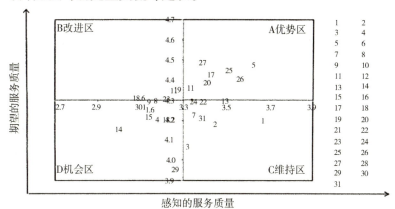

图 2 - 3　研究生教育服务满意度研究矩阵

　　华中农业大学的常慕佳等以某农业高校工商管理硕士为例，采用定序 Probit 回归模型，考察教学设备、师资配备、教学管理、教学实践 4 个因素对研究生满意度的影响。结果表明，教学实践、教学设施显著影响总体满意度，师资配备、教学管理的影响不显著。加大实践教学环节投入，完善教学设施能够有效提升全日制专业学位研究生教育满意程度。[2]

　　南昌大学孙梦遥在其学位论文中，以顾客满意理论为基础，围绕学生的主体地位，构建全日制专业学位研究生教育服务质量满意度测评体系。引入市场营销学中的象限图，对"重要性—感知满意度"进行深入分析，探究全日制专业学位研究生教育服务的优势与劣势所在。以实证研究结论为基础，从微观和宏观两个维度提出提高全日制专业学位研究生教育服务质量的建议：微观方面，建议实施学生满意策略，因校制宜，尊重个体差异；宏观方面，建议加强顶层设计，推进专业学位研究生"协同创新"培养模式，建立健全全日制专业学位研究生教育服务

　　① 衣学磊，蒋承. 研究生学业满意度的实证分析——基于不同学位类型的比较 [J]. 学位与研究生教育，2014：42—46.
　　② 常慕佳，李剑. 高校专业学位研究生教育满意度研究——某农业高校工商管理硕士的实证分析 [J]. 国家教育行政学院学报，2014 (4)：78—82.

质量监管体系。[①]

华中科技大学公共管理学院刘彩虹、安悦在感知服务质量理论指导下，将学习资源、师资队伍、教学内容、实践环节、校园服务作为公因子，构建了公共管理硕士（MPA）感知服务质量概念模型与结构模型。经调查数据分析得出，虽然 MPA 教育感知服务质量的整体评价较高，但是由于教师缺乏公共管理的实践背景，导致课程教学与实际联系不密切，缺乏针对性的案例分析，教学方法单一等不足，实践环节、教学内容与师资队伍等成为研究生培养的薄弱环节。研究认为增强师资队伍行业背景、拓宽联系实际的教学内容至关重要。[②]

三、专业学位研究生教育质量

本年度学者继续关注专业学位研究生教育综合改革，有的总结了综合改革的积极举措，有的着眼于专业学位研究生培养质量的分析，也有的通过调查反映目前专业学位研究生教育中的薄弱环节并提出政策建议。

清华大学沈岩等总结了 2010 年教育部开展专业学位研究生教育综合改革以来，专业学位研究生教育综合改革试点工作各阶段采取的多项积极措施，以及工程硕士专业学位研究生教育各试点单位的改革举措和取得的成效。清华大学高度重视专业学位研究生教育工作，将其纳入学校的正规研究生教育体系中，与企业进一步双向开放，深入进行人才培养合作。提出专业学位研究生培养注重教育内部建设与教育外部建设两大系统的建议，完成内涵建设并积极拓展教育认证、职业资格对接、工程师上讲台、示范实践基地建设等工作，实现内外部体系的密切协同和相互支持，推进工程硕士专业学位研究生培养模式的改革创新。[③]

重庆大学黄秋媚在其学位论文中，分析了课程体系、专业实践、学位论文、招生情况、教师队伍、质量保障建设等现状，发现全日制专业学位研究生培养过程存在以下问题：招生方面——生源不足、考生报考

---

① 孙梦遥. 全日制专业学位研究生教育服务质量研究——基于学生满意度视域 [D]. 南昌：南昌大学，2014.

② 刘彩虹，安悦. MPA 教育感知服务质量实证研究——以武汉地区四所高校为例 [J]. 学位与研究生教育，2014（10）：62—69.

③ 沈岩，等. 推进综合改革 创新培养模式 提升教育质量 满足社会需求——工程硕士专业学位研究生教育综合改革试点工作总结 [J]. 学位与研究生教育，2014（2）：5—8.

不积极、生源质量较差，以学术型考核方式来筛选专业型考生。导师方面——双导师制未落实到位、校内导师培养重视程度不高、教学师资队伍建设相对滞后。培养方面——课程体系设置不合理、教学方式模式化、实践教学资源不足、缺乏专业实践基地建设，专业实践质量保障制度不成熟。为此，应建设培养主体目标利益平衡机制、评价机制、投入绩效考评机制等来保障全日制专业学位研究生培养工作顺利进行。①

中国农业大学研究生院陈巧莲等调查中国农业大学、北京林业大学、南京农业大学、南京林业大学、四川农业大学和西北农林科技大学等高校的涉农全日制专业学位研究生培养质量，包括生源质量、课程设置、教学方法、导师队伍、专业实践、就业前景以及论文类型与形式等，提出国家应在政策与财政上加大支持力度，高校应充分发挥实践基地作用，加强实践教学功能建设，逐步开展专业学位研究生的"订单招生""定向培养"试点工作，建立多元化学位论文评价标准和体系等建议。②

沈阳师范大学马春晓在其学位论文中，对辽宁省教育硕士、工程硕士、法律硕士、工商管理硕士4类专业学位，从培养目标、学位论文、师资队伍、培养模式、质量保障体系5个方面，剖析辽宁省专业学位教育质量现状。借鉴国外专业学位教育质量提升经验，相应提出我国对策：培养目标上应准确定位人才培养规格，科学制定专业学位标准；学位论文应全面实行"双导师"制，保证学位论文学术水平与质量；师资队伍建设中应加强导师指导力量，注重导师实践能力培养；培养模式上应实行校企协同，创新应用型人才培养模式；同时，构建学校自我管理、社会监督、政策指导的保障机制。③

第二节 研究生教育质量评析

研究生教育质量是一个复杂的概念，需要对概念本身进行界定，解

① 黄秋娟. 全日制专业学位研究生培养体系建设机制与适配策略研究［D］. 重庆：重庆大学，2014.

② 陈巧莲，王雯. 涉农全日制专业学位研究生培养质量调查分析［J］. 研究生教育研究，2014（1）：74—77.

③ 马春晓. 我国专业学位教育质量提升策略研究——基于辽宁省高校四个专业学位的现状调查［D］. 沈阳：沈阳师范大学，2014.

构概念分析影响质量的各类因素。在分析的基础上，探讨和创新评价质量的理念与方法。评价指标体系是评价工作的核心，科学合理适切的指标体系是保证评价工作正常实现评估功能的基础。

一、质量现状的研究与分析

有学者通过研究生发表论文情况反映教育质量，有学者研究科研训练对研究生培养质量的提升作用，有学者探究了研究生教育内涵式发展的意义，还有的讨论了质量提升的制约因素和质量生产机制，等等。

清华大学袁本涛等指出，在校研究生对国际高水平学术论文发表的贡献能够反映研究生培养质量。研究分析了 2011—2012 年 ESI 热点论文中，中国学者参与的作者情况。以中国学者为第一作者发表的 210 篇论文中，我国在校研究生参与撰写的论文占 76.19%，集中在化学、工程学、材料科学和物理学领域。在校研究生为第一作者的论文占 52.86%。通过对不同身份作者的学术贡献进行加权估计，我国在校研究生对以中国为第一作者单位发表的 ESI 热点论文的贡献率为 36.84%。从高水平论文发表情况来看，我国研究生教育能够立足大陆，培养具有国际一流科研水平的科技精英。[①]

北京航空航天大学赵世奎等问卷调查 8 所培养单位，研究生参与科研现状以及研究生对参与科研使其各项能力提升的满意程度。调查回收 3418 份有效问卷结果表明，参与高水平科研项目是提高研究生培养质量的重要支撑，研究生在读期间无论参与纵向课题还是横向课题都会对培养质量带来显著影响，参与纵向科研项目对提高研究生培养质量更具有明显优势；不同参与课题方式对提高培养质量的效果有明显差异，在导师指导下承担部分科研工作对提高研究生培养质量的效果更为明显；校所联合培养研究生对培养质量的满意率较低。[②]

中国矿业大学吕向前围绕研究生教育的量变与质变、现象与本质、发展与规律等问题进行哲学思考，认为理解研究生教育内涵式发展的本质，要从其外延式扩张与内涵式发展的关系上入手，将重点聚焦在学生

---

① 袁本涛，等. 我国在校研究生对国际高水平学术论文发表的贡献有多大？——基于 ESI 热点论文的实证分析（2011—2012）[J]. 学位与研究生教育，2014（02）：57—61.

② 赵世奎，张帅，沈文钦. 研究生参与科研现状及其对培养质量的影响——基于部分高校和科研单位的调查分析 [J]. 学位与研究生教育，2014（04）：49—53.

素质、学科结构、导师能力、管理水平、投入产出比等方面。把握研究生教育内涵式发展的本质，就要把握其本质特征与核心任务，落脚在实现人才培养目标的诸多因素上。同时，在尊重规律的前提下，推出科学性、创新性、深化改革的举措和方法。①

哈尔滨商业大学王炜从办学定位、教师、学生、外部环境4个层面剖析制约研究生教育质量提升的因素，提出进一步提高研究生教育质量的对策：在办学定位层面提出控制规模，集中资源，软硬兼备；在教师层面提出突出创新，重视德育，强调竞争，提高素养；在学生层面提出调整课程设置，强化学风建设，实施分类指导；在外部环境层面提出完善教育教学质量监控反馈机制，构建学校—政府—用人单位—社会多元化就业机制，改革研究生奖助学金制度。②

南京农业大学程俊以"生成性思维"作为博士研究生教育质量生成机制的逻辑支点，重视博士生的个体发展，强调质量生成的动态特性。在理论层次探析博士生教育质量生产机制，强调增强博士生的主观能动性、创造性、互动性和自我完成性。基于"以学生为中心"的质量评价，深入研究质量观及其变革的价值机制，导向与激励的动力机制，博士生与教育环境的相互影响机制，输入—过程—结果的有机链接机制以及基于博士生教育质量评价的保障机制。③

清华大学王钰等调查全日制工程硕士研究生的教育收获，调查围绕研究生受益程度、自我评判、外部培养条件评价3方面。结果表明，课程教学、专业实践、学位论文工作等培养环节，确实提高了学生解决工程实际问题的能力。由此提出，应围绕全日制工程硕士高层次应用型工程专门人才的培养定位更新教学理念；加强职业规划教育指导；加强实践实验类课程建设，注重理论联系实际；明确体现工程硕士特色的学位论文标准；推动基于学校导师和企业合作课题的专业实践；统筹协调工程硕士与工学硕士培养。④

① 吕向前，查振高. 关于我国研究生教育内涵式发展的哲学思考 [J]. 学位与研究生教育，2014（4）：41—44.

② 王炜，刘西涛. 研究生教育质量提升的制约因素分析与对策选择——基于四个维度的分析框架 [J]. 研究生教育研究，2014（3）：13—17.

③ 程俊，罗英姿. 博士生教育质量生成机制研究 [J]. 研究生教育研究，2014（3）：37—42.

④ 王钰，康妮，邓宇. 基于培养对象的工程人才培养质量调查与分析——以清华大学全日制工程硕士培养项目改革为例 [J]. 研究生教育研究，2014（4）：61—65.

华东交通大学毕鹤霞使用问卷调查与访谈法相结合的方法，通过实证调查，分析得到的研究生教育质量主要影响因素为研究生综合素质、导师综合指导素质、研究生管理机制和政策、研究生科研、社会认同度。评估研究生教育质量的关键因素是导师综合实力、研究生综合素质、高校综合实力排名。研究生教育质量评估的首要考虑因素包括师资、学科水平、科研、办学理念等。研究生教育质量评估的外部评价因素有社会认可度、高校自我评价、同行评议、社会声誉等。研究生教育质量评估的参考因素是高校综合实力排行、研究生个人综合能力评价、研究生教育办学条件、研究生人才培养规模等。[①]

西南大学尹晓东的学位论文立足重庆地区，从假设到实证，提出影响博士研究生培养质量的 3 个主要因素，即导师指导因素、个人能力因素和学术氛围因素。科学遴选导师、提高其质量与指导水平是博士生培养的核心要素。以学术品质为内核的博士生科研创新能力，是培养出高质量博士生的关键。在科学理念指导下，从地区实际出发，探索架构"指导有效、创新引导、环境支撑、保障有力"的培养模式，提升高校博士研究生培养质量。[②]

华南理工大学黄兆丽在其学位论文中，研究了某重点高校 363 篇硕士学位论文，分析了影响论文质量的因素。研究生培养的外部环境、培养过程、学生心理调节能力、生源质量均直接影响学位论文质量，呈正相关关系；学生焦虑状态无直接相关关系，但是通过上述因子间接影响论文质量；本科研究生专业一致性与论文质量不相关。根据分析结果，从上述影响因素角度提出改革建议。[③]

江西农业大学硕士生王楠以马克思主义关于人的全面发展学说及戴明环理论为理论基础，采用调查问卷的形式，对江西农业高校 JXAU 高校硕士研究生展开实证研究，从受教育者、教育者、培养过程和教育管理 4 个方面得到了农业高校硕士研究生教育质量现状，分析了影响因素及存在问题，提出了相应的对策。具体建议包括提高硕士研究生科研能力，提高导师指导水平与责任心，改善科研环境提高教育条件，规范招

---

① 毕鹤霞. 研究生教育质量评估的影响因素分析——基于对 X 省高校师生的实证研究 [J]. 高教探索，2014（5）：110—114.

② 尹晓东. 博士研究生培养质量主要影响因素研究 [D]. 重庆：西南大学，2014.

③ 黄兆丽. 硕士学位论文质量的影响因素及提升对策 [D]. 广州：华南理工大学，2014.

生录取工作，提高学位论文质量，优化导师队伍建设等。①

二、质量评价理念与方法的研究

2014 年度，学者从质量评价理念、对博士学位论文盲审结果的评价、生师比等方面论述研究生教育质量评价指标的构成，也有学者介绍了国外研究生教育质量评价发展新态势。

哈尔滨工业大学副校长丁雪梅以"新视角、全方位、新方法"概括了《学位与研究生教育评价理论与方法》主体内容。认为该评价体系填补了对省级研究生教育质量评价的空白，首次将省域研究生教育作为一个系统整体，从政府职能入手，以"制度、规划、投入和绩效"四位一体，分析和评价省级政府的研究生教育职能和绩效。依据大学、学科、学位层次和学位类型，分层分类开展研究生教育质量评价，体现出研究生教育质量横向与纵向相结合、全方位评价的特点。同时，认为将经济学的"指数"迁移到研究生教育质量评价体系中，形成了独特的评价方法。构建了研究生教育质量指数，推进研究生教育质量向纵深方向探索。②

中山大学戚兴华认为，研究生教育质量既是研究生教育的重要概念，又是教育质量的一种特殊类型，在理论研究与教育实践中广受关注。文章认为近 10 年来研究生教育质量概念的探讨，主要存在统摄论、逻辑论、代表论、替代论、价值论等几种理解。有必要探索一条既有基础性又具整合性的理解途径，使研究生教育质量成为一个具有稳定核心、开放边界和过滤吸纳机制的基本概念。因此，从知识论出发，以知识与学术系统为基点的考察和构建是一种可行的尝试。③

北京航空航天大学李艳等选取某"985 工程"高校近 3 年 1716 篇博士学位论文为研究样本，对论文评阅结果进行统计分析。研究结果表明，博士生在掌握理论基础知识方面的评价最高，而在创新性方面的评价最低；明审的各项评价均明显高于盲审，盲审专家对论文质量意见分

① 王楠. 江西农业高校硕士研究生教育质量影响因素分析及对策研究——以 JXAU 为例［D］. 南昌：江西农业大学，2014.

② 丁雪梅. 新视角全方位新方法——评《学位与研究生教育评价理论与方法》［J］. 学位与研究生教育，2014（1）：62—64.

③ 戚兴华. 多元与泛化：研究生教育质量理论面相解析［J］. 研究生教育研究，2014（5）：6—11.

歧较大；分年度统计差别不大，理学、工学、管理学论文得分依次降低，综合与 4 个分项评价的走势完全一致。研究运用多元线性回归，指出现行博士学位论文评阅制度存在的主要问题有，盲审专家选取导致论文评审结果分歧，评价指标及各指标的权重不同导致论文评审结果差异。文章提出应坚持将学术发表作为博士学位论文质量控制和提升科研创新能力的重要手段，将博士学位论文盲审作为博士学位论文质量的保障，建立覆盖全面的盲审专家库，完善博士学位论文评价体系，细化各级指标的评价内涵。①

北京大学医学部刘新文等提出博士学位授予标准中，既要求有高质量的进入科学引文索引（SCI）论文发表，又须灵活对待影响因子和特殊优秀学生。在充分保障培养质量前提下，可以适当放宽成果发表时间。甚至针对优秀学生，可以先授予学位，允许其成果发表晚于学位授予，文章将其归纳为"不唯 SCI"的评价机制。这种研究生质量评价方法还需 3 个保障机制，即论文成果追溯、导师诚信责任、招生调控，4 个机制联动以保障学位授予前培养质量，以及长远的人才培养质量。②

四川外国语大学王莹莹的学位论文基于外语学术型硕士研究生特点，以内适质量观、外适质量观、目标达成观和绩效观为理论基础，探析外语学术型硕士研究生个体质量的构成要素和评估标准，构建兼顾现实能力与潜在能力的个体培养质量模型与评估量表。将初定的模型和量表进行小范围测试，调整得到包括 38 个一阶因子、20 个二阶因子和 5 个三阶因子的较成熟工具，使用该模型和量表测试全国 12 所大学 13 个专业的 243 名外语学术型硕士研究生，验证所开发的工具方便使用、区分度高。③

浙江工业大学沈忧以"生师比"为衡量研究生教育质量的表征指标，使用《全国教育事业统计公报》（1993—2012 年）数据，从横纵两个维度探究研究生教育 20 年质量发展情况。纵向维度，使用时间序列模型和趋势外推法，预测未来 10 年生师比将以较快速度下降；横向维

---

① 李艳，赵世奎，马陆亭. 关于博士学位论文质量评价的实证分析 [J]. 学位与研究生教育，2014（10）：50 —54.

② 刘新文，等. 科学博士学位授予中不唯 SCI 的评价体系 [J]. 学位与研究生教育，2014（7）：48—50.

③ 王莹莹. 外语学术型硕士研究生个体培养质量评估量表的编制 [D]. 重庆：四川外国语大学，2014.

度，使用多变量曲线模型，为了达到世界名校 2∶1—4∶1 的生师比，可以采取控制本、专科招生数，亦可调节本、专科生师数。根据研究结果，提出应实行适度控制以促进教育质量提升。[①]

清华大学教育研究院赵琳指出，世界研究生教育强国在质量评价和保障上均出现新的理念、做法与发展趋势。首先是强调以学生"学习和发展"为中心的增值性过程评价；其次是以"证据"为基础的可持续评价服务与院校自我诊断与改进；其三是第三方评估成为研究生教育质量评价和保障体系的重要力量。由此而带来的是大学质量观、学生观、评估与保障观的转型以及诸如美国的 SERU、澳大利亚的 PRES 等新的评价工具的出现。[②]

武汉理工大学梁传杰指出我国高校学位点自我评估必须基于我国研究生教育管理体制改革这一宏观背景，认真贯彻"服务需求、提高质量"这一主线，努力将学科点自评估与研究生培养模式创新有机结合。高校学位点自我评估机制的构建要坚持五项基本原则，即高校自我评估与政府合格评估相结合、学位点自我评估与学科动态调整相结合、学位点自我评估与学科绩效投入相结合、综合评估与专项评估相结合和学位点评估与后续建设相结合。在建立整体构架过程中遵循 4 个方针，即综合评估与专项评估相衔接，突出专项评估；鼓励多元主体参与，突出学术评价；评估工作与后续建设相结合，充分发挥自我评估的作用；形成高校、社会、与政府相结合的学位点评估体系。[③]

三、质量评价指标体系的研究

2014 年度研究生教育质量评价指标体系方面的研究有一定突破，表现在有学者探讨了毕业生质量追踪评价的指标体系，还有学者研究了专业学位培养质量指标体系，另有研究人员针对矿业领域探析了国际型人才评价指标体系等等。

第四军医大学扈国栋等认为，长期以来，我国博士生教育质量评价

① 沈忱，胡斌武. 生师比视阈中研究生教育质量二十年：回顾与展望 [J]. 研究生教育研究，2014（5）：1—5.
② 赵琳. 倾听学生的声音 [N]. 光明日报，2014 - 11 - 23（006）.
③ 梁传杰，张凌云. 论高校学位点自我评估机制之构架 [J]. 中国高教研究，2014（8）：29—33.

主要以政府为主导，以在读博士生为对象，以导师队伍、学科方向、课程设置、课题研究、学术成果、公共服务体系等因素为主要评价指标，而毕业生的感受和用人单位的评判与需求始终未得到应有的重视。论文以临床医学毕业博士和用人单位为评价主体、毕业后综合表现为主要内容建立评价指标体系，实现军医大学临床医学毕业博士生的全面评价。评价发现培养中存在临床能力发展不均衡、临床科研能力表现不足、人文素养有欠缺等问题，为不断完善培养目标、改革培养模式、提高培养质量提供了参考和依据。①

南京农业大学罗英姿认为，博士生教育质量的评价应突出学生主体地位。文章基于博士生个体发展为主线的博士生教育质量生成过程，构建了博士生教育质量评价指标体系。以此对南京农业大学的博士生教育质量进行实证研究，发现博士生教育质量存在的问题，影响质量生成的关键环节和因子等。研究突破了仅以博士生学术成果为主的结果评价，结合博士生个体发展自我评价，全面反映和检验博士生教育效能。②

上海师范大学闫温乐等分析了世界银行青年专家项目选拔，基于选拔过程及侧重，结合候选人案例，归纳得出世界银行所需博士人才应具备的特质。提出应借鉴国际组织人才选拔标准，着眼于人才培养方式创新，重点培养同时具有专业造诣和领导力的科学"帅才"，推进顶尖博士生创新人才培养，改革完善博士生学术评价标准，拓展丰富博士生实践。③

中国地质大学（北京）崔炤琨的博士学位论文，基于事物的可测性、人才的变异性、结果的一致性等人才评价理论，从知识、素质、能力、价值4个类别中确定了16个国际型矿业人才评价重要指标。通过层次分析和专家论证，确定指标权重。能力权重最高，其次是知识因素，素质、价值因素紧随其后，构建了国际型矿业人才评价指标体系层次模型。同时，在"人才评价指标层次模型"基础上，运用"AHP－模糊综合评价法"来构建人才评价模型，用于判断目前各类型地质矿

① 扈国栋，等. 军医大学临床医学博士质量追踪评价指标体系的构建及应用［J］. 学位与研究生教育，2014（7）：56—60.

② 罗英姿，程俊. "以学生为中心"的博士生教育质量评价［J］. 学位与研究生教育，2014：60—65.

③ 闫温乐，张民选. 如何提高我国博士生培养质量——来自世界银行青年专家项目选拔的启示［J］. 研究生教育研究，2014（4）：1—5.

业人才的培养质量和人才储备。为国际型矿业人才培养中综合考虑共性与特性，保障人才培养质量，提供了指标方法参考。①

苏州大学教育学院赵蒙成认为，制订有效的评估指标体系是顺利开展专业学位研究生教育水平评估的前提。文章以教育硕士为例，对《专业学位水平评估指标体系（征求意见稿）》进行解读，认为初步的指标体系在一定程度上是适切的，但仍然存在着评估目标褊狭、评估行政色彩较浓、对"应用性"的理解有误区、定量指标偏少、信息采集不够深入等不足。文科类的评估指标体系应强化可操作性、注重数据的深刻性、保障数据的真实性，确保水平评估对提高专业学位研究生教育质量发挥积极作用。②

江西师范大学金云志的学位论文根据教育经济效益、系统评价、绩效考核、质量控制等理论，构建了硕士研究生质量评价体系理论基础。通过美国、英国、法国及大陆硕士研究生培养质量评价模式考察，探究了硕士研究生培养质量影响的内部因素和外部因素，确定硕士研究生培养质量评价指标初选的原则、指标选取方法等内容。③

江西师范大学万安从学生视角出发，对江西省5所高校全日制专业学位硕士研究生进行问卷调查，考查学生对培养过程中各个环节的认同度，分析全日制专业学位硕士研究生培养现状，发现培养过程中的问题，提出有针对性的对策建议，具体包括：改革招生体制、加大投入实践基地建设、优化课程设置、改革教学模式、全面积极落实双导师制度以及构建具有专业学位特色的评价考核体系等。④

哈尔滨理工大学张静雅的学位论文从评价理论出发，以哈尔滨理工大学研究生教育为例，构建地方高校研究生教育质量评价体系。通过问卷调查获取数据，分析评价了哈尔滨理工大学在招生录取方式、师资队伍、课程设置及学位论文、学风及就业等方面的情况。基于地方工科院校的定位及研究生教育目标，阐述了地方工科院校研究生教育质量评价

---

① 崔炤琨. 国际型矿业人才评价方法及培养模式研究 [D]. 北京：中国地质大学（北京），2014.

② 赵蒙成. 文科类专业学位水平评估指标体系的构建策略 [J]. 现代大学教育，2014（6）：86—92.

③ 金云志. 硕士研究生培养质量评价体系研究 [D]. 南昌：江西师范大学，2014.

④ 万安. 全日制专业学位硕士研究生培养质量研究——以江西5所高校为例 [D]. 南昌：江西师范大学，2014.

的影响因素、评价目标以及评价过程控制，建立评价指标体系。[①]

第三节　研究生教育质量保障

在当前研究生教育从规模化扩张到内涵式发展的转型过程中，针对质量保障体系的研究是 2014 年度研究生教育质量研究的重要内容，主要包括质量保障的新理念、新机制和新挑战。特别是结合学位授权点质量评估和研究生培养关键环节的质量评估中发现的问题来探究质量保障体系的构建是研究中的热点问题。同时，越来越多的学者关注到了质量评估的主体、客体及环境之间的关系，研究如何将外部质量保障体系与内部质量保障体系相互促进、相互融合的作用和机制。

一、质量保障理论研究

有学者指出我国高等教育质量保障体系未来发展方向，有学者探讨了质量保障机制构建，有学者回顾了香港地区历史上质量保障与规模扩张之间的关系，还有学者讨论质量保障体系创新等内容。

北京理工大学学位与研究生教育研究中心主任王战军指出，中国高等教育正处于从外延扩张到内涵发展的战略转型期，有效保障和全面提高质量成为核心议题之一。高等教育质量保障体系包括内部质量保障体系和外部质量保障体系，应坚持以内为主，以外促内，内外结合的建设思想。中国正在形成以高校为主体、以学生为根本和以常态监测为手段的高等教育质量保障新理念，正在逐步完善研究生教育、本科生教育和高等职业教育 3 个层次的高等教育质量保障制度体系，正在建立宏观管理、自主办学和独立评价相互制约的新机制。面临的主要挑战包括如何提高外部质量保障的有效性和如何内外结合促进高校的多样化发展等。[②]

武汉理工大学梁传杰指出研究生教育质量保障机制是研究生教育质

---

① 张静雅. 地方工科院校研究生教育质量评价体系研究 [D]. 哈尔滨：哈尔滨理工大学，2014.

② 王战军，乔伟峰. 中国高等教育质量保障的新理念和新制度 [J]. 清华大学教育研究，2014 (35)：29—34，72.

量保障体系构建的核心内容，具有系统性、层次性、多元性、复杂性等特征。基于研究生教育关系层次，研究生教育质量保障机制包括研究生培养单位内部质量保障机制和研究生培养单位外部质量保障机制。其中，研究生培养单位内部质量保障机制包括研究生教育质量保障的运行机制、动力机制和约束机制 3 个子机制；外部质量保障机制主要是政府、社会组织和学术组织与研究生培养单位之间所形成的机制。①

华南理工大学焦磊回溯香港高等教育规模扩张历史，探析其规模扩张与质素保证并行不悖的原因。香港高等教育经过两次大规模扩展，实现了由精英教育向大众化、普及化的转变。规模扩张是政府政策主导的结果，教育质量的保障得益于外部质素保证体系与院校内部质素保证体系的协同作用。外部质素保证架构包括，由大学教育资助委员会所资助的院校及私立和其他高等院校接受的外部质量监测，以及质素保证局的"教与学质素保障过程核证"两个方面；联校质素检讨委员会对自资副学位课程的质量监测；媒体舆论发挥社会监督作用；学术及职业资历评审局对非大学教育资助委员会资助院校的评审。内部质素保证体系，以香港科技大学为案例，阐述其循环往复的"质量环路"，即大学收集学生及利益相关者对大学教育质量的信息，依据国际基准进行测量，核证教育质量，制定改进计划，跟踪质量改进及后续工作，并向学生及利益相关者反馈信息，信息得到充分循环利用，促进大学教育的改进。②

南京信息工程大学何亚群借助"内卷化"的概念，阐述了我国研究生教育大众化背景下，研究生教育外延拓展的困境与内涵发展的要求。从系统论出发，将研究生教育质量保障体系作为一个有机系统，各因素按照一定的规则相互联系，体现了主体、客体、环境的高度复杂性。研究生教育质量保障系统应从主体、客体、环境 3 个方面综合考量、合理构建。主体之间协同作业，相互监督，职责明确；客体多层协调，标本兼顾，重点突出；环境需要内外兼修，借助政策环境、制度环境、文化环境、道德环境等软环境，将研究生培养目标内化为研究生的

① 梁传杰，吴晶晶. 论研究生教育质量保障机制之构建——研究生教育关系层次的视角 [J]. 学位与研究生教育，2014（3）：52—56.

② 焦磊. 香港高等教育规模增长及质素保证探微 [J]. 高教发展与评估，2014（30）：62—69，99.

价值标准。①

山东财经大学纪朝龙在其学位论文中，调查分析山东省 4 所高校研究生培养过程现状和存在问题，分析问题成因，结合影响因素指出，研究生培养质量是在教学管理过程中形成的，根据全面管理和过程论，质量保障应着眼于整个培养过程，从培养条件配置、导师队伍质量、研究生本人学习过程、管理者管理等方面，构建一套科学的培养质量保障体系。②

二、质量保障体系的构建与实践探索

有学者认为需要从文化氛围入手建设质量保障体系，有学者介绍了美国博士生培养质量保证体系，有学者探讨了博士生淘汰制、学位论文审核制，等等。

中国科学技术大学章婧等结合当前我国研究生教育质量工程建设面临的形势，探讨营造质量文化氛围对提升研究生教育质量管理水平的重要作用；以中国科学技术大学研究生教育质量文化为例，总结出"从外部控制向内在诉求，从有形管理向无形服务，从他律向自律，从'一刀切'向特色化转变"等规律，认为这是我国研究生培养单位质量管理未来发展的必然趋势。③

华南理工大学张振刚等认为，近年来随着我国博士生培养规模的进一步扩大，如何完善博士点质量评估体系、保障和提高博士点教育质量成为新的关注点。研究以最近一次（2006 年）全美博士点质量评估为主要研究对象，总结和归纳全美博士点质量评估体系在实现多主体协调控制、设置指标体系以及筛选评估对象等方面的经验和特点。参与2006 年全美博士点质量评估的有美国研究理事会（民间学术团体）、美国国家科学基金会（联邦机构）以及汤姆森路透（专业咨询公司）等不同类型的组织。评估活动充分利用了各社会群体的优势资源，体现了较高的社会参与度，不同组织代表不同的利益群体，在评估工作中承担

---

① 何亚群. 我国研究生教育质量保障体系创新研究——基于复杂系统的分析视角 [J]. 研究生教育研究，2014（6）：27—31.

② 纪朝龙. 研究生培养质量保障体系研究 [D]. 济南：山东财经大学，2014.

③ 章婧，等. 营造质量文化氛围提升研究生教育质量管理水平 [J]. 学位与研究生教育，2013：48—52.

不同的职责，如图 2-4 所示。2006 年全美博士点质量评估的指标体系在评估博士点学术成果产出的同时，充分考虑了教师和学生开展教学、科研活动所需满足的基本需求，兼顾教师和学生的内在需求与外在需求，在评估博士点师生的个人基本需求与较高层次学术追求之间取得平衡。①

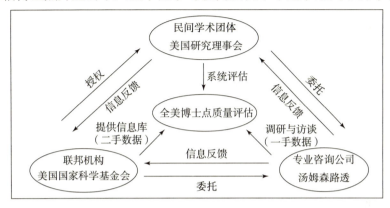

图 2-4　全美博士点质量评估构成

对外经济贸易大学黄海刚等基于历史和价值转换的视角，研究美国博士生教育质量评估与质量保障体系。在追求客观性基础上，美国评估更加强调以过程导向和结果导向两个维度，审视博士生教育质量，追求满足国家、社会和个体对博士生教育，在知识生产、人才培养和职业发展方面的期待。联邦政府、基金会和大学通过经济资助、学术导向的培育模式，过程质量监控等措施，变革和构建美国博士生教育质量保障体系，突出表现在"准入"、加工过程和"准出"3 个阶段。②

浙江大学张良等认为，博士研究生淘汰制是对博士研究生培养方式的变革，目的是提高博士研究生教育质量，培养适应社会需求的高层次人才。针对传统的激进式淘汰制存在的问题，提出了发展中淘汰的构想。通过发展中淘汰，引导博士研究生培养自我管理意识与自主选择能力。③

吉首大学刘晗等人针对特定区域高校生源不理想的状况，以预答辩

① 张振刚. 全美博士点质量评估体系探析及启示［J］. 中国高教研究，2014（6）：36—42.

② 黄海刚，苑大勇. 美国博士生教育质量评估与质量保障体系研究——基于历史和价值转换的视角［J］. 外国教育研究，2014（9）：13—25.

③ 张良，邹小撑. 发展中淘汰：高校博士研究生淘汰制的构想［J］. 学位与研究生教育，2014（1）：59—61.

制度优化，探索人才培养保障措施。文章厘定了硕士学位论文预答辩的诊疗、分流和监控功能，设计了"三关、三审"的预答辩程序。研究生预答辩需要经过"三关"：导师认定学位论文水平关，同行匿名评阅关与交叉答辩关，预答辩委员会集体评议与投票表决关；"三审"为学位论文学术规范审查、论文格式审查、论文水平审查。参加最终答辩的研究生按照预答辩结果分为通过、暂缓通过、不予通过3类。预答辩的结果直接影响学科和导师招生计划、津贴，并配套一定惩戒机制。①

中山大学朱利斌等人通过分析我国博士生招生机制现状及所存在的与培养高质量学术型博士生不相适应的问题，提出建立政府与招生单位共同参与的招生计划管理模式，逐步建立适应硕博贯通式的博士生培养机制。②

华中农业大学李筱筠的学位论文调查分析了3所教育部属农林院校农科硕士研究生培养质量内部监控体系构建和实施情况，对比分析康奈尔大学和威斯康辛大学麦迪逊分校植物学系的培养质量内部监控体系，全面分析其招生、课程、评估等内部监控环节，从树立多元培养质量观、优化组织结构、细化评价层级、健全反馈体系和完善保障制度等方面，为我国农科硕士研究生培养质量内部监控提供了较有针对性的经验借鉴。③

中国人民解放军第二军医大学胡静超在其学位论文中，运用全面质量管理理论，比较中国与美国护理学博士学位论文，提出借鉴美国护理学博士研究生培养经验，提高博士学位论文质量的3条经验。①改革招生体制，优化生源质量，实施以学科为导向的招生配置方式，探索"综合申请"的招生录取方式，建立导师权责制度，保障导师招生自主权；②改进培养机制，提升学位论文质量，实施导师指导委员会制度，完善教育课程体系，加强科研资助力度；③完善学位论文审核机制，构建学位论文评价标准，建立盲审专家库，尝试部分学位论文免审制度。④

① 刘晗，龚芳敏. 优化预答辩制度提升硕士学位论文质量的探索与实践——以吉首大学文学与新闻传播学院为例［J］. 研究生教育研究，2014（4）：53—56.
② 朱利斌，吴帆汪华侨. 基于高质量学术型博士生培养的招生机制探讨［J］. 学位与研究生教育，2014（6）：31—35.
③ 李筱筠. 农科硕士研究生培养质量内部监控体系研究［D］. 武汉：华中农业大学，2014.
④ 胡静超. 中美护理学博士学位论文分析研究［D］. 上海：第二军医大学，2014.

中国科学技术大学王筱萌的学位论文以理科类学术型学位研究生教育改革与制度创新为切入点，梳理我国理科类学术型研究生教育的外部环境与内部环境，使用 SWOT 分析方法对内部与外部条件进行综合分析与概述并匹配相关的战略组合。建议适度集中、加大投入与理科重大专项、重点理科学科或国家理科人才相结合的项目，形成人才集聚和培养的高地；加强培养的开放化、网络化、国际化、动态化；加强对研究生导师队伍的管理，强化导师的责任意识；进一步完善针对理科类研究生的科研奖助的制度与机制；加强理科类课程建设与考核要求，逐步提高学位授予标准。①

广西师范大学刘舟帆在其学位论文中，对我国同等学力人员申请硕士学位教育进行全面的回顾与总结，根据全面质量管理理论视角，运用理论分析和调查研究相结合的方法，探讨同等学力人员申请硕士学位教育质量保障。广西高校同等学力存在的问题主要有资格审查存在漏洞、学员学习与工作矛盾不易解决、学位论文质量等。研究提出保障同等学力教育质量的关键是"严把三关"：严把"入口关"，保证生源质量；严把"过程关"，强化培养单位管理；严把"出口关"，完善论文评审及答辩工作；依托全国同等学力管理信息平台，加强信息公开和社会监督。②

三、专业学位研究生教育的质量保障

有学者论述了专业学位研究生教育外部质量保证体系建设重点，有学者提出构建专业学位研究生教育外部质量保证体系的方法，有学者探索专业学位论文质量管控办法，还有学者探究了质量保证体系各要素及各环节等内容。

教育部学位管理与研究生教育司司长李军等人从专业学位研究生教育发展现状出发，阐述了我国专业学位研究生教育外部质量保障面临的挑战，大陆外部质量保障发展趋势以及当前形势下外部质量保障构建的原则和战略思考。探讨专业学位教育质量评价方法的特征，提

---

① 王筱萌. 理科类学术型学位研究生教育改革与发展战略研究［D］. 合肥：中国科学技术大学，2014.

② 刘舟帆. 广西高校同等学力人员申请硕士学位教育质量保障现状及对策研究［D］. 桂林：广西师范大学，2014.

出以系统性、整体性和协同性为原则，转变政府职能、开展分类评估、加快评估市场法制建设，推进专业学位研究生教育外部质量保障体系建设。①

北京工业大学李娟认为，目前专业学位研究生教育普遍存在着"同化、矮化、弱化"的问题。建立以职业资格认证为导向的专业学位研究生教育外部质量保障体系，将有力地推动此项教育综合改革发展。专业学位研究生培养，与高层次、高级别的职业资格认证不仅存在对接的可能，而且能够呈现出明显的比较优势。专业学位研究生教育的质量评价体系应当也必须以职业资格认证为导向。外部质量评价体系的架构应当包含或涉及的主体包括政府部门和行业协会、企业等社会用人单位3个方面。②

南京大学周跃进针对在职工程硕士出现的"两少两小"问题，即"师生交流少、学生写作经验少、学位论文标准把握力度小、学生投入精力小"。梳理了专业学位论文质量保障流程与核心要素，构建了管控流程以提高培养质量。选题环节，导师要根据学生量身定做与判断分析可行，注重学生收获量的积累；开题环节，以问题为导向，厘清学生研究思路；中期检查，不仅是对半成品的检查，而且要有研究的过程和细节；答辩环节，真正起到让学生论文推陈出新、深化升华的作用。判断管控的效果，可从论文研究意义与价值、研究方法合理与可行、研究结果的贡献与应用、论文写作的逻辑与规范等方面评价。③

南京师范大学孙友莲从教育博士的"实践性"基本价值取向入手，深入思考我国教育博士培养过程。认为教育博士课程设置应以实践为导向，以解决教育、管理中的实际问题为核心，课程知识更具综合性，覆盖面更广，并可探索开展微型课程研究教学；教育博士学习过程的特征应表现为反思性实践，在"理论联系实际"的更高层次之上培养"反思性的实践家"；教育博士开展研究要以行动研究为标准，服务实践、指导实践，更要有对实践研究的反思研究。提出判断教育博士论文质量应侧重考察学位论文如何围绕和开展"实践""实践"

---

① 李军，等. 专业学位研究生教育外部质量保障体系探究 [J]. 中国高教研究，2014 (5)：3—6.

② 李娟. 构建专业学位研究生教育外部质量评价体系 [N]. 中国教育报，2014 (6)：1—2.

③ 周跃进. 在职工程硕士专业学位论文质量管控 [J]. 研究生教育研究，2014 (4)：75—80.

的如何等内容，最终实现按照教育学博士与教育博士各自规律培养创新型人才。①

南京邮电大学邓艳等人分析了联合培养工程硕士专业学位研究生教育实践现状，为了有效保障培养质量，需从培养模式的各要素及培养过程的各环节入手，构建了包含政府、高校、企业、导师、研究生等的多主体管理制度、培养方式、评价标准的多元化发展保障体系，充分利用企业资源，加强企业工作站建设与研究生实践教学。②

西安交通大学梅红等人借鉴全面质量管理理论，分析了专业学位研究生教育参与者和培养环节之间动态发展过程，研究表明不同参与者对质量监控的关注点不同。探讨参与者与培养环节、培养结果之间的关联，构建由不同参与者主导的多维度、多目标的质量保障循环体系，即由教育管理者主导的关注"教育过程"的质量保障活动，由论文评阅人、教育督导专家和论文指导教师主导的关注"学位论文"的质量保障活动，以及由企业家、学生主导的关注"职业匹配"的质量保障活动。研究以学位论文质量保障体系为例，分析说明了实现途径。③

重庆理工大学程平等人针对会计硕士（MPAcc）教育现状及发展前景，引入 COSO 框架内部控制理论，构建以目标、要素、原则和属性四大层级相互支撑促进的会计硕士培养质量保障体系内部控制整合框架。研究论述了会计硕士培养的控制环境、风险评估、控制活动、信息沟通以及监督活动的原则和属性，提出深化培养理念，各主体目标协同，全面梳理管控思路，实施全面风险管理，促进会计硕士培养模式的协同创新。④

扬州大学张欣韵的学位论文以 Y 大学为例，运用问卷调查、访谈等研究方法，依据 PDCA 循环理论的计划、执行、检查和处理 4 个环节，调查了全日制专业学位研究生教育内部质量保障体系，针对发现问

① 孙友莲. 实践中的质量保证：教育博士"专业性"［J］. 教师教育研究, 2014, 26（4）：1—6.

② 邓艳, 吴蒙. 全日制工程硕士专业学位联合培养质量保障制度研究［J］. 黑龙江高教研究, 2014（10）：134 — 136.

③ 梅红, 宋晓平, 石慧. 专业学位研究生教育质量保障与控制要点——基于质量保障循环体系及其关联关系的分析［J］. 研究生教育研究, 2014（2）：78—83.

④ 程平, 段莹莹. 基于 COSO 框架的 MPAcc 培养质量保障体系内部控制研究［J］. 研究生教育研究, 2014（5）：73—78.

题，提出 3 个建议：严抓执行环节和善用精神激励提高质量，就业指导贯穿整体工作，促进监控督导部门保障 4 个环节的有效衔接。①

文献分布及特点分析

1. 搜索文献数量

与往年比较，2014 年有关研究生教育质量文献总体数量增加，期刊论文数量增加明显，2014 年新闻报道数量陡增，学位论文数量稳定增长，说明研究生教育质量研究在 2014 年广泛受到社会关注并引起学界关注而日益成为研究热点。2011—2014 年文献搜索数量见表2－2。

表 2 – 2　2011—2014 年文献搜索数量

文献类型	2011 年	2012 年	2013 年	2014 年
▬▬ 期刊论文	10	49	45	66
▬ 新闻报道	3	0	0	13
▬ 学位论文	20	11	12	29
▬ 著作	3	0	0	0
—— 总计	36	60	57	108

2. 采纳文献的数量与类型。

文献搜索后，经人工根据关键词和摘要筛选得出与本专题有关的若干文献。对文献进行综述，将反映专题研究现状、脉络、成果、方向，水平较高的研究成果纳入专题之中。图2－5 反映了纳入本专题的文献大体上逐渐增加，2014 年度报告引用文献达到 68 篇。本专题使用文献以期刊论文为主，达到 66%；其次是研究生学位论文，达 25%；最后是新闻报道，为 9%（图 2－6）。

3. 专题结构。

2014 年，有关研究生教育质量的研究，质量现状、质量评析、质量保障 3 个主题文献数量均匀（图 2－7）。但是，各个主题内部情况存

---

① 张欣韵. 全日制专业学位研究生教育质量内部保障研究——以 Y 大学为例 [D]. 扬州：扬州大学，2014.

在差异，如下图2-8所示，现状部分，基于研究生满意度的各类调查研究日益增多；评析部分，质量现状分析、评价理论方法、指标体系3方面内容比例相当；保障部分，实践研究多于专业学位保障及保障理论。

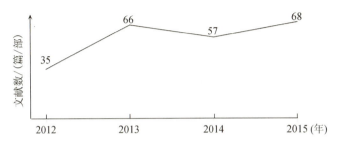

图2-5　2011—2014年度报告本专题文献采纳情况

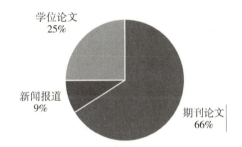

图2-6　2014年度本专题采纳文献类型与比例

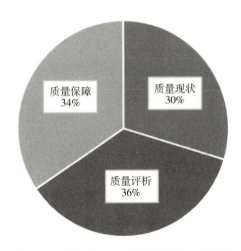

图2-7　2015年度本专题各小节文献比例

4. 高频作者。

在《中国研究生教育研究进展报告》（2012—2014）及本年度报告中，有的研究者以第一或第二、第三作者在本专题出现两次及以上，即为研究生教育质量研究的高频作者。表 2－3 列出了 4 年高频作者及论文题目，表内顺序按各年度《中国研究生教育研究进展报告》行文排列。

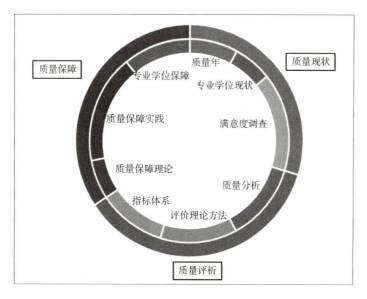

图 2－8　2015 年度本专题各小节与节点文献比例

表 2－3　研究生教育质量研究高频作者及论文题目

序号	作者	文献数量	论文标题及发表时间
1	王战军	4	构建质量保障体系（2011）
			研究生教育评估新思维（2012）
			建立健全新时期研究生教育质量保障体系（2012）
			中国高等教育质量保障新理念和新制度（2014）
2	周文辉	4	基于在读研究生视角的满意度调查（2012）
			2013 年我国研究生满意度调查（2013）
			基于高校调查的研究生培养质量保障机制研究（2013）
			专业学位硕士研究生课程教学现状及改革建议（2014）

序号	作者	文献数量	论文标题及发表时间
3	翟亚军	3	省级学位与研究生教育评估（2011）
			研究生教育质量的指数测度方法（2012）
			省级政府学位与研究生教育管理职能历史演进（2012）
4	梁传杰	3	研究生教育内外部和谐质量保障机制构建（2012）
			论高校学位点评估机制之构架（2014）
			论研究生教育质量保障机制之构建（2014）
5	张淑林	2	工程博士专业学位研究生教育质量保障体系建构（2012）
			营造质量文化氛围 提升研究生教育质量管理水平（2014）
6	别敦荣	2	专业学位研究生教育的特性及其质量标准学理探析（2013）
			研究生教育亟需"由胖变壮"（2014）
7	扈国栋	2	临床医学硕士质量追踪评价指标体系（2011）
			临床医学博时质量追踪评价指标体系构建与应用（2014）
8	赵世奎	2	博士生学术生产力国际比较（2012）
			关于博士学位论文质量评价的实证分析（2014）
9	沈文钦	2	临床医学专业博士培养质量因素分析（2011）
			北京市属高校硕士研究生教育质量调查分析（2013）
10	廖文武	2	转型期复旦大学研究生教育的实践与探索（2012）
			研究生教育质量影响因素分析与对策研究（2012）
11	刘 焱	2	基于内容分析的大陆研究生教育质量影响因素研究（2012）
			研究生教育质量影响因素实证研究（2012）
12	孔令夷	2	大样本条件下博士论文质量模型研究（2012）
			基于解释结构模型的博士学位论文质量关键影响因素分析（2012）
13	何植民	2	科学发展观视野下研究生教育质量评价指标体系重构（2013）
			研究生教育质量的价值取向（2013）

5. 研究方法。

今年本专题研究所使用的研究方法更加丰富，问卷调查法得到广泛应用，还有个别研究采用问卷调查与访谈相结合的混合研究方法。另外，本年度的文献中有关研究生教育质量的研究日益借鉴相关管理学的理论和方法，使定量模型使用和运算统计方法更加专业化。如学生满意度的研究大多借鉴了管理学中顾客满意度的理论及相关模型，结构方程模型、定序 Probit 模型、多元线性回归模型、优先行动矩阵等都被使用到研究生满意度的调查研究中。本专题研究使用研究方法统计详见表2－4。总体上，有关研究生教育质量研究逐渐向规范的社会科学研究范式方向发展。

表2－4　本专题研究使用研究方法统计

研究方法	理论分析	问卷调查	内容分析	统计分析	访谈调研	比较研究	制度构建	历史研究
文献数量	13	17	2	5	5	7	8	1
比例/%	22	29	3	9	9	12	14	2

6. 未来研究方向

2014 年度有关研究生教育质量研究的文献呈现出以下特点：文献整体理论化水平有显著提高，更加注重研究的相关理论基础和政策依据；文献行文流畅，条理清晰，逐步形成了关于研究生教育质量的话语体系。但是，从研究内容比例来看，对研究生教育质量的现状和存在问题的研究比例较大，而有关研究生教育质量的概念、质量标准特别是专业学位研究生教育质量评价标准以及质量保障理论这类偏重基础核心概念和基础理论的研究所占比例较小，反映了当前研究生教育质量的研究尚处于浅表层次，未来还需要增加更为本质的、基础的关于质量内涵、质量标准和揭示研究生教育规律性的研究生教育质量管理的理论探究。另外，有关质量保障体系建设举措实施前后，教育质量是否提高的实证研究仍尚显不足。

专题三 研究生教育培养研究

2014 年，我国学者在研究生培养研究上，既延续关注了研究生培养方面的焦点与核心问题，又开始注意到研究生培养方面的前沿性趋势，表现出 4 个主要特点：①研究生培养模式研究从一概而论转向不同学科、类型研究生培养模式的细致研究；②研究生能力与素质研究与国家注重创新创业教育的新趋势接轨，创新创业研究呈上升趋势；③研究生课程与教学研究从笼统强调多元能力培养到引介翻转课堂、慕课等新应用，改革探索研究呈新趋势；④研究生学位论文写作及培养质量管理研究在聚焦学术道德、论文规范之余，增加了论文选题、写作等特色研究。概括地说就是细致化、新锐化、特色化。

本年度关于研究生培养方面的研究文献有 319 篇。其中，期刊论文 180 篇、学位论文 99 篇、报刊文章 40 篇。

第一节　研究生培养模式

研究生培养模式研究在研究生培养研究中占据重要席位，本年度关于研究生培养模式的研究文献有 132 篇，主要包括研究生培养模式的探索与实践研究、研究生培养模式改革研究、不同学科和类型研究生培养模式研究 3 个方面。

一、研究生培养模式的探索与实践研究

当前，我国研究生教育已进入内涵式发展阶段，研究生培养模式也正在发生积极的转变，探索并实践分类培养、差异化培养是本年度大陆学者关注的重要议题。哈尔滨工业大学英爽、丁雪梅等人梳理了我国应用型研究生培养从实施重点到阶段性成果的实践总结，认为实施分类培养并形成特色和优势既是顺应社会经济发展的必然选择，也是研究生培

养模式改革的主要目的。①

　　华中农业大学秦发兰、胡承孝等从现行研究生培养模式研究文献出发，分析了研究生培养模式研究的现状及存在的主要局限，提出了以培养目标为导向划分学术型人才培养模式和应用型人才培养模式，两种模式纵向贯通、横向融合，在培养目标与理念、培养过程、培养主体、运行方式、运行机制等培养模式组成要素上体现差异化，实现两类人才培养的目标。② 天津市教育委员会学位办公室邢媛等人提出在我国实施硕士研究层次分类培养具有必要性和可行性。随着我国高等教育大众化时代的到来，硕士研究生层次应按学习导向实施分类培养，形成研究型、专业型和课程型的培养模式结构。③ 江南大学王建华等人基于研究生培养的具体实践，对研究生培养的基本规律与本质特征进行理论说明，通过比较分析总结概括出学徒式研究生培养模式、专业式研究生培养模式、教学式研究生培养模式、协作式研究生培养模式 4 种差别化培养模式。同时，针对各类研究生发展的特点和多元化的社会需要，从应用推广的角度提出了研究生差别化培养的对策与建议。④

　　20 世纪初以来，中共中央、国务院相继做出"人才强国""建设创新型国家"等重大战略决策，对拔尖创新人才提出了迫切需求。博士生培养模式也成为本年度学者们比较关注的领域。武汉理工大学张凌云等人认为博士生培养活动可被看作是一项特殊的生产活动。博士生培养模式包括博士生培养力、博士生培养方式和博士生培养关系 3 个维度。它们之间相互影响、相互作用，共同促进博士生培养模式的变革与发展。培育优质的、可持续发展的博士生培养力，是创新我国博士生培养模式的基础；建立适应培养力的发展水平并体现博士生自我生成第一性的培养方式，是我国博士生培养模式改革的根本；确立合作与指导并存的培养关系，是我国博士生培养模式改革的重点。⑤ 西南大学尹晓东以

---

① 英爽，等. 我国研究生培养模式改革的探索与实践 [J]. 研究生教育研究，2014（2）：1—5.

② 秦发兰，胡承孝. 目标导向的研究生培养模式研究 [J]. 学位与研究生教育，2014（1）：50—54.

③ 邢媛，林泷生. 对硕士研究生培养模式的思考 [J]. 天津师范大学学报（社会科学版），2008（2）：76—80.

④ 王建华，等. 基于分类推广的研究生差别化培养模式研究 [J]. 研究生教育研究，2014（2）：33—37.

⑤ 张凌云，贾永堂. 重视博士生培养模式 [J]. 高教发展与评估，2014（9）：55—63.

重庆地区特定高校的博士生培养现状为研究对象，对当前博士研究生培养质量的影响因素进行调查分析和理性思辨，在改革导师遴选制度、提高生源质量、突出学术创新、营造育人环境、加强管理服务等方面提出了提升博士生培养质量的主要策略、工作理念和具体措施。[①] 东北师范大学高文财等人总结了东北师范大学博士生培养模式的改革与实践的相关经验，提出博士研究生的培养要改革课程学习环节，强化课程学习的研究训练功能；调整论文评价取向，重点考察独立从事科学研究的潜力；健全导师指导制度，注重对博士生自主学习和独立研究的指导；完善论文审查制度，实现过程指导和过程监控的有机结合。[②]

二、研究生培养模式改革研究

联合培养是研究生培养的重要模式。自 2012 年我国正式启动"2011 计划"以来，联合培养机制改革研究逐渐成为热点。中国科学技术大学李金龙、张淑林等人系统分析了协同创新战略与研究生联合培养计划的共同使命与共同诉求，指出协同创新环境下的研究生联合培养机制是以实现培养主体自身利益和国家战略为根本目的，在政府政策法规和协同创新理念的引导下，充分发挥各主体的育人优势，有效协调高校、企业、科研院所等核心主体的责权关系，在充分交流、公平分配和全程协同基础上合作培养具宽厚的交叉学科知识背景、强烈的创新精神和创新能力、能够解决国家发展重大科学和战略问题的高端人才的作用方式，认为要实施联合培养专项工程，优化招生指标机制；优化资源共享机制，协同打造联合培养利益共同体；制定科学的人才培养评价机制，调动联合培养各方积极性；实施有效的交流协调机制，保障联合培养事业高效运行。[③] 北京农学院王慧敏指出联合培养是创新研究生培养机制的重要形式。创新研究生培养机制需要高校与科研机构协同培养，有效借助科研机构的科研平台优势，提高研究生科研水平和创新能力；需要高校与行业部门、企业联合培养，有效对接社会和行业需求，提高

---

① 尹晓东.博士研究生培养质量主要影响因素研究 ——基于重庆五所高校的实证分析[D].重庆：西南大学，2014.

② 高文财，等.强化过程优化环境提高质量——东北师范大学博士生培养模式改革的思考与实践[J].研究生教育研究，2014（1）：6—10.

③ 李金龙，张淑林，等.协同创新环境下的研究生联合培养机制改革[J].学位与研究生教育，2014（9）：30—34.

研究生的实践与创新能力；需要高校与国外高校联合培养，提高研究生国际化水平。[①]

广西大学王姝君基于广西大学农业推广硕士联合培养的实例，阐述了现阶段广西专业学位硕士研究生培养概况及广西大学专业硕士的培养情况，分析了存在的问题及原因并从政府、高校、行业企业（科研院所）角度分析专业硕士培养的招生机制、培养机制和考核机制等进行产学研联合培养专业硕士的机制构想。[②] 西南大学黄正夫充分考量各利益相关者的基本诉求，从理念引领、战略协同、信任激励探讨了全日制教育硕士协同创新培养模式的动力机制；从组织管理、利益分配、资源共享、绩效评价等方面探讨了全日制教育硕士协同创新培养模式的支撑机制；从制度设计、资源投入、文化浸润、氛围营造等方面探讨了全日制教育硕士协同创新培养模式的保障机制。[③]

三、不同学科和类型研究生培养模式研究

研究生教育存在学科、类型与层次差异，2014 年大陆学者加强了对不同学科和类型研究生培养模式的细致化研究。从研究文献来看，主要集中在专业学位研究生培养模式、工程硕士（博士）研究生培养模式和教育硕士培养模式 3 个方面。

专业学位研究生教育是培养高层次应用型专门人才的重要途径。南京工业大学张翔认为专业学位与学术学位研究生相比具有培养目标的应用性和职业化、培养过程的多元参与性和实践性、论文形式多样性和成果的实用性等鲜明特点。专业学位研究生教育在目标维度上应满足社会对高层次应用型人才的需求；在制度维度上应健全人才培养的决策领导机制，制定实践诉求的培养方案，构建应用性、职业性的课程体系，实施校内外双导师指导制度；在过程维度上应突出招生录取环节的实践能力考核，强化课程教学内容和教学方法的针对性，加强专业实践的设计与实践基地建设，并注重学位论文的应用性。[④] 成都理工大学谭书敏等人

---

① 王慧敏. 校内外联合创新研究生培养 [N]. 人民日报. 2014 – 04 – 17 (18).

② 王姝珺. 基于产学研联合培养的专业硕士育人机制研究 ——以广西大学为例 [D]. 南宁：广西大学，2014.

③ 黄正夫. 基于协同创新的全日制教育硕士培养模式研究 [D]. 重庆：西南大学，2014.

④ 张翔. 全日制专业学位研究生培养的理论分析与探索 [J]. 学位与研究生教育，2014（6）：107—109.

提出我国应进一步扩大应用型、复合型、技能型专业学位研究生培养规模。通过协同培养、分段贯通、学科交叉、项目驱动和就业导向等创新模式，完善约束机制、协作运行机制、投入保障机制、理论与实践教学的耦合机制、培养模式与机制改革的协同机制，构筑专业学位研究生培养制度与保障体系。[①] 上海市教育委员会陆婧等人基于上海市专业学位研究生教育综合改革实验，介绍了上海市以"六化"为核心的培养模式改革，即培养规格行业化、知识能力复合化、实习实践制度化、导师队伍"双师化"、考核评价系统化、培养途径国际化，取得了良好的改革成效。[②]

培养高质量工程领域人才，建立既有中国特色又能与国际接轨的在职工程硕士（博士）培养模式，是我国研究生教育的重要使命。大连理工大学赵悦通过文献整理和访谈调查，研究当前在职工程硕士培养存在的问题，提出要灵活调整在职工程硕士招生与毕业政策；多举措并用缓解工学矛盾；课程设置突出实用性、交叉性；加强专业师资建设，改善师生关系；构建学位论文质量保障体系；提升质量控制与管理服务水平。[③] 天津大学肖凤翔等人依据培养试点单位的招生工作总结和培养方案，梳理了当前我国工程博士专业学位研究生教育在招生、培养目标设置、专业设置、课程设置、教学方法和方式、导师团队等环节的现状，分析了培养过程中报考资格和培养质量等方面的问题，提出要完善入学选拔方式，切实保证工程博士生培养的"入口"质量；完善实践教学房室，优化工程博士生培养的"中间环节"。[④]

大力关注和支持教育硕士研究生培养是新时期我国教育事业发展的战略需求。陕西师范大学向天成等人通过对现阶段我国仅有的 14 所大学培养特殊教育硕士研究生的研究方向和课程设置资料的整理与分析，发现特殊教育硕士研究方向的结构分布及其与社会人才需求关系、课程内部结构及其与研究方向匹配结构等方面有待调整和完善，并从社会人

① 谭书敏，程孝良. 专业学位研究生培养理念、模式与机制改革的思考［J］. 学术论坛，2014（4）：154—158.

② 陆婧，等. 以"六化"模式为核心，推进专业学位人才培养模式改革——以上海市专业学位研究生教育综合改革试验为例［J］. 学位与研究生教育［J］. 2014（1）：1—4.

③ 赵悦通. 在职工程硕士培养存在的问题及对策建议——基于文献整理和访谈调查的方法［J］. 高等教育研究，2014（3）：68—72.

④ 肖凤翔，等. 工程博士专业学位研究生培养现状及应注意的问题［J］. 学位与研究生教育，2014（3）：43—47.

才发展的需求性、学科自身发展的合理性角度出发，探讨如何调整和完善研究方向和课程设置，从而突出特殊教育硕士研究生人才培养的时代性、科学性和创新性。[①] 沈阳师范大学郜爽将教育硕士的培养目标置于社会需求、人的需求和职业需求的背景下进行研究，分析了现阶段各项培养目标的现状与造成现状的原因，并以人的发展规律为依据，以教育政策为准绳，将培养目标划分为三大维度，创设了观点与意识培养、情感与态度培养、知识和能力培养的"三维三级"目标体系，并分别在各维度之下提出培养途径与建议。[②]

第二节　研究生能力与素质

研究生的能力与素质是保证研究生培养质量的重要因素，本年度对研究生能力与素质的研究主要集中在影响因素研究和研究生创新能力、实践能力及创业就业能力培养研究两个方面。与往年相比，研究生创新创业研究呈上升趋势。

一、研究生能力与素质的影响因素研究

科研能力是衡量研究生培养质量的重要指标。山东师范大学程凤农对我国博士生科研能力现状进行了探讨，认为制约博士生科研能力提高的因素主要有：博士生生源质量下降；博士生科研经费和科研条件有效供给不足；博导不"导"与培养方案失效；制度性约束催生博士生弄虚作假等。然后，在此基础上提出了博士生科研能力的提升路径。[③] 广西大学沈晶基于广西大学学术型研究生科研能力的实践研究，发现学校的培养方式、课程设置、授课方式、导师指导等因素影响研究生的科研能力，提出要革新教育理念、完善培养制度、改革教育模式、加强导师管理、营造良好的学术环境和加强学生自我管理，形成符合自身的培养

① 向天成，赵微. 我国特殊教育硕士研究生培养问题探讨——研究方向和课程设置的视角 [J]. 中国特殊教育，2014 (8)：73—80.
② 郜爽. 新时期我国教育硕士培养目标探究 [D]. 沈阳：沈阳师范大学，2014.
③ 程凤农. 博士生科研能力的制约因素与提升路径 [J]. 中国青年研究，2014 (8)：11–15.

模式。①

影响研究生创新能力的因素研究是我国学者关注的重要议题。中国科学技术大学张雁冰等人调查了 216 个研究生样本，通过分析数据得出：研究生的进取心与社会资本对其创新能力培养具有重要的影响。研究生的进取心对创新能力培养具有显著的正向影响；社会资本的 3 个维度对创新能力的培养具有不同的影响，其中社会网络正向影响创新能力培养，社会关系有负向调节效应，共同目标有正向调节效应。② 北京科技大学杨晓明等人以北京某大学应届硕士生为调查样本，对研究生创新能力影响因素进行了实证分析，认为导师职衔、年龄、学生本科毕业、学术环境、课程内容够用性、课程广度和深度、教学方式启发性等因素都与学生创新能力提高有显著相关性。③宜宾学院教师教育学院黄正夫认为学科壁垒成为研究生创新精神和综合素质培养的主要障碍，要求我国高校与科研院所必须弥合理论与实践的鸿沟，打破学科壁垒，突破机制限制，释放创新要素活力，实现培养模式的转换。对研究生开放思维、创造人格、创新能力和综合素质的培养要从加强组织领导、优化培养过程、搭建培养平台、探索培养机制、强化质量保障等方面进行改革。④

二、研究生创新能力、实践能力和创业就业能力培养研究

创新能力、实践能力和就业能力是研究生能力与素质的重要体现。在国家和社会创新创业趋势的驱动下，对研究生创业能力培养研究也呈上升趋势。

知识经济是以知识产品创新为基本特征的经济，关键环节是创新型人才的培养。研究生创新能力培养是培养创新型人才和持续科研创新的现实需要，也是我国学者关注的重要内容。中国地质大学高等教育研究

① 沈晶. 学术型硕士研究生研究能力的培养研究 ——以广西大学为例［D］. 南宁：广西大学，2014.

② 张雁冰，等. 研究生进取心与社会资本对创新能力培养的影响研究［J］. 学位与研究生教育，2014（5）：47—52.

③ 杨晓明，等. 研究生创新能力影响因素实证分析［J］. 研究生教育研究，2014（6）：38—46.

④ 黄正夫，易连云. 协同创新视野下研究生培养模式的转换［J］. 学位与研究生教育，2014（4）：7—10.

所李祖超等利用科研实践影响理工科研究生创新能力培养的路径模型，研究发现，参与科研实践是理工科研究生创新能力培养的关键着力点；理工科研究生科研实践参与的广度、深度、动机能直接正向影响其创新能力；导师科研指导、科研团队氛围会间接正向影响其创新能力。要提高理工科研究生的创新能力，需增强其科研实践参与的多样性、系统性和内生性。① 新乡学院高教研究所刘晔认为目前我国的研究生创新能力培养机制中普遍存在创新意识培养缺乏、研究生导师责任心不强、研究生培养经费严重不足等问题，提出研究生创新能力培养机制改革应着重开展研究方法论培养、加大校际和校企合作力度以及从系统工程角度开展研究生培养机制改革等 3 个方面的工作。② 华中科技大学张晓明指出当前我国博士研究生教育在培养学生创新能力方面存在认识上的误区。他认为，创新能力是以创造性思维为核心的智力品质，而非经济学强调的以经济价值为核心的创新；不同知识类型对创新能力的形成具有不同影响，博士生更需要学习程序性知识和策略性知识；大陆博士生参与科研课题的科研能力不能简单地等同于创新能力；创造力是每个普通人都具有的潜在能力，并非只是少数精英的专属能力。人们需要跳出教育研究的某些阈限，从心理学视角探寻培养我国博士研究生创新能力的有效之道。③

实践能力是研究生应具备的重要能力，更是专业学位研究生存在和发展的基点。北京航空航天大学林莉萍分析了目前我国专业学位研究生实践能力培养中存在的不足，提出要在培养方案中着重体现实践能力、学生指导中不断完善校外导师的沟通培训、基地建设中切实加强管理保障、论文撰写中着力提升实践属性。④ 南京农业大学江惠云等认为我国专业学位研究生培养上存在课程设置学科化倾向严重、师资队伍偏重理论型、专业实践落实不到位、学位论文实践意义不强等问题，并从课程

---

① 李祖超，张丽. 科研实践培养理工科研究生创新能力的路径探索——基于结构方程模型的分析 [J]. 高等教育研究，2014 (11)：60—67.

② 刘晔. 高校研究生创新能力培养机制改革研究 [J]. 东北师大学报（哲学社会科学版），2014 (1)：163—166.

③ 张晓明. 我国博士生创新能力培养误区的解读——基于心理学创造力的视角 [J]. 高等教育研究，2014 (3)：63—67.

④ 林莉萍. 专业学位研究生实践能力培养现状及提升策略 [J]. 中国高等教育，2014 (12)：58—59.

体系、师资队伍、实践基地、论文评价等方面提出了建议。① 海南大学王崇敏总结了海南大学在全日制法律硕士专业学位研究生实践能力培养体系构建过程中的主要做法和措施，在推进法律硕士培养与司法职业资格认证相衔接、调动社会资源参与法律硕士培养的积极性、优化实践教学基地建设、探索分类实践教学体系、完善实践教学考核与评估机制等方面取得了显著成效。②

随着国家《关于深化高等学校创新创业教育改革的实施意见》等文件的出台，对创业教育的研究也成为 2014 年度关注的重点议题。吉林大学刘艳等人介绍了创新创业教育如何与生物制药创新人才培养深度融合的经验，指出可以通过进一步整合教学、科研及社会优质资源，优化课程内容，建立融业务培养与创新创业教育为一体、融知识传授与能力培养为一体、融教学与科研生产为一体的"三个融合"人才培养体系等方式培养具备生物制药领域高层次人才。③ 同济大学刘琴等人从课程建设的目标与方法、课程大纲与具体安排、课程实效等方面介绍了同济大学软件学院开设的技术创业课程。④

第三节　研究生课程与教学

研究生课程教学对研究生知识的掌握、能力的提高和素质的养成具有不可替代的关键作用。2014 年度研究生课程与教学的研究聚焦于研究生课程体系的改革探索研究和不同学科与类型的研究生课程与教学研究两个方面。

一、研究生课程体系的改革探索研究

课程教学模式作为研究生培养模式的重要组成部分，直接影响着研究生培养质量。空军工程大学高坤华等介绍了空军工程大学在研究生专

---

① 江惠云，刘国瑜. 提升专业学位研究生教育实践性的思考［J］. 江苏高教，2014（6）：110—111.

② 王崇敏，等. 全日制法律硕士专业学位研究生实践能力培养体系的构建与实践——以海南大学为例［J］. 学位与研究生教育，2014（1）：15—19.

③ 刘艳. 创新创业教育与专业教育的深度融合［J］. 中国大学教学，2014（11）：35—37.

④ 刘琴，等. 软件学院技术创业课程建设的探索与实践［J］. 中国大学教学，2014（12）：51—56.

业基础课程和专业课程中全面开展的教学改革工作，指出了其在教学目标、教学理念、教学内容、教学方法、课堂形式、考核评价方式等要素方面的改革工作。① 中南大学田红旗立足新形势对研究生教育提出的新要求，分析了我国研究生课程体系的现状和问题并从长效制度机制、分类设计、资源共享、国际化、教学改革等方面介绍了中南大学研究生课程体系建设的思路与举措。② 东北师范大学刘国军等人基于大学教师发展（FD）视角，从改变传统观念、完善博士生助教制度和大学教师发展（FD）类课程设置、设立"未来教师培养计划"项目、创新和丰富博士生教学发展载体等方面论述了促进博士生教学发展的基本途径。③

　　慕课、翻转课堂等新应用也引起了学者的重视。西南民族大学熊海帆分析了慕课教学的理论优势，认为慕课教学在专硕教育革新中具有重要价值，讨论了慕课教学框架设计中包慕课模式选择、学期阶段设置、课程设计原则与宏观组织形式等问题。④ 西北大学郭佳等人探讨了研究生使用翻转课堂教学的可行性，提出了翻转课堂开展的4个条件，并尝试使用翻转课堂实验平台（Canvas）学习管理系统，以研究生《教育技术学》课程为例，分析了基于翻转课堂实验平台的翻转课堂空间、内容与方法、时间3个要素的设计方法，构建了研究生翻转课堂的实施模式，组织研究生开展了翻转课堂对比实验研究，对教学效果进行了分析与反思，从实验研究的视角验证了研究生开展翻转课堂的可行性与存在问题。⑤

　　大陆学者还对学习环境与模型等进行了研究。南京大学肖俏俏等人扎根于南京大学教育研究院"学习科学导论"（双语）研究生课程的现实情境，综合采用课堂观察、视/音频记录、问卷调查与访谈等方法对参与式学习环境设计的演变过程及学生在其中的表现与体验做出详细记录，通过实证研究证明，参与式学习环境能够激发和维持学生主动投入

　　① 高坤华，等. 研究生课程教学模式研究与改革实践［J］. 学位与研究生教育，2014（5）：20—23.

　　② 田红旗. 基于服务需求、提高质量背景下加强研究生课程体系建设的思考与探索［J］. 学位与研究生教育，2014（8）：18—22.

　　③ 刘国军，付睿. FD视角下博士生教学发展探析［J］. 研究生教育研究，2014（3）：18—22.

　　④ 熊海帆. "顿悟"视角下慕课教学在专硕教育革新中的应用：模式、课程与组织［J］. 电化教育研究，2014（12）：16—22.

　　⑤ 郭佳，等. 基于Canvas LMS的翻转课堂设计——以西北大学研究生《教育技术学》课程为例［J］. 电化教育研究，2014（12）：118—124.

课程学习的动机，促进不同个体和群体之间的密切协作，从而使学生更愿意自发地为学习共同体的进步贡献力量。① 上海交通大学岑逾豪等人介绍了学习伙伴模型在硕士研究生"教育研究方法"课程中的应用及其简化模式"3C"。通过收集并分析课程学习者的反思文章，讨论了应用"3C"模式的研究生课程对促进研究生个体在认知维度、个人内在维度以及人际关系维度上发展的影响。②

二、不同学科与类型的研究生课程与教学研究

2014 年，我国学者对不同学科与类型的研究生课程与教学给予了充分关注，成为研究生课程与教学研究的重点。

北京理工大学周文辉等人基于 2013 年度研究生教育满意度调查数据，发现当前专业学位硕士研究生课程教学在课程体系、课程教学、课程内容等方面存在一些问题，提出建立"基础 + 专业 + 综合知识 + 职业实践"模块式课程体系；优化师资队伍，改进课程教学方式；选择、组织实践性、前沿性强的课程内容等改革思路。③ 兰州大学包水梅分析了学术型博士研究生教育中加强课程建设的必要性，并指出学术型博士研究生教育应在课程建设中坚持卓越性、学术性、个性化和动态开放性原则。

华南理工大学杨雷等人分析了全日制工程硕士专业学位研究生教育现状，以"工业工程课程设计"为例，分析阐述了实践基地现场教学课程的设计思路、组织流程、选题方式、企业导师选聘标准、课程成绩评定方法、企业实践教学基地选择依据、实践教学课程教材建设等关键环节及其解决方法等。④

大连理工大学王淑娟等人介绍了大连理工大学管理与经济学部在工商管理硕士（MBA）专业学位研究生培养模式方面进行的积极探索，

① 肖俏俏，等. 参与式学习环境设计研究——以 N 大学"学习科学导论"研究生课程为例 [J]. 开放教育研究，2014（4）：53—65.

② 岑逾豪，孙晓凤. 寓学生发展于研究生教学——学习伙伴模型在硕士研究生课程中的应用 [J]. 学位与研究生教育，2014（9）：35—39.

③ 周文辉，陆晓雨. 专业学位硕士研究生课程教学现状及改革建议——基于研究生教育满意度调查的分析 [J]. 研究生教育研究，2014（6）：60—64.

④ 杨雷. 全日制工程硕士企业实践基地现场教学课程的创新探索 [J]. 学位与研究生教育，2014（2）：35—39.

总结出可以通过实施全案例教学；开展案例分析专题活动；注重对案例教学效果的考核；建立包含政策支持、师资建设、平台优势和人员配备的保障体系等举措推进 MBA 专业教育中的案例特色。[①]

河南职业技术学院汤敏骞探讨了人文学科的教学策略，并以建构主义理论为基础，融合归纳法和演绎法两种教学思路的特点，提出人文学科"归纳先导；演绎拓展"的概念教学新策略。[②]

国防大学张江宁介绍了军事学研究生案例教学，指出当今军事学研究生案例教学须寻求思维突破，使学员从以往静止地想象决策艺术，向置身真实战争氛围体验决策风险压力转变；须寻求能力突破，以知识综合运用锻造学员作战决策思维的求真能力；须需求教学模式突破，打破教研部界限，以学科综合集成锻造学员作战决策思维的创新本领；须寻求教学设计突破，克服一般案例教学流于"情景浅滩"的局限。[③]

第四节　研究生学位论文及培养质量管理

学位论文对研究生培养具有特殊意义，它是研究生培养的最后关口，也是研究生的代表性学习结果，是培养质量的主要标志。2014 年度关于研究生学位论文的研究除了规范性研究、防止研究生学术不端行为方面的研究外，还增加了学位论文的选题、写作等特色研究。关于研究生培养质量管理的研究主要集中在培养过程质量控制和制度保障方面。

一、学位论文的规范性研究

研究生学位论文的规范性研究主要集中在形式与标准和文献规范两个方面。

在形式与标准的研究方面，华南理工大学高等教育研究所张乐平等

① 王淑娟，胡芬. MBA 教育中的案例特色培养模式探索［J］. 学位与研究生教育，2014
（2）：33—37.

② 汤敏骞. 论高校人文学科概念的教学策略［J］. 中国教育学刊，2014（8）：47—48.

③ 张江宁. 军事学研究生案例教学如何创新［N］. 光明日报 . 2014－04－30，第 11 版.

人分析了专业硕士学位论文形式和标准的两个案例，对完善全日制专业硕士学位论文的形式和标准提出了建议：全日制专业硕士学位论文的形式和标准应全面、具体地内化研究生培养目标，重点考察研究生理解职业和介入职业的能力；应以研究结果为依据对学位论文形式进行分类并建立相应的标准，同时为基础研究的选题保留适度的空间。①

在文献规范的研究方面，北京航空航天大学王悦等人运用引文分析的方法，对北京大学 160 份工科博士学位论文的文后参考文献进行了比较分析。研究发现优秀博士学位论文与普通学位论文在参考文献总量上没有明显差异，但在文献类型、语种情况、文献的衰变情况、跨学科文献数量、经典文献数量以及自引文献数量上有不同程度的差异。研究启示博士学位论文在创作中要广而精地获取资料，充分地吸收文献，用严肃、严谨、严密的态度来对待参考文献的著录等。② 中央财经大学吴淑娟等对硕博论文引用的网络免费学术资源进行了研究。其以 2005—2011 年北京地区 15 所高校 9 个学科门类的硕士、博士论文为数据来源，利用 spass 软件对硕博论文的数量、引文数量、网络引文的数量、网络引文的类型、网络引文的语种、网络引文的可访问性及文件类型等进行了统计分析，提出硕士、博士已经意识到网络免费资源的学术性和新颖性，开始逐渐认同和使用这些资源来从事学习和研究，但目前网络文献占引文总数的比例仍然很小，仍需加强重视。③

二、学位论文的选题、写作研究

明确的选题既是学位论文写作的指针，也是学位论文最终的归宿。郑州大学韩恒结合学术型和专业型两类硕士研究生的实际，提出了学术型硕士研究生可以结合导师的研究课题选择论文题目，以理论创新为追求目标围绕问题进行文献综述，基于问题设计研究方案，针对问题收集资料、分析资料，最终得出自己的研究结论，并把自己的研究和已有的理论进行对比分析，阐释自己论文的研究创新和理论贡献。专业型硕士

---

① 张乐平，等. 全日制专业硕士学位论文的形式与标准 [J]. 学位与研究生教育，2014 (5)：15—19.

② 王悦，等. 博士学位论文文后参考文献的比较分析——以 B 大学 160 份博士学位论文为样本 [J]. 研究生教育研究，2014 (4)：57—60.

③ 吴淑娟，等. 基于硕博士论文的网络免费学术资源引文分析与研究 [J]. 大学图书馆学报，2014 (2)：85—91.

研究生可以结合自己的工作实际选择论文题目，要充分利用专业实习的机会，选择合适的论文主题，提出明确的问题，系统收集资料。① 大连理工大学朱方伟等运用 Cite Space 软件对项目管理硕士学位论文数据进行科学计量，通过关键词共现网络和聚类分析，探究了我国项目管理理论的研究热点领域和新兴领域的研究主题；认为我国项目管理理论研究选题方向较为多元，研究内容丰富；选题紧跟时代发展，与时代紧密结合；同时指出新兴领域初步形成，有待进一步深入研究。②

学位论文的写作也是本年度学者关注的重要议题。安徽大学梅定国等人就如何写好文科博士论文做了探索思考，提出写好文科博士论文的关键在于把握博士论文的基本要素，这些基本要素包括一定的学术创新、较高的学术水平、扎实的文字功底和标准的格式规范。③ 中国海洋大学陈涛结合学位论文写作对社会科学研究的基本方法与路线进行了深度分析，提出在西方理论与中国经验的嫁接方面，研究者不能盲从西方理论，需要秉持"理论自觉"的学术路线。在量化研究与质性研究之间，不能舍此即彼，而是要力图进行综合性的分析。在田野研究路径层面，需要结合"自上而下"与"自下而上"两条路径，同时需要综合农村快速评估与扎根田野研究。而研究资料的收集，需要综合运用文献法、参与式观察法和深度访谈法。在资料分析方面，需要注意客观性并能在"小社区"中透视"大社会"。④ 华中师范大学张军通过梳理国家和部分高校关于学位论文写作语言方面的政策法规和规章制度，分析了我国学位论文写作语言的现状。认为国家层面应对学位论文的写作语言作出原则性规定，学位授予单位再根据国家规定提出具体要求。学位论文一般用汉语撰写，来华留学生可根据授课语言选择汉语或相应的外语撰写，中外联合培养研究生、非汉语语言类学生学位论文的写作语言由学位授予单位自行确定。⑤

---

① 韩恒．"形同质异"的问题意识——兼论专业学位和学术学位论文的选题 [J]．学位与研究生教育，2014（6）：40—42.

② 朱方伟，等．我国项目管理理论研究主题分析——硕士学位论文的科学计量分析 [J]．现代情报，2014（1）：110—114.

③ 梅定国，等．试论文科博士论文的基本要素 [J]．研究生教育研究，2014（2）：63—67.

④ 陈涛．学位论文写作中的关键议题——兼论社会科学研究的方法与路线 [J]．研究生教育研究，2014（1）：40—44.

⑤ 张军．学位论文的写作语言问题 [J]．学位与研究生教育，2014（7）：44—47.

三、研究生学术道德失范及防范对策研究

研究生学术道德直接影响着高校的学风建设，是培养高素质人才的关键。2014 年，我国学者对研究生学术道德失范的表现形式、原因及防范对策进行了研究。

中国地质大学夏晴涛从北京和湖南两地的高校中选取了 584 名研究生进行了"研究生学术不端行为"问卷调查，发现研究生的学术不端行为主要表现为 4 个方面：伪造数据、剽窃抄袭他人研究成果、一稿多投以及不当引用。导致研究生出现学术不端行为产生的原因主要分为自身原因、社会环境原因和学术管理机制 3 个方面的原因。针对这一现状，提出了防治研究生学术不端行为的对策建议：通过学术道德教育，端正研究生学习态度，树立正确学习动机，从而使研究生自身科研能力和学术道德水平都得到提升；加强科学精神的宣传、净化网络环境、营造诚信的社会风气，为研究生塑造良好的学术环境；严格落实研究生学术道德规范的相关制度，加强导师对研究生学术道德规范的监督，加大学术不端行为的处罚力度，从而提高学术不端行为的违规成本，杜绝学术不端行为的产生。[①]

东北农业大学何宏莲等人认为研究生学术道德失范的原因是多方面的，主要影响因素包括研究生自身学术能力欠缺、学术道德教育问题以及学术道德评价审查惩治机制不完善等。基于以上高校研究生学术道德失范的原因，提出应从提升研究生自身学术能力、完善学术道德教育、健全高校学术评价机制、完善学术道德失范惩治体制以及加快学术道德规范的法制化建设等方面进行防范与治理。[②]

东北大学史万兵等人运用文献研究法以及维度分析法，界定了研究生教育质量文化及研究生学术规范的基本内涵，论证了研究生学术失范的表征、成因及政策规制，并从高等教育内部的质量文化管理角度，提出高等学校及导师对研究生学术规范育成的管理维度。[③]

浙江理工大学张涵基于浙江省部分高校的实地调查，分析了当前研

① 夏晴涛. 研究生学术不端行为问题研究 [D]. 北京：中国地质大学，2014.
② 何宏莲，等. 高校研究生学术道德失范问题防治策略研究 [J]. 教育科学，2014 (6)：78—84.
③ 史万兵，等. 基于质量文化的研究生学术规范培养的管理维度 [J]. 研究生教育研究，2014 (6)：11—15.

究生学术诚信中存在的主要问题及研究生学术诚信缺失的深层原因，并结合新媒体新技术对研究生学术诚信建设机制的影响，阐述了新媒体视阈下健全研究生学术诚信建设机制的路径探究。[①]

四、培养过程质量控制和制度保障研究

人才培养是研究生教育存在的根本理由，也是研究生质量的核心体现。2014 年，我国学者对研究生培养过程质量控制和制度保障研究主要集中在不同学科研究生培养过程的质量控制研究和培养质量状况调查与分析两个方面。

在不同学科研究生培养过程的质量控制研究方面，南京师范大学孙友莲研究了教育博士培养过程中实践环节的质量保障。他认为教育博士旨在培养"研究型的专业人员"，其专业性体现为实践性。基于实践性的教育博士基本价值定位，教育博士的招生应重视对考生的实践经验和实践能力的考察，以实践需求为导向，设置实践性课程，教学上注重反思性实践，开展行动研究，把实践、反思与研究结合起来，反思实践、研究实践、为实践服务。[②] 重庆理工大学程平等人对如何加强与完善专业会计硕士（MPAcc）培养质量保障体系建设进行了专门研究。他引入了 COSO 内部控制理论，构建了以目标、要素和原则为核心的专业会计硕士培养内部控制整合框架，并重点阐述了专业会计硕士培养的控制环境、风险评估、控制活动、信息与沟通以及监督活动的原则和属性，提出要深化培养理念，实现各主体的目标协同；全面梳理管控思路，实施全面风险管理；促进专业会计硕士培养模式的协同创新，加强信息交流与沟通；注重发挥外部监督职能；增强专业会计硕士培养指导委员会的独立性等建议。[③] 南京财经大学马红星等人对高等财经院校现行的质量保障体系存在的问题进行了分析，提出了基于"大财经"视域下的我国高等财经院校人才培养质量提升机制的发展策略：建立国际化的高等教育质量保障机制；教学质量监控体系；把"大财经"视域下的人才

---

① 张涵. 新媒体视阈下研究生学术诚信建设机制研究 ——以浙江省高校为例 ［D］. 杭州：浙江理工大学，2014.

② 孙友莲. 实践中的质量保证：教育博士"专业性"［J］. 教师教育研究，2014（5）：1—6.

③ 程平，段莹莹. 基于 COSO 框架的 MPAcc 培养质量保障体系内部控制研究 ［J］. 研究生教育研究，2014（5）：73—78.

培养质量提升机制融入到社会大环境中，接受社会的检验。①

在培养质量状况调查与分析方面，国家教育行政学院杨红霞回顾和梳理了国家教育体制改革试点工作启动 3 年多来，我国在改革人才培养模式和提高人才培养质量上的基本情况和经验总结，并在拔尖人才培养、应用型人才培养、试点学院改革、研究生培养等方面提出了继续推进下一步改革工作的政策建议。② 华南理工大学向智男等人以基于 M 大学为个案，对工科直博生的培养现状进行调查，分析目前工科直博生培养体系存在的主要问题，提出要基于创新人才的培养理念，建立以科研实践为主线的工科直博生创新能力培养体系，具体措施包括注重选拔具有科研潜质的学生并提前培养，构建以科研学习为中心的课程体系，开展学科间交叉和渗透的科研实践，推行跨学科的导师组指导模式，强化德育教育、营造创新氛围等。③ 中国农业大学陈巧莲等介绍并分析了 6 所农林类高校涉农全日制专业学位研究生培养质量在生源质量、课程设置、教学方法、导师队伍、专业实践、就业前景以及论文类型与形式等方面的调查情况。调查结果表明，涉农全日制专业学位研究生教育在我国已经起步，招生规模也在不断扩大，培养单位对专业学位教育日益重视，但其发展过程中还面临很多困难，在培养体系上需要进一步的完善。④

第五节　文献分布及其特点分析

2014 年，研究生培养的研究课题主要包括以下 4 个议题：研究生培养模式、研究生能力与素质、研究生课程与教学、学位论文及培养质量管理。在文献分布、研究方法及研究热点等方面呈现的特点如下。

---

① 马红星，管亚梅. "大财经"视域下的高等财经院校人才培养质量提升机制研究 [J]. 中国教育学刊，2014 (7)：100—102.

② 杨红霞. 改革人才培养模式提高人才培养质量——国家教育体制改革试点调研报告 [J]. 中国高教研究，2014 (10)：44—50.

③ 向智男，王应密. 工科直博生培养体系的创新与思考——基于 M 大学工科直博生培养的调查分析 [J]. 研究生教育研究，2014 (1)：29—34.

④ 陈巧霞，王雯. 涉农全日制专业学位研究生培养质量调查分析 [J]. 研究生教育研究，2014 (1)：74—77.

一、文献分布

2014 年度被中国知网收录有关研究生培养方面的研究文献共 319 篇，被纳入此次综述的文献共 61 篇。其中，期刊论文 52 篇、学位论文 7 篇、报刊文章 2 篇。相比 2013 年，2014 年文献总数上升，纳入总数的文献数量却出现了下降，主要原因为：①本年度有关研究生培养方面的文献有较大比例集中在不同学科和类型的研究生培养，这一方面的部分研究文献存在研究主题过细、过窄，对研究生教育整体参考价值不大。②本年度有关研究生培养方面的文献有部分研究重叠现象，为避免重复，在纳入方面尽量选取了有代表性的观点意见。

从文献分布的结构来看，2014 年度的研究依旧存在学位论文较少、学术期刊论文较多的现象。在 2014 年关于研究生培养方面的 313 篇研究论文中，学术期刊论文占 56.43%，学位论文占 31.03%，报刊文章占 12.54%。2014 年研究生培养研究文献类别分布情况见下图。

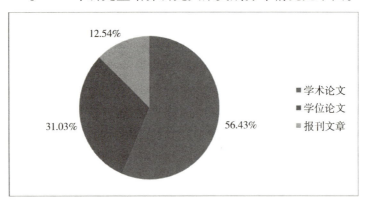

2014 年研究生培养研究文献类别分布图

从文献分布的总量来看，相较 2013 年，2014 年度研究生培养文献总数从 297 篇上升到 319 篇，处于稳步上升阶段。这也间接说明了大陆学者对研究生培养方面的议题处于持续关注状态。

二、研究方法

从研究方法来看，本年度研究生培养方面的研究仍以定性研究为主。常用的研究方法有案例分析法、文献研究法、比较研究法、历史研究法、调查研究法，少量涉及数理统计、模型假设等定量研究方法

（表3－1）。案例分析法所占比重较高，研究者通常结合所在高校的研究生培养经验进行深入研究。此外，调查研究也逐渐被重视，研究者往往运用问卷调查、访谈等方法对实际问题进行研究。

表3－1　研究生培养研究文献的研究方法统计

研究方法	案例分析	文献研究	比较研究	历史研究	调查研究	数理统计	模型假设
文献数量	35	19	4	7	13	3	5

三、研究热点

从研究领域来看，2014年度研究生培养研究主要集中在研究生培养模式的制度创新、不同学科和类型的研究生培养模式、研究生创新创业教育、研究生学术道德等领域。

从研究热点来看，2014年度研究生培养研究主要侧重于联合培养研究、专业学位研究生培养研究、不同学科的研究生培养研究。值得注意的是，在国家注重创新创业教育的新趋势下，提高研究生创新创业能力研究成为本年度的新热点。本年度，不少学者对研究生创新能力的提升路径做了细致探索，研究文章具有一定的深度和参考价值。相较创新能力研究，创业教育研究较少、偏弱，但从历时性来看，部分学者已经关注到创业教育，开始了创业课程建设、创业教育实训等方面的思考与探索。随着在线教育的普及，慕课、翻转课堂等新应用研究成为本年度研究生课程与教学研究的热点，不少学者开始探索交互式互动的课程设计与改革。在论文写作及培养质量管理方面，本年度出现了论文写作的选题、写作等特色研究。部分学者基于科学计量分析方法对论文写作的主体进行了分析，成为本年度论文写作研究方面的一大亮点。2014年研究生培养研究主题与研究热点见表3－2。

表3－2　2014年研究生培养研究主题与研究热点

研究主题	研究热点
研究生培养模式	联合培养研究、专业学位研究生培养研究、不同学科的研究生培养研究
研究生能力和素质	提高研究生创新创业能力研究
研究生课程与教学	慕课、翻转课堂等新应用研究、研究生课程与教学的改革探索研究
学位论文及培养质量管理	论文写作的选题、写作等特色研究

四、未来研究展望

通过对本年度关于研究生培养的文献进入深入分析，本报告认为，在分类培养和差异化培养的趋势下，学科和类型的分类将更加细致化，不同学科和类型的研究生培养或将持续成为近几年的研究热点。

结合国家经济发展战略趋势，本报告认为创新创业能力提升研究也将成为未来一个时期学者研究的重点。当前，我国经济发展已经进入新常态，经济结构调整和转型升级的加快，"中国制造 2025"和"互联网＋"发展战略的推进，对我国研究生培养提出了新的时代要求，势必影响研究生教育领域的"新常态"。如何将创业教育贯穿于研究生培养的全过程，培养兼具创新精神和能力、创业素养和专业本领的高端人才将成为未来研究生培养研究的新趋势。

此外，慕课、翻转课堂等在线教育席卷而来，在线教育以其便捷性、高效性和低成本的特征为人们提供了良好的学习平台和方式。探索研究生教育线上与线下教学协调配合、建立在线实验室环境等或将成为研究生培养研究的新风向。

专题四 研究生导师队伍建设研究

2014 年，关于研究生导师队伍建设研究的焦点主要为研究生导师责任与权力、研究生导师遴选、研究生导师指导与师生关系研究、研究生导师队伍建设与评价 4 个方面。本年度，经遴选后被纳入此次综述的文献共有 41 篇。其中，期刊论文 31 篇，学位论文 5 篇，新闻报道 5 篇。

第一节 研究生导师责任与权力

2013 年，教育部、发展改革委、财政部联合颁布实施的《关于深化研究生教育改革的意见》指出，导师是研究生培养的第一责任人，负有对研究生进行学科前沿引导、科研方法指导和学术规范教导的责任，同时应发挥其对研究生思想品德、科学伦理的示范和教育作用。2014 年，研究生教育综合改革工作的启动、全国高校博士招生"申请—考核制"的实施、大学章程的相继颁布施行以及部分社会不良热点事件的频发等多种因素致使关于"导师责任""导师权力"的讨论与研究也日益增多。

一、导师责任

厦门大学郑若玲等人对"我国博士生招生制度的改革与完善"问题作了研究，认为扩大导师自主权的前提为增强导师的责任风险意识。具体而言，可考虑通过提高导师配套经费额度、让导师承担起培养质量后果等方式，增强导师的责任风险与意识，对经费较少的人文社科专业，或减免或补助，如果有博士生因质量问题不能毕业，则考虑对导师采取一些相应的惩罚措施，如制约一定时期内的招生名额等。相反，如果培养出来的博士质量获得一致好评，导师又有充足的经费和指导精力，则可以适当增加其招生名额。这些举措有助于引导导师合理运用招生自主权、选拔真正适合的生源。①

西南财经大学卓志等人在有关"加强顶层设计、深化研究生教育综合改革"的研究中对导师责任问题作了概述性论断，认为应坚持把强化导师的育人职责作为研究生教育综合改革的关键。建议改革的重点为强化导师的责任意识，改革导师评聘制度，提升导师指导能力，既要建立起能上能下的遴选机制，又要让导师责任明确、权利清楚、使命光荣，还要让导师能够负责、敢于负责、愿意负责。同时，要建立有效的评优奖励措施与责任追究制度，激发导师育人的积极性和创造性。②

广西大学周晓璐对我国研究生导师负责制委托代理关系进行了研究，认为导师负责制的委托代理关系存在政府与高校之间的委托代理关系、高校与研究生导师之间的委托代理关系两个层次。目前，导师负责制的委托代理关系存在如下问题：初始委托人缺位，多方委托人缺乏充分沟通；委托人监督动力缺失；代理人权、责、利内容不明确；代理人代理效果难以测量、对代理人的激励约束机制不完善。信息不对称与契约不完全、产权归属界定模糊、制衡机制不完善、高校对导师责任认知不足、研究生培养工作模式相对统一、高校对导师队伍的考核存在偏差等是产生上述问题的主要原因。基于上述研究，文章作者提出了如下建议：强化委托代理契约意识，明确责权关系；加强各委托代理主体间沟通，减少信息不对称；建立相对完善的激励约束机制；开放权利体系，内外部监督结合。③

北京理工大学叶云屏探讨了导师在研究生学术英语能力培养中不可或缺的作用。认为导师在研究生学术英语能力培养具有以下作用：帮助学生了解本学科的认识论和方法论、帮助学生了解专业期刊和目标期刊的特征、帮助学生掌握专业文献的语篇和语言特征。鉴于此，作者建议导师在研究生学术英语能力培养中应肩负以下责任：对研究生英文文献阅读与写作提出明确要求、检查研究生的话语是否符合本学科的学术话

① 郑若玲，万圆. 我国博士生招生制度的改革与完善［J］. 中国高等教育，2014（18）：20—22.

② 卓志，毛洪涛，赵磊. 加强顶层设计深化研究生教育综合改革［J］. 中国高教研究，2014（10）：33—36.

③ 周晓璐. 我国研究生导师负责制委托代理关系研究［D］. 南宁：广西大学，2014.

语传统、帮助研究生掌握专业文献中的特殊表达方式。①

二、导师权力

华东师范大学牛梦虎等人采用问卷调查方法对博士生入学考核项目作了调查研究，发现我国导师招收博士研究生的总体特征表现为：特别重视考生的硕士学位论文质量、已有研究成果、面试表现，比较重视外语水平、研究计划书和学生背景，不太重视专家推荐信、笔试成绩、工作履历和跨学科背景等考核项。针对上述问题，作者提出了相应对策。其中，作者建议应进一步扩大导师招生自主权，提高科研成果和面试环节的权重。鉴于科研成果是最能反映考生学术基础和研究能力，也是导师最为看重的考核项目，而考生的学术态度、研究兴趣、沟通能力、应变能力、思维习惯、特殊经历、面对困难坚持不懈的毅力和对学术探究的执着精神等综合素质，唯有在面试环节才能得到充分体现，因此，作者认为应将面试成绩和科研成果的比重提高到50%以上。②

中国科学技术大学刘爱华等人在"中国科大给研究生打上导师'品牌烙印'"的研究中指出，以导师为核心配置研究生培养的各项权力及相关责任义务是释放导师活力、塑造质量文化的重要前提。③

中国科学技术大学"还权于师"的做法也引起了诸多媒体的关注。安徽日报记者桂运安以"研究生教育：如何念好'导'字诀"为题，对该校"还权于师、全程监护、塑造品牌"等理念与实践作了介绍。文章指出，该校管理层普遍认为大学应百分之百相信导师、将导师应有的育人管理还给导师，让导师在招生考试、人才培养、质量控制等方面具有充分的自主性，如此才能有效激发导师的责任意识和培养高端人才的积极性。④

同济大学姚玉红等人采用访谈法研究了转型期导师与研究生的互动特征，认为导师应跟随互动内容（如正式学术交流、内心情感交流、

---

① 叶云屏. 研究生学术英语能力发展——英语教师与研究生导师的作用 [J]. 学位与研究生教育，2014（9）：44—48.

② 牛梦虎，郭瑞迎. 博士生入学考核项目的调查分析与对策 [J]. 教育发展研究，2014（11）：36—41.

③ 刘爱华，曾皓. 中国科大：给研究生打上导师的"品牌烙印" [J]. 中国高教研究，2014（15，16）：56—58.

④ 桂运安. 研究生教育：如何念好"导"字诀 [N]. 安徽日报，2014 - 01 - 15 (05).

日常生活交流等）保持其权威性与平等性的平衡，有意识地注意营造理想的互动氛围，灵活互动，既不会带来混乱和缺乏尊重，也不会带来对学术自由、学生自我意识长的压抑。①

第二节　研究生导师遴选

就如何完善导师遴选与管理制度，2014 年度学界和业界从导师遴选机制研究、导师资格终身制探讨两个方面开展了研究，试图为破解导师队伍建设入口把关难题提供有益借鉴。

一、导师遴选机制研究

东北师范大学刘国军对当前我国博士生指导教师遴选制度进行了思考。其依托新制度主义研究方法，将我国博士生导师遴选制度发展历程分为初步确立时期（1981—1985 年）、逐步调整时期（1986—1994年）、稳步发展时期（1995—2007 年）、优化完善时期（2008 年至今），认为我国博士生导师遴选制度存在的主要问题如下：与"岗位"脱离，招生资格单独评定；忽视指导能力，片面看重科研成果；队伍臃肿庞大，终身制广泛存在；育人职责考核缺失，惩处难以落实。文章作者也提出了完善我国现行博士生导师遴选制度的改革对策，即改革博士生导师招生资格单独评定制度，由学位授权点按岗位遴选；将指导能力和培养质量作为遴选博士生导师的核心指标；将思想政治教育责任落实情况作为博士生导师遴选的必要指标。②

全国教育专业学位研究生教育指导委员会张斌贤等人介绍了开展"服务国家特殊需求人才培养项目"教育硕士专业学位研究生教育的 7 所试点院校的情况。其中，在导师遴选方面，该文作者略述了鞍山师范学院"以教师队伍建设作为抓手进行改革"的特色做法，即优化教师结构，构建满足教育硕士培养需求的、由本校教师和研究人员、由学前

---

① 姚玉红，等. 转型期导师与研究生的理想互动特征研究 [J]. 东北师大学报（哲学社会科学版），2014（2）：207—210.

② 刘国军. 当前我国博士生指导教师遴选制度的思考 [J]. 东北师大学报（哲学社会科学版），2014（6）：288—290.

教育实践领域的教研人员和管理人员、由省内外知名专家学者构成的"双导师"指导模式；介绍了洛阳师范学院完善导师选聘制度的办法：实行四年聘期制，打破导师"终身制"，在同等条件下优先遴选在基础教育教学领域有一定研究、获得过教育教学成果奖的教师为研究生导师，校外导师主要选聘省市中学名师、知名教育管理者，对研究生实施一对一指导，切实落实"双导师制"，发挥校外导师的作用。最后，文章作者建议：不断加强教师队伍建设，在保障规模合理的专任教师队伍的同时，严格遴选校内指导教师和兼职导师的标准。[①]

重庆科技学院干勤等人结合"服务国家特殊需求人才培养项目"全日制工程硕士专业学位研究生培养面临的一些困惑，认为教师、导师队伍的转型是工程硕士专业学位研究生教育改革的关键，在遴选青年教师作为研究生导师工作中，应首先通过选派青年教师到企业或相关行业单位兼职、挂职，提高其实践教学能力；还要聘请实践经验丰富的行（企）业专家，共同组建专业化的教学团队，共同开展人才培养，实现校内校外导师的优势互补和资源整合。[②]

二、导师资格终身制探讨

2013 年发布实施的《关于深化研究生教育改革的意见》强调，要改变单独评定研究生导师资格的做法，强化与招生培养紧密衔接的岗位意识，防止形成终身制。在此政策的引导下，关于"导师资格终身制"的问题成为本年度学界与业界研究的新方向。

中国教育部报社记者张宝敏等人简述了天津大学"打破导师资格终身制"的一些探索，如淡化研究生导师资格终身制，建立导师招生资格的年度审核制，由院级学术组织根据年度招生需要确定导师招生资格；将导师招生资格与职称"脱钩"，实现导师资格向导师岗位的转变。[③]

河北日报社记者王敬照以"打破导师资格终身制"为题介绍了河

① 张斌贤，吴刚，周险峰."服务国家特殊需求人才培养项目"教育硕士专业学位研究生试点工作的进展与趋势［J］. 学位与研究生教育，2014（8）：6—9.

② 干勤，柏伟. 服务特需职业导向创新工程硕士专业学位研究生培养模式——重庆科技学院研究生培养模式的实践探索［J］. 学位与研究生教育，2014（8）：14—18.

③ 张宝敏. 天津大学深化研究生教育改革打破研究生导师资格终身制［N］. 中国教育报，2014－04－21（01）.

北省深化研究生教育改革的做法：改革导师资格评定制度，建立动态导师管理制度。根据年度招生需要，综合考虑学科特点、师德表现、学术水平、科研任务和培养质量，确定招生导师及其指导研究生限额，防止导师资格终身制，变身份管理为岗位管理。①

第三节　导师指导及师生关系研究

长期以来，学界对"导师指导与师生关系研究"相关议题极其关注。2014 年度，在有关"导师指导"的研究方面，学者的研究重点为学业环节导师指导、就（创）业环节导师指导、德育环节导师指导和国际高校导师指导 4 个部分。

一、学业环节导师指导

电子科技大学冯钢基于个人指导经历，对博士研究生学业诸环节中的指导问题与指导方法做了系统探讨，认为好的博导应善于采取人性化的、有针对性的、特色化的培养方法，了解每一个学生的基础如何、问题在哪里，并采取适当的指导方法助其发现优点、克服缺点，最终将其培养成为一个合格的独立的研究工作者。②

东北师范大学高文财等人在论文中对该校博士生培养模式改革工作作了介绍，"健全导师指导制度，注重对博士生自主学习和独立研究的指导"和"完善论文审查制度，实现过程指导和过程监控的有机结合"是其改革的重要举措。此两项举措包含以下内容：一是建立博士生指导小组制度，在落实导师负责制的同时，加强对博士生的集体指导；二是以引导和促进博士研究生的自主学习和独立研究为主旨，处理好导师指导与博士生学习之间的关系；三是制定博士学位论文前期、中期和后期审查制度，意在加强对博士学位论文的指导和监控。③

---

① 王敬照. 我省出台意见深化研究生教育改革打破导师资格终身制 [N]. 河北日报，2014 - 09 - 22（03）.

② 冯钢. 把握好指导博士生的重要环节 [J]. 学位与研究生教育，2014（7）：5—9.

③ 高文财，秦春生，饶从满. 强化过程　优化环境　提高质量——东北师范大学博士生培养模式改革的思考与实践 [J]. 研究生教育研究，2014（1）：6—10.

西安交通大学冯涛等采用 OLS 回归分析方法、从研究生主体的视角总结了影响研究生拔尖创新人才培养的因素，认为导师在研究生拔尖创新人才培养中起主导作用。该调研显示。86.2% 受访者认为导师指导是获奖者创新思路的主要来源之一，86.6% 的受访者认为，导师指导是影响科研成果的重要因素之一。而影响获奖者科研成果的其他重要因素，如参加高水平课题、项目的机会，参加各类学术交流合作、社会实践等的机会也主要通过导师获得。导师的人格魅力、科学态度、创新研究能力等对研究生有着直接的影响，其教育行为水平的高低直接关系研究生的培养质量，建议高校应将提升导师能力作为重点议题予以研究。①

华南理工大学施亚玲对研究生指导模式的多样化演变特征进行了分析，认为研究选题、培养条件、运行机制构成研究生指导模式的组成要素，我国研究生指导模式正呈现出从独立指导走向协作指导、从单一导师负责制走向集体分工负责制的趋势。②

中国人民大学曹淑江对"社会科学类专业研究生导师如何做好硕士学位论文指导工作"这一议题做了专门研究，认为指导工作应贯穿研究生的整个研究过程，对于研究的重点和关键环节，导师必须给研究生以足够的指导。这些环节主要有：①对于解决问题所运用理论的选择；②模型的建立；③数据分析方法的选择；④数据处理结果的分析判断；⑤针对研究结论，如何提出有针对性的政策建议。③

二、就（创）业环节导师指导

在研究生就业环境和就业现状日益严峻的当下，导师作为研究生成长成才全过程的第一责任人，天然地具有传授其就（创）业本领、指导其就（创）业实践的部分使命；加之 2014 年"大众创业、万众创新"新理念的提出及配套政策的相继出台，学界关于导师在就（创）业环节的指导行为的研究随之增多。

---

① 冯涛，柳一斌，万明. 拔尖创新人才培养影响因素与对策——基于陕西省 2012 年研究生国家奖学金获得者的实证研究 [J]. 研究生教育研究，2014（3）：7—12.

② 施亚玲. 研究生指导模式的多样化演变分析 [J]. 学位与研究生教育，2014（6）：108—111.

③ 曹淑江. 社会科学类专业研究生导师应该如何指导硕士学位论文 [J]. 学位与研究生教育，2014（6）：20—22.

山东大学徐钧等人发文论述了立足于 3 个创新推进工程硕士培养模式改革的问题，认为工程硕士校、企合作指导模式存在双导师合作效果不理想的突出问题，建议构建面向课题的校企导师合作指导创新模式，认为以课题为基础有助于真正落实校企合作及校企导师联合培养研究生工作，以面向企业需求的课题为基础进行工程硕士教育可将高校的人才培养与解决企业工程技术问题相结合，使研究生真正成为社会所需的高层次人才。①

湖南大学刘映婷就"硕士研究生对导师指导的体验"作了描述性统计分析。研究表明，导师在研究生职业发展指导维度的学业生涯规划、职业规划意识、了解职业行情、求职规划、职业素养的引导、疏解职业发展中的心理问题等 6 个方面的得分不高。这意味着导师对学生职业发展方面的指导不是很理想，特别是导师没有帮助学生做好求职规划，也没有很好地帮助学生疏解职业发展过程中可能出现的心理问题，以致学生在求职过程中可能会觉得很迷茫。该文作者提出应重点"完善导师指导相关制度"，具体为：扩大"非单一导师制"比重、建立导师与研究生之间的定期交流制度、完善研究生导师考评制度。②

中央财经大学孔伟明围绕 MBA 培养目标，阐述了 MBA 学生综合素质能力的内涵，结合目前 MBA 学生培养中的问题，分析了实施 MBA 校友导师制的必要性。特别是在软技能和职业素质指导方面，"MBA 校友导师"可在以下 3 方面开展指导：一是通过讲授、面对面交流等传统方式传授相关知识要点，具体可采取典型事例报告会、职业成功之路分享等形式的活动；二是根据被辅导学生能力欠缺的方面，有针对性地设计与学生一起参与并完成的项目任务、体验式训练等小组活动，还可安排学生参与到自身实际工作和项目中；三是在和学生的日常交往中，要注意通过行为和语言等信号进行正向传递，以身作则，积极影响和引导学生。③

中国教育报社通讯员邵刚等人对南京农业大学企业研究生工作站

———————————

① 徐钧，Julia williams. 立足于三个创新推进工程硕士培养模式改革 [J]. 研究生教育研究，2014 (4)：10—14.

② 刘映婷. 硕士研究生对导师指导的体验研究——以 H 省研究型大学为例 [D]. 长沙：湖南大学硕士学位论文，2014.

③ 孔伟明. 基于综合素质能力提升的 MBA 校友导师制研究 [J]. 学位与研究生教育，2014 (3)：18—23.

建设情况进行了报道。其中，在导师指导研究生就（创）业环节，南京农业大学专门针对专业学位研究生制定了《专业学位论文基本要求和评价指标体系》，对论文的选题、形式、水平以及评阅和答辩都进行了明确规定，此举可解除导师和研究生心中关于如何培养、如何毕业的顾虑。[①]

除了关于研究生导师就业教育指导的相关研究外，也有学者对导师的创业教育指导作用作了初步研究。江苏科技大学郭峰等人结合导师制"自由教育"精髓，提出创业导师制，并就创业导师制的内涵与特征、导师选聘、导师制的运行模式以及考核与激励机制展开论述，建议高校推广创业导师制需根据实际情况制定创业知识普及、学生创业导师指导、专家导师指导 3 个阶段的培养发展计划。[②]

三、思政德育环节导师指导

西南大学尹晓东采用实证分析方法，对博士研究生培养质量主要影响因素作了系统研究，认为当前一些导师自身道德素质不佳，出现学术道德不端的情形，对学生的影响十分恶劣，建议从科学遴选指导教师、加强师德师风建设、提高指导的有效性、完善责任考核机制 4 个方面提升导师在研究生思政德育环节指导的效果。[③]

扬州大学刘勇刚认为导师对研究生的教育应该是全面的、多维的，主要体现于四导：学业上指导、思想上引导、心理上疏导、纪律上督导。特别是在研究生思想和心理两个方面的指导上，导师要引导研究生树立向上的精神，倡导学术的清凉境界，引导研究生正确看待专业与职业的关系，对研究生既要给压，又得减压。[④]

西北师范大学常正霞等采用问卷调查方法，就硕士研究生对导师的满意度问题及其影响因素问题作了研究。在提高导师关怀品质方面，作者建议导师应做到对研究生尊重、理解和爱。尊重是指导师应该把研究

① 邵刚，许天颖，万健. 进站导师制定理论实践"双大纲"——南京农业大学企业研究生工作站建设纪实［N］. 中国教育报，2014 - 01 - 06（06）.

② 郭峰，李锋，邹农基. 创业导师制：大学创业教育人才培养的新机制［J］. 江苏高教，2014（5）：108—109.

③ 尹晓东. 博士研究生培养质量主要影响因素研究——基于重庆五所高校的实证分析［D］. 杭州：浙江大学，2014.

④ 刘勇刚. 论高校研究生教育的"四导"［J］. 研究生教育研究，2014（1）：45—48.

生看作一个学者，把研究生的学习看作完成学者的使命的过程；理解是指导师要处处站在研究生的立场上体会他们的感受，要以平等的身份与研究生沟通；爱既体现在导师对研究生的兴趣、特长的认可上，更体现在对研究生学习、生活的关心上。①

武汉纺织大学陆唯采用问卷调查方法对研究生思想政治教育中导师作用的现状及问题作了研究，认为目前导师在研究生思想政治教育中发挥的作用还不尽如人意，存在如下问题：重科研创造力培养，轻思想引导作用；方法不合理，效果不理想；导师对研究生的期望过高，作用时效性不理想。该文作者建议建立健全研究生思想政治教育的导师制度、加强导师队伍的过程管理、加强导师师德建设。②

浙江大学徐国斌等人介绍了该校研究生导师育人工作采取的组织专业培训提升导师育人技能、开展专项评比增强导师育人意识、搭建专门平台保障导师育人资源、进行专题宣传营造导师育人氛围等方面的探索和实践，对"立德树人"视野下研究生导师育人作用发挥的机制作了深入探讨，总结提出了研究生导师育人作用发挥机制形成过程中需遵循的"三三三"原则，即把握被动、主动、互动 3 个阶段，搭建培训、展宣、工作 3 个平台，建立保障、激励、协调 3 个机制。③

哈尔滨商业大学王炜等人考察了研究生教育质量提升的制约因素，在分析研究生教育质量提升的现实诉求基础上，从办学定位、教师、学生、外部环境 4 个层面剖析制约研究生教育质量提升的主要因素，提出提升我国研究生教育质量的对策。特别是在提升导师思想政治与德育水平方面，作者建议，强化师德师风建设，增强导师责任心，重视导师的个人品质对研究生的潜在影响；建立导师责任心考核机制，包括学生反馈、学校评价机制等，对于责任心不足的导师要及时对其提出警示或者暂停研究生导师资格。④

---

① 常正霞，狄美琳. 硕士研究生导师满意度的现状调查及其影响因素 [J]. 学位与研究生教育，2014 (3)：29—33.

② 陆唯. 研究生思想政治教育中导师作用现状及对策研究——以湖北省内高校为例 [D]. 武汉：武汉纺织大学，2014.

③ 徐国斌，马君雅，单珏慧."立德树人"视野下研究生导师育人作用发挥机制的探索——以浙江大学为例 [J]. 学位与研究生教育，2014 (9)：12—15.

④ 王炜，刘西涛. 研究生教育质量提升的制约因素分析与对策选择——基于四个维度的分析框架 [J]. 研究生教育研究，2014 (3)：13—17.

第四节　研究生导师队伍建设与评价

在导师团队建设方面，学者的主要研究重心为"双导师制"运行模式及问题研究、导师团队建设研究；在师生关系研究方面，学者的主要研究重心为师生学术共同体的构建、师生情感关系研究。

一、"双导师制"研究

中国海洋大学孙也刚等人发文探究了我国专业学位研究生教育发展路径，在导师队伍建设方面，作者建议培养单位聘请相关学科领域专家、实践经验丰富的行（企）业专家及国（境）外专家，组建专业化的教学团队；要加强教师培训，选派青年教师到企业或相关行业单位兼职、挂职，提高实践教学能力；按专业学位和学术学位分类制订评定条件，分类评聘，逐步形成稳定的专业学位研究生导师队伍；要大力推广校内外双导师制，以校内导师指导为主，重视发挥校外导师作用。根据不同专业学位类别特点，积极探索导师组制，组建由相关学科领域专家和行（企）业专家组成的导师团队共同指导研究生。[①]

扬州大学郑刚对全日制专业学位研究生导师队伍建设的系列问题开展了研究，认为全日制硕士专业学位研究生导师队伍建设存在如下问题：校内导师招收全日制专业学位研究生的意愿不强、校内导师指导能力不足、校外导师数量少且遴选难度大、校外导师难以管理。作者在文章中也介绍了该校的一些典型做法：划分校内导师类型，引导校内导师主动转型；建立差别化遴选标准，扩大校外导师队伍；以实践基地为纽带，实现对校外导师的有效管理。[②]

北京大学蒋承等人在采用问卷调查方法研究专业硕士就业意愿时发现，实践导师对专业硕士直接就业或继续升学的选择有显著影响，但对具体的职业方向没有特定作用，认为实践导师在专业硕士综合发展方面

---

① 孙也刚，唐继卫，朱瑞. 我国专业学位研究生教育发展路径探究［J］. 学位与研究生教育，2014（9）：1—4.

② 郑刚. 全日制专业学位研究生导师队伍建设的探索与实践——以扬州大学为例［J］. 学位与研究生教育，2014（11）：10—14.

发挥着不可小觑的重要作用，建议在专业硕士培养过程中广泛推行并有效落实实践导师制度。[①]

北京科技大学王筱静对全日制专业学位研究生教育对师资队伍结构问题开展了研究，认为其力推的"双导师制"陷入了实施困境：校外导师的兼职性质使学校对其缺乏约束力、校外导师难以贯穿培养的全过程、松散的来源渠道不能满足庞大的校外导师需求量。据此，作者建议建立师资分类制度，构建适应全日制专业学位研究生教育的师资队伍。具体而言，可从 3 个方面着手实施：建立分类选聘制度，选聘应用型教师；建立分类培训与开发制度，多渠道培养应用型教师；建立分类评价制度，制定适应应用型教师的评价体系。[②]

淮阴工学院张有东等人基于淮阴工学院"特需项目"的实践，对专业学位研究生培养的双导师机制作了专门研究。作者比较分析了全日制专业学位研究生教育中双导师制的实施状况，从政府部门主导作用、高校主体作用、双导师队伍建设经费投入机制、校企合作协同培养机制等 6 个方面提出了构建全日制专业学位研究生双导师机制的思考，并以"特需项目"实践为例，论述了该校的一些探索性实践：加强省级企业研究生工作站建设，搭建双导师制实施平台；建立了一种双向联动的"双导师组"模式；形成五位一体、全程参与的管理机制。[③]

二、师生关系研究

东北师范大学江涛对师生学术共同体的构建开展了研究，认为师生学术共同体应坚守"兼顾学科与个人双重发展"的价值取向，师生学术共同体的研究内容应坚守"以学科发展为价值导向的内容体系"和"以受教个体发展为价值导向的内容体系"两个维度，其活动形式应包括主题报告式、热点讨论式、汇报答辩式、学科交叉式等形式。该共同体还应具备完善的保障制度体系。该校在逐步形成并完善师生学术共同体的基本建构理念和施行方案、初步构建多维度、立体化、个性突出的

---

① 蒋承，罗尧. 专业硕士的就业意愿研究 [J]. 北京大学教育评论，2014 (4)：2—16.

② 王筱静. 全日制专业学位研究生教育对师资队伍结构的挑战及对策研究 [J]. 学位与研究生教育，2014 (3)：9—13.

③ 张有东，陆中会，王颖丽. 专业学位研究生培养的双导师机制研究——以淮阴工学院"特需项目"的实践为例 [J]. 学位与研究生教育，2014 (3)：74—77.

学术共同体体系的做法也值得借鉴。①

北京航空航天大学冯蓉等人对博士生导师在构建和谐导学关系中的作用开展了定量研究。文章作者在对北京市 10 所高校博士生进行实证调查后发现，导师的指导频率、指导方式、指导理念、指导范围是导学关系的影响要素。博士生普遍认为导师在学术指导、道德培养、生涯引导、情感支持 4 个方面对构建和谐导学关系发挥着主导作用。根据调查结果，文章作者提出了几条建议：建立"导师—博士生"双向考评体系；建立导学沟通技巧培训平台；构建并完善导师指导信息平台。②

苏州大学张睿针就"硕士研究与导师关系"相关议题开展了定量研究。该研究选取 4 个维度，分别分析了硕士研究生对导师的满意度、对导师学术指导满意度、对导师就业指导关注满意度和参与导师课题情况满意度。在对研究生基本情况调查中，该文提出关于硕士研究生与导师关系的相关结论，即不同背景、年级、学科、兴趣的硕士研究生在师生关系上差异显著；见面方式和交流频率影响硕士研究生的师生关系。据此，研究提出，理想的硕士研究生与导师关系需从硕士研究生自身、导师方面和相关制度方面共同构建。③

三、"导师资助"研究

2013 年，《关于完善研究生教育投入机制的意见》颁布，该文件要求"高等学校要重视助研岗位设置并加大助研津贴资助力度，建立健全导师责任制和导师项目资助制，充分调动研究生参与科学研究和社会实践的积极性"。此后，学界关于"导师资助"的相关研究陆续出现。

上海交通大学刘莉对研究生导师资助制作了较为深入的探讨，认为导师资助制在一定程度上促进了我国研究生教育的国际化，但是引发的问题和矛盾至今依然存在：一定程度上加剧了师生关系的"利益化"；研究生的权益受到一定损害；项目管理的效益受到一定影响；人文社会科学领域矛盾重重；学术生态可能受到破坏，等等。因此，必须进行一

---

① 江涛，杨兆山. 构建师生学术共同体的实践探索——以东北师范大学的文科研究生培养为例 [J]. 黑龙江高教研究，2014（7）：99—101.

② 冯蓉，牟晖. 博士生导师在构建和谐导学关系中的作用研究——基于北京市 10 所高校的调查 [J]. 研究生教育研究，2014（2）：54—58.

③ 张睿. 硕士研究与导师关系的调查与分析——以综合性大学 Z 为例 [D]. 苏州：苏州大学，2014.

系列配套改革，如科研经费分配制度改革；科研经费管理与使用方法改革；建立导师评价制度；改革研究生招生与培养制度，保障导师的权利；实行柔性导师资助制；各学科的导师资助额度要进行科学测算等。[①]

青岛大学牛春瑜采用问卷调查法对我国研究生导师资助制作了系统的研究，发现我国高校研究生导师资助制在实施过程中存在着不同专业间导师资助力度存在明显差异、师生关系有待改善、导师的积极性不高、弱势学科受挤压以及学科发展不均衡等问题；原因在于改革中受运行成本的制约、传统文化的影响、改革主体缺失以及制度设计不合理等。通过借鉴我国大陆高校在研究生导师资助制改革方面的经验做法，收集整理了国外发达国家研究生导师资助以及师生关系的有关新闻报道等素材，文章作者认为应该从政府、高校、导师3个方面探讨如何完善导师资助制。政府应该加大资助力度、创设宽松投资环境，鼓励支持企业参与资助、健全相关法律法规；高校应该做到完善导师遴选及评估制度、开展校内外导师合作模式、设立补助资金，建立差异性导师资助制；导师应该不断提高自身水平、加强对学生的学术指导与人生指导。[②]

四、导师培训与评价机制研究

中国科学院大学袁康选取中国、英国和澳大利亚的14所高水平大学，通过考察各学校官方网站上的导师培训项目信息、相关新闻和简报，对项目的培训对象、培训方式和培训内容进行了分析和比较，认为所选取的14所大学的导师培训对象均为博士生研究生导师和硕士研究生导师，其中部分学校主要面向博士研究生导师；研究所选大学的导师培训项目主要有在线教材、专题讲座、座谈会（讨论班）3种形式。14所学校的导师培训内容都包括学校管理部门对于研究生培养和导师工作的规定和要求、导师的责任和角色、成功的指导经验。与英国和澳大利亚的大学相比，大陆大学的导师培训讲座更加关注科研道德和学术规范，而对于研究生培养流程和导师职责这两个问题的设计则不够细化；英国、澳大利亚大学导师培训较少涉及科研道德的问题，更加关注

---

① 刘莉，韦平. 研究生导师资助制：路在何方？[J]. 研究生教育研究，2014（2）：9—13.
② 牛春瑜. 我国硕士研究生导师资助制研究 [D]. 青岛：青岛大学，2014.

培养流程和导师履行职责中的细节问题。①

四川大学梁辰等人研究了研究生导师心理契约系列问题。其中，在"培训发展与心理契约"一节中，作者认为通过培训，研究生导师会更具有归属感和位置感，会通过与上级、同事等的接触，推断学校及其同事对自己的总体认识与价值定位；通过培训会促使研究生导师更深层地去理解大学的性质、目标、宗旨和价值观，了解其所在部门、上级、同事的状况，认清自己所教授课程、指导学生、担任职位的作用、地位、应尽的职责与可享受的权利，并通过这些获得方向感、自尊心与信心；培训使研究生导师获得持续发展的机会。有效的培训使研究生导师感受到个人期望和发展需要可以得到实现和满足，进而积极地维持与大学间的心理契约。②

2014年度，学者分别从地方高校导师评价机制构建和以"研究生"为中心的导师评价模式介绍两个维度对导师评价机制作了部分研究。

清华大学赵琳比较了国外研究生教育质量评价与保障体系的建设情况后，认为倾听学生的声音、开展广泛的研究生教育质量调查已经成为新的发展趋势。建议我国应采用以"学"为中心的增殖性过程评价视角，改变传统的、以教育投入及办学条件为主要内容的评价方式，强调以"学生"为中心、以"学习与发展"为中心，突出教育过程为学生的成长与发展带来的积极成果与变化。而新型评价工作的开发也十分重要。如美国SERU调查采用模块化设计，以研究生的学习经验为测查重点，兼顾学习产出，主要包括专业社会化发展、学术氛围、教学经历、导师指导、其他支持、职业规划、学位论文、科研经历、经济资助9个方面；澳大利亚PRES调查主要关注导师提供的科研指导、培养单位营造的科研环境与氛围、科研经历与技能发展、基础设施等科研资源、论文要求与学术标准以及整体满意度；英国PTES调查核心部分教与学、评估与反馈、论文写作与指导、组织与管理、学习资源、技能发展、职业和专业发展、整体满意度8个模块构成。③

① 袁康，王颖，缪园. 中、英、澳研究生导师培训项目比较与借鉴 [J]. 学位与研究生教育，2014（10）：74—77.
② 梁辰，陈谦明. 研究生导师心理契约问题研究 [J]. 学位与研究生教育，2014（3）：24—28.
③ 赵琳. 倾听学生的声音——国外研究生教育质量评价与保障的新趋势 [N]. 光明日报，2014－11－23（06）.

第五节　文献分布及其特点分析

一、文献分布情况

2014 年度，经遴选后被纳入此次综述的文献共有 41 篇。其中，期刊论文 31 篇，学位论文 5 篇，新闻报道 5 篇。

相较上一年度，2014 年度有关导师队伍建设的研究有 3 个突出特点：一是文献数量明显提升，2014 年共有 41 篇文献进入本研究遴选范畴，其数量是上一年度 23 篇的 1.8 倍；二是"研究生导师责任与权力""研究生导师遴选""研究生导师指导与师生关系研究""导师队伍建设与评价"等传统热点出现了新的研究方向；三是采用"定量方法"开展研究的文献量比重大幅降低，所遴选文献大都基于导师队伍建设的具体实践开展研究。

在期刊来源方面，41 篇研究文献主要来自《学位与研究生教育》《研究生教育研究》《中国高教研究》《光明日报》等高等教育领域专业化程度较高的期刊和报纸（图 4 - 1）。

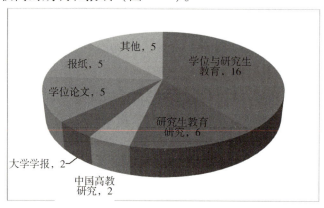

图 4 - 1　2014 年度"研究生导师队伍建设研究"文献来源分布

需要特别说明的是：

1. 研究生教育两大专业期刊发文量和发文所占比重呈现不同特征

2014 年度发表于《学位与研究生教育》文献数量为 16 篇，相较上一年度，该刊在文献数量方面增幅较大；该刊发文量约占本年度入选文献总量的39%，比上一年度增加了6百分点。本年度发表与《研究生教育研究》的文献数量为6篇，与上一年度文献量基本持平；本年度该刊发文量占入选文献总量14.7%，相较上一年度下降了5百分点，此现象主要是由本年度入选文献总量增加所致。

2. 报纸成为该专题相关研究成果传播的重要媒介

2014年度，有5篇关于"导师遴选""导师指导""导师队伍建设"等议题的文章发表于报纸，占入选文献总量的12.2%。

3. "学位论文"成为本年度"导师队伍建设"研究的重要载体

2014年度，有5篇学位论文对导师队伍建设相关议题进行了专门研究或专题研究。但进入本次综述遴选范畴的学位论文仅有1篇博士学位论文，其余均为硕士学位论文。

二、文献特点分析

在研究焦点方面，本年度导师队伍建设研究的焦点主要为导师责任与权力、导师遴选、导师指导与师生关系研究、导师培训与评价机制、导师队伍建设与评价4个方面。相较前几年，本年度的研究焦点变动不大，但从学者研究的具体内容来看，本年度各焦点中的研究内容变动较大。表4-1把2011—2014年度导师队伍建设研究焦点做了对比。

表4-1 2011—2014年度导师队伍建设研究焦点对比

2011年	2012年	2013年	2014年
1. 导师遴选 2. 导师责任与权力 3. 导师指导 4. 导师培训与评价机制	1. 导师指导制度 2. 导师指导方式 3. 专业硕士双导师制	1. 导师团队建设 2. 导师责任与师生关系 3. 导师指导 4. 导师评价机制	1. 导师责任与权力 2. 导师遴选 3. 导师指导与师生关系研究 4. 导师队伍建设与评价

相较前两年，2014年度，所选文献作者群的"高学历、高职称"特征依然明显，但第一作者分布出现较大变化，主要特征如下（图

4－2)①：①科研教学人员所占比例变化不大。本年度科研教学人员所占比例达到近36.5%，较2012年、2013年增减幅度较小。②行政管理人员所占比例大幅下降。相较2013年度的47.6%，本年度该人群占比仅为22%。③在读研究生所占比例出现大幅回升。2014年度，在读研究生发文比例达到29.3%，较上年回升了15百分点。④"其他"人员成为第一作者新群体。2014年度，"其他"人员占比12.2%，这主要是本年度新增了部分报纸文章所致。

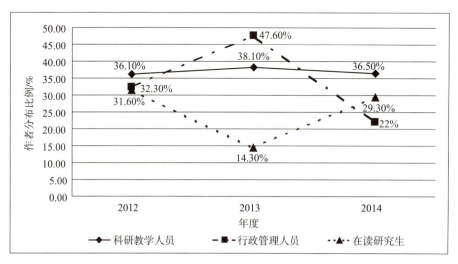

图4－2　2012—2014年度"研究生导师队伍建设"文献第一作者分布对比②

在研究方法上，本年度学界关于"导师队伍建设"的研究所使用的研究方法主要以定性研究为主。相较2013年，本年度经验总结、案例分析、文献研究、比较研究、历史研究等定性研究方法运用较多，定量研究文献数量仅为10篇，占比24.4%，相较2013年43.4%的高比例，本年度定量研究文献数量所占比大幅降低（图4－3）。

论文受资助情况来看，本年度共有15篇文献受到省部级或国家级各类基金的资助，占比36.6%。相较2012年、2013年，本年度基金资助文献总量提升，但所占比重降低了6百分点，具体见图4－4。

---

① 注：此处的"科研教学人员"主要为在培养单位工作的具有教授、副教授、讲师或研究员、副研究员、助理研究员职称的人员；"在读研究生"是指博士研究生或硕士研究生；"其他"主要为记者、通讯员或未被纳入以上3种人员者。

② 注：因2012年、2013年第一作者中的"其他"类型的数据为零，故未在本折线图上显示。

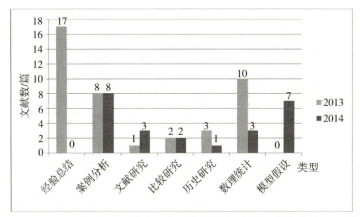

图 4 – 3 2013—2014 年度"研究生导师队伍建设"文献研究方法使用及对比情况

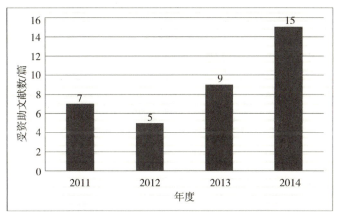

图 4 – 4 2011—2014 年度"研究生导师队伍建设"文献受资助数量变化情况

三、未来研究展望

2014 年度，学界和业界在"导师权力与责任""导师遴选""导师培训与评价机制"等方面的研究相对较少。随着国家高等教育主管部门放权步伐的加快以及研究生培养单位对导师应有权力和导师必备素质的日益重视，未来关于上述两个模块的研究将成为学界研究的热点领域。

本年度，"双导师制"和"导师资助制"是新增热点研究领域。在我国专业学位研究招生规模逐步扩大、研究生教育经费投入制度改革逐步深入和研究生培养单位内涵建设步伐逐渐加快的背景下，上述两个新增热点领域和传统的"导师遴选""导师指导"将继续成为学界关注的焦点。

研究生招生与就业

通过中国知网检索"研究生（博士/硕士）招生""研究生（博士/硕士）就业"关键词，并根据研究内容进行人工筛选，2014 年度以研究生招生与就业为主题的研究文献包括著作 3 部、CSSCI 期刊论文 24 篇、学位论文 23 篇、报纸文章 21 篇，共计 71 篇（部）。通过进一步对文献研究主题分析，发现文献主要集中在研究生招生考试制度与改革、研究生招生质量管理、研究生就业状况及其影响因素、研究生就业能力、女性研究生就业及研究生就业指导 6 个方面。

第一节　研究生招生

研究生招生研究方面，文献数量为 38 篇（部），研究者主要为高校学者、教育管理者，研究内容主要包括研究生招生考试制度与改革研究、研究生招生管理研究两方面。

一、招生考试制度与改革

在研究生招生制度方面，有研究者基于政策分析的视角探究招生制度变迁、研究生招生政策问题，也有研究者从较为微观的视角探讨研究生招生考试存在的具体问题以及改革措施。

在政策分析视角方面，如华南师范大学谢静等人基于历史制度主义视角分析了我国研究生招生制度 60 年的变迁，认为我国研究生招生制度大体上经历了激进式制度变迁和渐进式制度变迁两个时期，呈现制度断裂与演进交织并行的状态。计划经济色彩的体制、集权管理模式和社会本位的文化模式是我国研究生招生制度的国情特征。我国研究生招生制度深受制度深层结构影响，以强制性制度变迁为主；研究生招生制度主体由封闭单一走向开放多样；研究生招生制度从工具价值取向走向人本价值取；行动者对既定的研究生招生制度表现出明显的路径依赖，研究生招生制度创新的契机是制度断裂的关键性支节点和阈值临界点。而今我国研究生招生制度正面临数量和质量失衡等矛盾冲突，这些内部冲突将在积攒后达到阈值临界点从而引发制度创新，这为当前深化我国研究生招生制度改革提供了路径选择。①

山西大学郭芳芳等人基于哈贝马斯的交往行为理论探究 S 大学践行专业硕士扩招政策的过程，通过访谈 S 大学的学校/学院管理者、教师和学生等参与主体的质性研究，得出：各参与主体的身份和地位影响了其对专业硕士教育的理解，制约了其在专业硕士教育实施过程中主体性和积极性的发挥，导致其未能围绕专业硕士教育的目的、过程等交往行为达成共识。因此，院校若要保障和提高专业硕士教育的质量，须在专业硕士教育实施的各个环节有效整合各参与主体的意见和行为，建立有效的反馈和质量监控体系。②

在微观探讨问题方面，如南京师范大学孙友莲探讨我国硕士研究生招生制度问题，认为当前我国硕士研究生招生制度在管理体制、考试形式与内容，推荐免试工作等方面还存在着一些问题。需要深化招生体制改革，调整招生结构，改革招生初试，健全复试制度，完善推免制度，优化工作方式与建立保障机制。③ 福州大学张玉辉等人也探讨了这一问题，认为硕士研究生招生存在自主权和招生效率偏低以及考试设置不合理等问题，改革思路可从加大招生单位的自主权，调整考试科目，实行招考分离的招生模式以及申请入学制等方面入手。④ 在硕士研究生招生制度改革建议方面，两者均提出了下放硕士招生自主权、增加初试次数，增加复试权重等建议，一定程度上代表了硕士研究生招生考试改革趋向的呼声。

有研究者探讨某一地区、单位或专业研究生招生情况或问题。如西藏大学陈振等人通过研究生招生数据分析了西藏自治区研究生发展情

① 谢静，卢晓中. 我国研究生招生制度60年嬗变——基于历史制度主义的视角 [J]. 大学教育科学，2014 (4)：70—75.
② 郭芳芳，郎永杰，闫青，等. "专业硕士扩招"的理性思考——基于S大学践行政策过程的质性研究 [J]. 北京大学教育评论，2014，12 (4)：17—34.
③ 孙友莲. 硕士研究生招生制度的问题及改进建议 [J]. 江苏高教，2014 (1)：95—97.
④ 张玉辉，郑直. 我国硕士研究生招生制度改革设计思路探析 [J]. 福州大学学报（哲学社会科学版），2014 (5)：104—108.

况，认为西藏高校研究生学位授权点少，招生生源不足、生源不均衡，需要在招生宣传、奖助体系、教育质量提升等方面改善。①

中国医科大学研究生陈晓洁的学位论文以某医学院校硕博连读的实际为例，通过对其硕博连读遴选标准进行分析，试图对某高校现行的硕博连读生源选拔方式进行评价，该医学院校硕博连读评估体系实行百分制量化标准，从教育培养能力、学生创新和综合潜质以及评估者角度 3 个方向，对申请者大致在 5 个维度上进行了全面考核，涵盖了学习能力、创新能力、科研能力以及导师和学科力量等方面。研究表明，该医学院校现行的硕博连读选拔方式均得到了很高的支持率，且从培养质量方面论证了该校所实行的培养模式与生源选拔方式均较科学保证了较高的培养质量。②

辽宁师范大学彭振威探讨教育硕士招生问题，认为当前教育硕士招生存在的问题有：学生专业背景不强的问题日益突出；实践性培养资源短缺的状况急需改善；毕业生研究能力提升的问题没有得到根本性的解决。提出加大专业硕士招生改革的力度，将教育硕士教育管理专业由考试制改为申请考核制；教育资源的培育和培养过程的设计要始终围绕着学生研究型实践能力的提升；实施更为灵活而严格的学制和学分管理办法。③

厦门大学莫玉婉探讨了中外研究生招生问题，认为中外合作办学研究生招生在实践中存在招生计划制定的随意性、计划内招生的行政色彩过浓、招生对象本土化有余国际化不足等问题，这在一定程度上限制了中外合作办学的发展。鉴于此，政府应该逐渐完善监管者角色，通过在招生计划制定过程中引入竞争机制、扩大和完善中外合作办学研究生招生工作的试点评估工作等方式来规范和引导中外合作办学研究生招生。与此同时，中外合作办学研究生教育机构和项目也应将"高质量"作为吸引大陆和国际生源的有效手段，以实现其招生对象的国际化。④

---

① 陈振，等. 西藏高校研究生教育现状及发展研究 [J]. 西藏大学学报（社会科学版），2014，29（4）：153—157.

② 陈晓洁. 某医学院校硕博连读招生模式和遴选标准评价 [D]. 沈阳：中国医科大学. 2014.

③ 彭振威. 论教育硕士招生与培养的改革 [J]. 教育科学，2014，30（2）：18—21.

④ 莫玉婉. 关于中外合作办学研究生招生问题的思考 [J]. 研究生教育研究，2014（1）：49—53.

有研究者探讨博士研究生招生问题。如南京大学张晓煜探讨我国教育博士招生问题，认为现有招生制度存在招生规模偏小、招生领域和招生范围偏窄、招考方式不利于选拔实践性人才等问题，这在一定程度上影响和制约了我国教育博士专业学位教育的进一步发展。现有教育博士招生工作亟需制度变迁，要扩大招生规模，拓宽服务面向，改革招考形式，逐步推行申请—考核制，扩大试点学校范围等。①

天津大学肖凤翔等人分析研究了英国工程博士研究生招生特点，认为英国工程博士研究生招生具有招生计划合理、申请资格要求灵活、招生方式独特等特点，并认为这与英国借鉴国际工程博士研究生招生的先进经验，充分结合本国高等教育实际情况，以工程博士中心为招生机构的创新性做法密切相关。认为我国应适当扩大工程博士研究生招生专业领域和招生数量，适当放宽工程博士研究生招生的资格要求，建立工程博士教育理事会。②

此外，不少媒体文章评论研究生扩招问题，认为研究生扩招带来了研究生教育质量危机。③④⑤ 有观点认为大学毕业生存在功利的考和"任性"的招，造成扩张带来高校教学资源紧张，加之研究生培养模式的刻板和固化，成研究生质量与数量成长不成正比，研究生培养泡沫已经出现。⑥ 全国政协委员、北京语言大学石定果教授认为，中国的研究生规模必须控制，在过去10年间，中国研究生规模增长了约10倍，但中国真的需要这么多研究生吗？那么多工作岗位真的需要研究生学历的人才能干吗？可以说，研究生群体已经泛滥成灾。"研究生群体已经泛滥成灾"并非危言耸听。如果不清理高等教育积弊，研究生扩招"大饼"越摊越大，不仅加剧就业矛盾，也造成了高等教育资源浪费。⑦ 研究生教育应由追求数量向注重质量华丽转身，如果不下力气提高研究生教育质量，调整学科、产业结构，一味扩招研究生应对就业难，缓冲以后可

---

① 张晓煜. 制度视域下我国教育博士招生工作研究［J］. 江苏高教，2014（5）：114—116.

② 肖凤翔，张宇，赵美蓉. 英国工程博士研究生招生特色及其对我国的启示［J］. 学位与研究生教育，2014（8）：67—71.

③ 熊丙奇. 发展研究生教育需遏制"规模冲动"［N］. 中国教育报，2014–12–1.

④ 别敦荣. 研究生教育亟需"由胖变壮"［N］. 中国教育报，2014–10–22.

⑤ 侯金亮. "研究生泛滥成灾"的背后.［N］. 重庆日报，2014–3–7.

⑥ 研究生扩招泡沫咋越吹越大［N］. 工人日报，2014–12–26.

⑦ 研究生扩招的"饼"不能越摊越大［N］. 工人日报，2014–3–7.

能造成更大的就业矛盾与社会问题。①

继 2014 年人数下跌后，2015 年全国硕士研究生招生考试报名人数又减少了 6.5 万人。胡乐乐认为，硕士研究生报考人数的再次下降，首先说明大学生已经理性起来了，同时研究生教育质量令人担忧，应逐渐减少硕士研究生的招生计划，强化硕士研究生的入口和出口把关，加强过程管理，并坚决淘汰不合格的研究生学位授予点。"考研热"降温不啻再次提醒，高等教育首先需要确保硕士研究生产出与社会的实际需求基本一致，包括数量上一致和质量上一致，从整体上切实提高研究生教育的水平，让硕士研究生教育回归"精英化"。②

值得关注的是，2014 年研究生招考改革有新的举措。2014 年 8 月 4 日，教育部下发《教育部办公厅关于进一步完善推荐优秀应届本科毕业生免试攻读研究生工作办法的通知》规定：2014 年起，研究生推免不再区分学术学位和专业学位，不再设置留校限额。推荐高校也不得对本校推免名额限制学术学位与专业学位报考类型，不得自行设置留校限额或名额。③④ 为统一管理各类研究生招生工作，从 2016 年起，国务院学位办不再组织在职人员攻读硕士专业学位全国联考，除高级管理人员工商管理硕士外，其他类别的在职人员攻读硕士专业学位招生工作，将以非全日制研究生教育形式纳入国家招生计划和全国硕士研究生统一入学考试。⑤ 有评论认为，入口缺少把关、工学矛盾突出、出口把关不严，在职研究生所面临的种种问题，让改革势在必行，招生并轨并不是为了减少招生名额，也不是为了增加难度，更不是为了给考生设置障碍，而是为了促进招生培养的规范化、一体化。⑥

二、研究生招生质量管理

研究生招生质量管理是指通过提高招生策略、招生技术手段从而提高研究生招生工作效率和生源质量的过程。有不少研究者探讨这一问

① 叶祝颐."研究生泛滥成灾"当反思教育积弊［N］.广州日报，2014 – 03 – 03.
② 胡乐乐."考研热"降温警醒研究生教育质量亟须提高［N］.光明日报，2014 – 12 – 31.
③ 邓晖.研究生推免不再分学术学位专业学位［N］.光明日报，2014 – 08 – 05.
④ 今年起，推荐免试研究生不再设置留校限额［N］.新华每日电讯，2014 – 08 – 05.
⑤ 国务院学位委员会.关于 2014 年招收在职人员攻读硕士专业学位工作的通知［EB/OL］.［2014 – 01 – 04］.http：//www.cdgdc.edu.cn/xwyyjsjyxx/zxkb/hyxx/bgs/278970.shtml.
⑥ 李凌，马赫.在职硕士研究生招考缘何并轨［N］.中国教育报，2014 – 08 – 28.

题，包括招生宣传策略、招生信息管理优化、招生计划优化调整、招生质量评价等。

中南大学刘玉芳等人基于多学科的视角探讨研究生招生宣传策略，指出我国高校研究生招生宣传的现实状况是：宣传市场混乱、宣传针对性不强、宣传监管缺位。并对招生受困原因进行了多学科分析：从营销学角度来看，缺乏市场分析和管理，导致宣传市场混乱；从心理学的角度来看，忽视了对学生和家长的求学心理需求的研究，导致宣传针对性不强；从传播学的角度看，忽视了对宣传渠道的监管，导致宣传效果不佳。对此应从以下3个方面努力：一是定位宣传市场，明确宣传对象；二是研究和受众心理，突出宣传特色；三是加强宣传监管，增强宣传力度。[①]

南京师范大学孙友莲等人探讨研究生招生计划动态调整的方法。从落实国家有关文件精神、确定具体调整指标体系、确保可行可操作3个方面，以学术型硕士研究生招生计划的调整为例，提出了一种研究生招生计划动态调整的方法：充分尊重学科学位点的实际发展状况，综合考虑研究生教育过程，结合测算结果合理确定调整比例，最终确定各研究生培养院系的实际招生计划数，以实现学术型硕士研究生招生计划的动态调整，有效推进研究生招生规模和结构的合理变化。[②]

吉林大学研究生王鑫洁的学位论文探究研究生招生信息管理的优化策略。通过对现状进行调查分析、编制招生简章 XMLSchema、提出招生目录 XML 文件生成方案、招生简章网页版和 Word 版生成、设计发布与告知方式一步一步深入研究，对高校研究生招生目录的结构化与网络共享的需要提出 XML 解决方案，以方便高校的使用，最后以吉林大学部分学院的招生信息为数据资源设计了解决方案。[③]

哈尔滨医科大学赵丹等人以研究生生源质量为切入点，从基础知识结构、学习与科研能力、创新素质与能力、身心素质4个方面构建研究生招生质量评价指标体系和基于灰色聚类的研究生招生质量评价模型，结合数据进行实证研究，验证灰色聚类评价模型在研究生招生质量评价

---

① 刘玉芳，刘浩. 多学科视角下高校研究生招生宣传策略研究 [J]. 现代大学教育，2014 (1)：39—44.

② 孙友莲，魏少华，黄凤良. 高校学术型硕士研究生招生计划动态调整的方法研究——以南京师范大学为例 [J]. 学位与研究生教育，2014（6）：36—39.

③ 王鑫洁. 研究生招生信息结构化与网络共享 XML 解决方案 [D]. 长春：吉林大学，2014.

中的科学性和实效性，为研究生招生工作提供科学依据。[①]

北京师范大学孙晓敏的著作《如何有效选拔研究生：人力资源选拔的视角》以林学、外国语言文学、计算机、数学、管理学、信息安全、心理学7个专业为例，吸收国外相关研究成果，以实证研究资料为依据，展现了"评价中心技术"构建专业胜任特征的思路和方法，对我国研究生复试提出了建设性意见，对于改进我国研究生复试工作，提升人才选拔质量，具有重要的参考价值。[②]

还有的研究更加微观。如中国医科大学研究生李将的学位论文的研究指向某一院校生源分析，通过分析某医科大学2004—2013年硕士研究生招生录取生源的变化与特点，探讨医学院校优化硕士研究生招生生源的可能方向。[③] 郑州大学研究生李洋洋的学位论文关注博士研究生招生报名系统设计问题。设计和实现一个基于SaaS架构的博士生招生报名系统，并进行了测试，在实际应用中得到了良好的反馈。[④]

第二节　研究生就业研究

研究生就业研究方面，文献数量为33篇（部），研究者主要为高校硕士研究生、学者。研究生就业研究主要包括研究生就业状况及其影响因素研究、研究生就业能力研究、女性研究生就业研究、研究生就业指导研究4个方面。

一、研究生就业状况及其影响因素

研究生就业问题受到社会广泛关注。[⑤][⑥] 有不少研究者关注研究生就业状况及其影响因素，其中既有对研究生就业问题的宏观探讨，也有

---

① 赵丹，易英欣. 基于灰色聚类评价模型的研究生招生质量研究 [J]. 黑龙江高教研究，2014（11）：46—49.

② 孙晓敏. 如何有效选拔研究生：人力资源选拔的视角 [M]. 北京：北京师范大学出版社，2014.

③ 李将. 某医科大学硕士研究生招生录取生源分析 [D]. 沈阳：中国医科大学，2014.

④ 李洋洋. 基于SaaS架构的博士生招生报名系统的设计与实现 [D]. 郑州：郑州大学，2014.

⑤ 杨频萍. 粥多僧少，为何仍喊工作难找 [N]. 新华日报，2014 – 11 – 22.

⑥ 就业尴尬，研究生报考人数减4万 [N]. 新华每日电讯，2014 – 01 – 09.

对某一专业、某一区域或某一高校研究生就业的研究。

有研究者基于某一理论视角探讨研究生就业问题。如广西师范大学研究生欧扬夏子的学位论文基于信息不对称理论探究研究生就业困境，认为信息渠道不畅通造成毕业生在就业过程中出现严重的信息不对称的现象，导致了逆向选择和道德风险的出现；从就业信息如何在社会、学校与学生之间的产生信息不对称角度进行了探讨，运用信息不对称前提下的博弈理论对研究生就业中的博弈进行解析，得到了一些结论；最后从各参与主体的角度，提出了降低研究生就业过程中信息不对称的对策和建议。[①] 沈阳师范大学研究生牛妞的学位论文则基于人力资本理论探讨研究生就业问题，运用文献分析法、比较分析法和实证分析法，立足于研究生人力资本投资与就业的现状，以政府、高校和研究生自身3个角度，从人力资本投资主体、投资结构和投资风险3个方面展开，分析了人力资本投资对我国研究生就业的影响。[②]

北京师范大学张建等人运用抗逆力理论框架，分析"校历主义"盛行下的研究生就业困境，发现相当数量的研究生正面临着机会不均等风险、教育功能认知风险、自我效能感风险、人才浪费风险、社会发展的不稳定群体形成风险等因素的强化，而来自于个体、社会、高校、政府等系统的保护因素在弱化。提出以优势视角下生态系统整合的理念，以微观、中观和宏观协同的方法，构建系统的整合型风险防范机制，实现研究生的抗逆力性重构。[③]

广西大学李海波等探讨毕业研究生到中小民营企业就业问题，认为毕业研究生到中小民营企业就业既能补"中小民企人才资源缺乏"的短板，又能为研究生就业增加机会和选择，实现"中小民企择人"和"研究生择业"的有效对接。当前，影响高校研究生到中小民企就业的原因主要有政策不完善、中小民企对研究生吸引力弱、研究生就业期望远离中小民企等。对此，应加强政府扶持力度，建立并完善保障体系；建立健全中小民企各项制度，增强中小民企对研究生的吸引力；加强教育与指导，营造良好的社会支持环境等，引导和帮助研究生到中小民企

① 欧扬夏子. 基于信息不对称理论的研究生就业困境研究［D］. 桂林：广西师范大学，2014.
② 牛妞. 人力资本投资理论视域下研究生就业问题研究［D］. 沈阳：沈阳师范大学，2014.
③ 张建，孙抱弘. "校历主义"盛行下的研究生就业困境与出路——基于抗逆力理论视角的分析［J］. 教育科学文摘，2014（4）：22—25.

建功立业。①

有部分研究者探究某一专业、某一区域或某一院校的研究生就业问题。如北京大学蒋承等人基于"首都高校研究生发展调查"数据，通过与学术型硕士相比较，定量分析我国专业硕士教育就业意愿。研究发现：第一，与学术硕士相比较，专业硕士的家庭条件更为优越，社会资本存量更优，能够给予专业硕士更高的职业选择自由度和更强的风险承受能力，对读研期间的经济投入不敏感；第二，目前的实践导师制度对专业硕士生毕业后直接就业或继续升学的选择可以产生显著的影响，而对具体职业的方向选定作用还很有限。提出了转变学生就业观念、完善实践导师制度以及重视专业学位中的教育公平问题等政策建议。②

上海理工大学陈鹏探讨了上海市研究生就业特征，认为上海市硕士研究生就业带有鲜明的特征，毕业研究生人数多且年年递增，就业压力大但是就业率依然较高，就业地域不平衡和去向单位性质多元化并存。同时，伴随高等教育国际化而来的是"海归"回国就业引发的就业竞争的国际化。③

西南大学研究生毕桂芝的学位论文通过调查研究探讨教育学硕士就业观问题，得出教育学硕士就业观存在"理想"与"现实"的冲突、学术与实践失衡、就业追求"门当户对"的特点，并从社会因素、教育因素以及个体因素分析了原因。④

中北大学研究生苗丽莎的学位论文则探讨了硕士研究生就业观问题，认为其就业观既存在积极方面因素，也存在消极方面因素，从自身、高校、社会、家庭方面分析了原因并提出建议。⑤

辽宁师范大学研究生石晓博的学位论文通过调查研究探究东北三省民族传统体育专业研究生就业现状，得出该类研究生的就业地域多为就读院校所在的城市或是自己生活和发展过的城市，就业职业主要是中小学教师，其次是武馆和俱乐部教练、高校教师，少部分在公安武警系统等国有单位；认为不论是国家需要出台相应政策给予就业引导，高校专

---

① 李海波，梁巧灵. 高校毕业研究生到中小民营企业就业问题研究 [J]. 学术论坛，2014 (7)：177—180.

② 蒋承，罗尧. 专业硕士的就业意愿研究 [J]. 北京大学教育评论，2014，12 (4)：2—16.

③ 陈鹏. 上海市研究生就业特征分析 [J]. 教育评论，2014 (3)：126—128.

④ 毕桂芝. 教育学硕士就业取向及培养研究 [D]. 重庆：西南大学，2014.

⑤ 苗丽莎. 硕士研究生就业观存在的问题及对策研究 [D]. 太原：中北大学，2014.

业教学需要改革，个人也应该做好定位、提升就业能力。①

河北师范大学研究生商宁宁的学位论文也通过调查研究探讨河北省全日制体育类硕士研究生就业问题，得出河北省全日制体育类毕业硕士研究的就业率不高就业形势不好、在读硕士研究生的就业意向有待改变、就业指导工作有待完善、课程有待改善的结论，将影响因素归纳为个人因素，教育因素、环境因素、家庭因素。②

广西民族大学研究生陆晓冰的学位论文通过调查研究探讨了广西首届翻译硕士就业状况。调查研究表明：广西首届翻译硕士就业率高达100%，其中大部分调查对象从事非职业翻译，绝大多数调查对象根据个人的兴趣和家庭的主客观因素择业。③

南京大学研究生夏梦凡的学位论文通过调查研究探究内地社会工作硕士就业现状与影响因素，发现社会工作硕士的专业认可度低、就业准备不足、就业心态差与就业意愿低的问题。认为我国培养了大批的社会工作人才，而大量的社会工作人才流失，不愿意从事社会工作职业。这是由于宏观政策的缺失，影响社会工作硕士就业环境；教育资源的稀缺，影响社会工作硕士就业心态。④

重庆师范大学研究生龚圆的学位论文通过调查研究探究汉语国际教育硕士就业的影响因素，主要包括对本专业就业形势不看好以及因传统的家庭观而选择大陆工作的就业观念；自身专业知识和技能以及创新知识欠缺导致缺乏竞争力；学校培养方式注重理论，而忽视实践能力的培养，课程设置体系不完善，实习机会少；大陆外就业市场存在的若干问题和不稳定因素；国家给予的保障较少等。⑤

河北大学研究生张晋锋的学位论文探究了 H 大学硕士研究生就业质量问题，研究选取 H 大学 2013 届初次签约的 388 名硕士毕业生为研究样本，从工作单位、工作条件、工作保障、工作前景和工作满意度 5个方面设计就业质量调查问卷，并结合访谈的方法，利用 SPSS19.0 软

① 石晓博. 东北三省民族传统体育专业研究生就业现状的调查研究［D］. 大连：辽宁师范大学，2014.

② 商宁宁. 河北省全日制体育类硕士研究生就业现状及对策研究［D］. 石家庄：河北师范大学，2014.

③ 陆晓冰. 广西高校首届翻译硕士就业情况调查报告［D］. 南宁：广西民族大学，2014.

④ 夏梦凡. 内地社会工作硕士教育与就业问题的调查研究［D］. 南京：南京大学，2014.

⑤ 龚圆. 影响汉语国际教育硕士就业因素的调查研究——以重庆高校为例［D］. 重庆：重庆师范大学，2014.

件对数据进行描述性分析和相关性分析，研究结果表明硕士研究生就业求稳现象明显、专业不对口现象显著、所在单位的保障体制不太完善、培训和晋升机制不太健全、工作满意度普遍不高，通过分析该现象的原因，提出相应的对策和建议。①

从上述诸多研究不难得出，研究生就业状况除个别专业外，整体上不是很乐观，既有研究生自身原因，也有就业市场、社会以及政策等原因。

二、研究生就业能力

有一些研究者关注研究生就业能力问题，包括宏观探讨研究生就业能力或探讨某一专业研究生就业能力问题，如江西农业大学研究生王璐的学位论文探究硕士研究生就业能力状况，通过定性和定量分析相结合的研究，发现硕士研究生的就业能力整体而言并不突出，尤其是在科研创新能力、实习实践方面以及职业生涯规划等维度多有欠缺，认为其原因主要为：硕士研究生对就业能力不够重视，研究生培养单位的教育质量有待提高，用人单位参与人才培养的程度较低，政府的相关扶植政策出台较少，家长对硕士生的就业期望值过高以及中介组织等社会群体的作用发挥不足等。②

贵州师范大学研究生秦建平的学位论文探究贵州省体育教育训练学硕士研究生就业能力培养问题，认为就业能力是个综合的概念，并不是单纯的通过某种考试或面试找到一个工作那么简单，它不仅包括一个人获得工作的能力，而且还包括了保持和更换工作所需要的所有能力的集合。这些能力既包括专业知识和技能也包括其作为受过研究生教育的学生所应该具备的一般能力和良好的个人素质；认为体育教育训练学研究生培养目标的设置应多贴合学生实际，对除专业技能和学术能力外的其他能力也要做相应要求；课程设置上增加选修课课程和跨专业的选修课设置，考核注意对研究生能力的评价，以增加研究生就业能力的培养。③

---

① 张晋锋. H 大学 2013 届硕士研究生就业质量调查研究 [D]. 石家庄：河北大学，2014.

② 王璐. 硕士研究生就业能力现状分析与对策研究 [D]. 南昌：江西农业大学，2014.

③ 秦建平. 贵州省体育教育训练学硕士研究生就业能力培养研究 [D]. 贵阳：贵州师范大学，2014.

首都经济贸易大学研究生范羽佳的学位论文运用实证分析法，探究机械工程专业研究生的就业能力现状、影响因素及培养方式。得出：机械工程专业研究生总体就业能力自评处于中上水平，不断学习意愿和行动能力较强，具有一定的运用工程知识及工具能力，但其知识的深度和广度有所欠缺，团队合作及人际沟通能力稍弱。同时，我国在机械工程专业研究生就业能力培养结果与目标之间存在一定的差距，实习或兼职经历、参加学术研讨会、国外交流学习经历、发表学术论文和参加专业相关比赛和接受职业生涯方面的指导方面均存在不足，尚未形成健全的机械工程专业研究生就业能力培养机制。①

福建农林大学研究生章亚萍的学位论文基于福建农林大学的调查探究农科研究就业能力问题，认为当前农科研究生就业能力一般，专业能力及组织能力、学习能力、适应能力、自我管理能力、执行能力以及人文素质、英语及计算机能力等方面均不够强，造成这种现状的原因是多方面的。文章认为农科研究生个人应主动培养对农林事业的热爱、加强专业能力和实践能力、提高非专业能力3个方面来提升农科研究生自身的就业能力；学校应从调整专业设置、增加人文学科比例和实践教学、发挥导师的指导作用、开展有针对性的就业指导工作、鼓励农科研究生自主创业以及构建适应社会需求的人才培养机制几方面来提升农科研究生的就业能力；政府应加强对高校的办学的宏观指导、建立高层次的农科人才储备制度、将服务"三农"与农科研究生就业相结合；用人单位应从建立校企合作培养机制、建立科学的用人机制、提供农科研究生实习机会、与学校共建实践基地几方面下工夫，切实提高农科研究生的就业能力。②

首都经济贸易大学研究生冯烨的学位论文借助胜任力模型，对财经类硕士毕业生应具备的能力素质及其现状进行探究，得出财经类岗位最重要的两项胜任特征是沟通与理解能力和逻辑思维能力，并构建了四维的财经类岗位特定胜任力模型。在模型的支撑下，对财经类专业硕士毕业生进行问卷调查和访谈，得出当下财经类专业硕士毕业生的可雇用性

① 范羽佳. 机械工程专业研究生就业能力研究——以北京地区多所高校为例［D］. 北京：首都经济贸易大学，2014.

② 章亚萍. 农科研究生就业能力研究——基于福建农林大学的调查［D］. 福州：福建农林大学，2014.

存在影响力不足、思考能力不够、企业认知不到位等问题。并从高校、导师、学生个体和家庭 4 个方面分析了财经类硕士毕业生的可雇用性存在问题的原因，并提出了相应的设想与建议。[①]

三、女性研究生就业研究

女性研究生就业问题是受关注的一个话题。有从社会学视角分析女研究生就业问题，如华中师范大学周晶晶的硕士学位论文本文运用社会性别视角深入分析女研究生就业"难"问题。分别从社会文化环境、社会政策、学校性别教育、传媒舆论 4 个方面解析女研究生就业"难"的深层原因表现在：传统社会性别文化桎梏了社会大众和女研究生思想观念；社会政策在制定和执行过程中缺乏社会性别视角；学校教师队伍、劳动分工、教材内容设置深陷教育传统模式；传媒舆论报道内容将受众注意力都集中在女研究生情感、个体、家庭等私人领域内。该研究从新社会性别理论角度提出解决对策：承认男女性别差异基础上保证两性平等，摒弃传统性别文化影响是关键；完善社会政策的社会性别方面，制定切实可行的法律政策，强制性遏制就业性别歧视是保证；改变教育传统，将社会性别意识纳入其中，培养"完整的人"是目标；构建大众传媒新社会性别理念，正确引导女研究生就业是手段。[②]

武汉大学余永跃等人也有类似的观点，认为我国女研究生在社会生活中仍遭遇"能力依赖"与性别身份双重困境，在私人生活中遭遇事业与婚恋选择的两难困境，个性发展也受到落后传统性别观念的束缚。女研究生发展问题的产生、演变和解决，应以尊重女研究生的主体性为前提，以社会环境的变化为动因，相关部门要制定有利于女研究生发展的政策，女研究生自身也要科学规划事业和家庭发展方向。[③]

华中师范大学研究生蔡文丽的学位论文以武汉市 20 名临近毕业的女硕士研究生的就业经历为案例，运用深度访谈的方法，分析了女硕士研究生就业压力的来源及缓解就业压力过程中获得社会支持的状

[①] 冯烨. 胜任力视角下硕士毕业生可雇用性研究——以财经类专业为例 [D]. 北京：首都经济贸易大学，2014.

[②] 周晶晶. 社会性别视角下女研究生就业难分析 [D]. 武汉：华中师范大学，2014.

[③] 余永跃，秦丽萍. 当下我国女研究生发展问题之思考 [N]. 中国妇女报，2014 – 12 – 02.

况，得出：一是高校和社会方面的因素是形成女硕士研究生就业压力的主要来源；二是女硕士研究生在缓解就业压力过程中获得的无论是客观可见的物质支持还是主观感受到得精神支持主要来自于非正式社会支持体系；三是女硕士研究生对社会支持的认知和利用程度不足，主要表现在当女硕士研究生在遇到困难时，不到万不得已的情况不会轻易寻求帮助或支持，即使是向属于非正式社会支持体系的家人或朋友，更不用说正式社会支持体系。并根据调查所获得的有关女硕士研究生缓解就业压力过程中的社会支持的获取和利用情况，以社会支持理论为指导，有针对性地从如何建立完善正式和非正式的社会支持体系以及提高女硕士研究生自身对社会支持的利用能力 3 个方面给出建议。[①]

有研究基于就业状况调查探究女性研究生就业差异问题，如上海理工大学陈鹏则基于就业率、签约薪资数据分析男女性研究生就业差异，通过对上海理工大学 2007—2011 年硕士研究生就业数据的统计和分析，发现男生就业率高于女生，签约率低于女生，签约薪资高于女生，三者之间并不是正相关关系。男女生就业与薪资差异主要是由经济的持续快速发展，就业市场存在的性别歧视，内化的社会性别角色及多重因素交叉影响造成的。建议高校要有效开展职业生涯教育和就业指导工作，鼓励创新创业；研究生要与时俱进转变就业观念，到中西部和二三线城市就业；构建性别平等的社会文化，提倡男女平等的就业观念；政府和立法机构要完善法律法规，进一步保障毕业生特别是女生的权利。[②]

华中科技大学马明霞等人探究了性别差异对博士生就业的影响，通过对我国某科研机构 2008—2012 年毕业的 22405 名理工科博士生就业数据进行梳理与分析，结合对博士毕业生的质性访谈结果，研究发现：①性别差异对年终工作落实率的影响在博士层次上体现得不明显，女博士不存在就业难的问题。（差异主要在单位性质上）②科研机构和高等教育单位是博士生主要的就业单位，但是性别差异会导致博士生的就业

① 蔡文丽. 女硕士研究生缓解就业压力过程中的社会支持研究［D］. 武汉：华中师范大学，2014.

② 陈鹏. 基于性别差异的研究生就业和签约薪资比较研究［J］. 高校教育管理，2014，8（3）：80—83.

单位性质呈现出差异。③在毕业去向的类型上，超过 15.1% 的科研院所博士毕业生会继续选择做博士后，性别因素会导致在选择留在大陆还是出国做博士后方面存在差异。④博士生的求学地域将直接影响就业单位地域的选择，东部、中部、西部不同地区培养单位的博士在就业地区选择上存在显著差异。① 值得注意的是，马明霞等人的研究认为在博士层次上，女性博士研究生并没有明显的差异，差异主要体现在就业单位性质方面，值得关注与思考。

有探究国外女性研究生就业问题，如中国科学技术大学研究生王悦奇的学位论文研究了美国女性研究生培养及就业问题，选取美国国家科学基金会（NSF）、美国劳工统计局（BLS）等权威机构提供的关于女性研究生就业相关统计的原始数据，通过对美国女性研究生培养和就业率、就业分布及薪酬等数据和相关政策分析，得出：美国也存在女性研究生就业准入、就业薪酬不公平等就业歧视问题；美国政府在维护女性就业方面上专门设立了维护女性平等权利的就业机会委员的社会支持机构，并从 1963 年开始，在就业条件、就业机会、就业薪酬和女性怀孕期间的就业及医疗假期等方面都为女性颁布了法律来保护女性的合法权益；在美国，女性维权意识也较为强烈，成立了许多非正式的维权组织维护女性研究生就业平等权利。虽然在实施中依然存在着一些尚未解决的问题，但美国政府做出的一系列努力还是在一定程度上维护了女性接受教育和就业的平等权利。②

上述研究表明，女性研究生就业困难主要受到社会传统观念、自身个性特点与用人单位多方面影响，政府应从法律、政策等方面保障女性研究生就业公平性。

四、研究生就业指导研究

有一些研究者关注研究生就业指导问题，包括研究生就业指导课程建设、就业心理、专业学位研究生就业指导等。

北京交通大学李涛等人探讨了研究生就业指导课程建设问题。认为

① 马明霞，王启烁，赵娜. 性别差异对博士生就业的影响——科研院所女博士就业状况研究 [J]. 研究生教育研究，2014 (2)：73—77.
② 王悦奇. 从女性视角分析推动女性研究生培养和就业的因素 [D]. 合肥：中国科学技术大学，2014.

当前"90后"研究生存在自我评价过高、抗挫折能力差等自身的不足，在就业过程中呈现出期望过高、个人定位不准确、缺乏求职技巧等问题；现阶段，大陆高校研究生就业指导课程本身存在不受重视、师资队伍不完善等缺陷。应该将研究生就业指导课程纳入培养计划，加强就业指导课程师资队伍建设，创新就业指导课程的教学方式，对研究生就业指导课程进行合理设计，创新课程建设途径，探索"慕课"模式，逐步推进研究生就业指导课程的建设。[①]

河海大学黄林楠等人探究了专业学位硕士研究生就业指导模式的构建。通过问卷调查分析，针对专业学位硕士研究生的就业现状及就业指导过程中存在的问题，构建了针对专业学位硕士研究生就业指导的"蝴蝶模式"。该模式不仅仅局限从高校内部探讨专业学位硕士研究生就业指导，而且将之放到整个高等教育的大环境中来思考，强调政府、政府、就业服务中介、企业等多方主体协调努力、全程指导，以期为专业学位硕士研究生的顺利就业提供帮助。[②]

桂林电子科技大学邹波关注研究生就业心理教育，认为我国研究生就业压力加大，一些研究生呈现出种种就业心理问题，高校应积极运用网络媒体，通过开设在线就业心理辅导课程、借助校园网加强研究生就业能力培养、提升"四支队伍"网络思想政治教育作用、建立健全高校就业信息网等加强研究生就业心理教育。[③]

第三节　文献分布及其特点分析

2014年度以研究生招生与就业为主题的研究文献包括著作3部、CSSCI期刊论文24篇、学位论文23篇、报纸文章21篇，共计71篇（部）。不同类型研究文献分布比例如下图所示。

---

① 李涛，沈聪伟. 加强研究生就业指导课程建设的思考［J］. 首都师范大学学报（社会科学版），2014（4）：146—151.

② 黄林楠，曹梦. 专业学位硕士研究生就业指导模式的构建［J］. 国家教育行政学院学报，2014（8）：61—65.

③ 邹波. 运用网络媒体开展研究生就业心理教育探析［J］. 社会科学家，2014（5）：125—127.

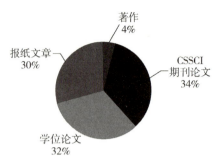

不同类型研究文献比例分布图

　　基于文献数量与类型来看，3 年中文献数量有起伏（表 5 - 1），2013 年文献量最多，2014 年又有所下降，其中学位论文文献数量持续下降。就研究生招生与研究生就业两方面研究来看，2014 年度研究生招生研究文献量占比扩大（约 54%），连续 3 年首次超过研究生就业研究，特别是对研究生招生考试制度与改革的探讨明显增多，不乏较为系统论述者。对研究生就业的研究中，占据最多文献量的是对研究生就业影响因素及对策的研究。此外，对研究生就业能力、女性研究生就业方面的研究也较多。学位论文更多探究研究生就业问题，特别是研究生就业状况及其影响因素、研究生就业能力问题，且多为调查性研究，报纸文章主要是对研究生招生考试改革、研究生就业方面的报道、评论。

表 5 - 1　连续 3 年度文献数量与类型比较　　　单位：篇/部

年份	著作	CSSCI 核心期刊论文	学位论文	报纸文章	合计
2012	2	24	64	7	97
2013	7	38	25	38	108
2014	3	24	23	21	71

　　注：①因 2011 年本专题文献包含非 CSSCI 核心期刊论文，故未列入 2011 年文献情况。

　　基于研究作者来看，本年度上海理工大学陈鹏、南京师范大学孙友莲发表两篇论文，另外，纵观 2011—2014 年 4 个年度，不统计学位论文，中国地质大学余桂红累计发表了 3 篇论文，华中科技大学罗敏、北京大学蒋承、清华大学李锋亮、河南大学李申申累计发表了 2 篇文献，一定程度上说明了对该领域的研究尚缺少研究者的集中、持续关注。另外，有较多硕士研究生的学位论文通过调查研究探究研究生就业问题，专业研究者、学者对这方面的研究还较少。2011—2014 年累计发表 2 篇（部）以上文献的作者列表见表 5-2。

表 5-2　2011—2014 年累计发表 2 篇（部）以上文献（不含学位论文）作者列表

作者	论文/著作数量	论文/著作标题及发表时间
余桂红	3	博士生招考方式改革：特征、论争与反思（2011 年）
		研究生招考制度变革之流变、论争与反思（2012 年）
		研究生招考方式改革百年：流变与特征（2012 年）
罗敏	2	我国研究生招生计划政策：现状、特征与改革（2011 年）
		我国研究生招生推荐免试制度的特征、矛盾及发展趋势（2011 年）
蒋承	2	博士生学术职业期望的影响因素研究——一个动态的视角（2011 年）
		专业硕士的就业意愿研究（2014 年）
李锋亮	2	工作找寻的强度、保留工资与起薪——来自硕士毕业生的证据（2011 年）
		"拉力"与"推力"：硕士毕业生迁移就业的双重驱动（2011 年）
李申申	2	俄罗斯副博士研究生招生制度及其借鉴意义（2013 年）
		中俄博士研究生教育比较（2014 年）
陈鹏	2	上海市研究生就业特征分析（2014 年）
		基于性别差异的研究生就业和签约薪资比较研究（2014 年）
孙友莲	2	硕士研究生招生制度的问题及改进建议（2014 年）
		高校学术型硕士研究生招生计划动态调整的方法研究——以南京师范大学为例（2014 年）

从研究内容来看，本年度对研究生招生与就业的研究可以分为以下几个问题：在研究生招生方面，主要包括研究生招生考试制度与改革、研究生招生质量管理两个方面；在研究生就业方面，主要包括研究生就

业状况及其影响因素、女性研究生就业、研究生就业指导4个方面。与往年该领域研究焦点相比较，继2013年，研究生招生质量管理持续成为关注焦点，北京师范大学孙晓敏还出版专著探讨研究生生源选拔问题，而研究生招生考试制度与改革、研究生就业状况及其影响因素、女性研究生就业等则是近几年来持续的关注焦点。

值得注意的是，研究生就业能力研究是本年度新出现的研究焦点，且多为硕士学位论文研究，反映了硕士研究生关注研究生就业能力问题。

专题六 研究生德育研究

2014 年度研究生德育研究主要包括研究生学术道德、研究生思想政治教育、研究生心理、研究生日常行为及生活四大主题。通过检索关键词，并根据研究内容进行再次筛选，2014 年度有关研究生德育研究的研究成果包括著作 6 部，期刊论文 28 篇，学位论文 53 篇，报纸文章 5 篇，共计 92 篇（部）。

第一节 研究生学术道德

2014 年度在研究生学术道德方面，较多的研究者关注学术失范问题。研究的主要视角包括对当前研究生学术失范的表现进行归纳，对学术失范的原因进行分析，以及对进一步建立学术诚信保障体系的探索。

1. 研究生学术诚信

学术失范问题一直是学者的研究重心。南京工业大学周洁根据对南京某地区高校问卷调查结果总结出研究生学术道德失范的 6 种主要表现形式，侵占、抄袭、剽窃他人学术成果，引用他人成果而未注明来源，篡改伪造研究数据，一稿多投，代写论文，在未参与研究的论文上署名或者让别人搭便车。造成研究生学术道德失范的原因主要有研究生学术道德意识不强，科研投入及能力水平低，导师对学生指导和监督不力，相关制度不健全，学校学术道德规范教育缺失。最后，对预防研究生学术道德失范提出了相关对策①。

南京体育学院陈磊从场域理论的视角对研究生学术失范的原因进行了分析，认为导致研究生学术失范的原因主要有三点：社会世界的侵蚀损害了学术场域的独立性；学术场域结构，尤其是学术体制异化带来的

---

① 周洁. 研究生学术道德现状、原因及对策分析［J］. 江苏高教，2014（6）：112—114.

压力成为研究生学术失范的重要推力；研究生策略性地选择学术失范来规避学术场域斗争的彻底失败。要防范研究生学术失范，就要确保学术场域的独立性，重新评估学术体制和规则的合理性和合法性，引导研究生群体养成良好的学术惯习。①

更多的研究者认为造成研究生学术失范的原因既有研究生自身主观原因，也有外部客观原因。如东北农业大学何宏莲等人认为研究生学术失范的原因既有自身原因又有综合性的社会原因。其主要影响因素有研究生自身学术能力欠缺、学术道德教育问题以及学术道德评价审查惩治机制不完善等。研究生学术道德失范问题的解决应从提升研究生自身学术能力、完善学术道德教育、健全高校学术评价机制、完善学术道德失范惩治体制以及加快学术道德规范的法制化建设等方面进行防范与治理。②

东北农业大学滕建华等人通过问卷调查，得出究生学术不端行为的出现的确有多方面原因，既有客观因素也有主观故意。客观因素有些可以通过制度改革和完善加以消除，有些因素，特别是社会大环境可能在短期内还无法有大的改善。主观故意就需要通过加强教育，提高认识，强化道德自律意识，通过必要的规章制度和措施手段来加以克服和防范。③

在完善学术诚信保障体系方面，有学者较为重视高校的作用。如中国地质大学陈翠荣等人通过对研究生学术失范现象的博弈分析得出：第一，现实中研究生学术失范现象很难彻底根除。第二，在查处成本一定的情况下，那些对其进行查处带来的收益较小或不查处导致的损失不太大的学术失范行为，高校若不愿意进行查处，研究生选择学术失范策略的概率就会增大。第三，研究生学术失范收益越大，或者所付成本越小时，研究生便会倾向于选择学术失范策略。要有效治理研究生学术失范行为，高校必须加强学术道德规范教育，增强研究生的收益分析能力；加大惩罚力度，提高学术失范行为的所付成本；健全学术失范行为监督机制，引导研究生树立正确的利益观；完善研究生评价制度，切实保障

---

① 陈磊. 研究生学术失范的场域理论解析 [J]. 高校教育管理，2014，8（2）：78—83.

② 何宏莲，宋雪. 高校研究生学术道德失范问题防治策略研究 [J]. 教育科学，2014，30（3）：78—84.

③ 滕建华，郭雪娜，于璐. 研究生学术诚信现状的调查与分析 [J]. 黑龙江高教研究，2014（3）：109—112.

遵守学术规范者的利益。①

也有学者将研究生学术失范的主要原因归结到研究生自身上，因而关注到了研究生学术精神。西南大学毋改霞在文献分析的基础上，将全日制硕士研究生学术精神界定为学术研究的觉醒、勇于创新的激情、合作沟通的品质、修远求索的意志和关怀社会的意识。通过问卷调查、访谈调查对研究生学术精神的现状进行反映，揭示当前研究生学术精神整体上有所缺失而不容乐观的状况。在此基础上，指出研究生学术精神存在的问题包括问题意识欠缺、创新激情不足、研究意志薄弱、学术交流不积极以及研究动机功利。分析了研究生学术精神存在问题的原因：市场化境遇下功利逻辑对学术本位的侵蚀，扩招政策下研究生教育的通货化趋势，学术评价制度的重量轻质取向以及研究生自身的角色模糊。最后提出从场域的视角来建构研究生学术精神提升的对策：场域外部，完善政府宏观调控职能，促进高校场域自主性的形成和学术研究活动的规范化与研究环境的优化。场域内部，在坚守大学精神、夯实学术本位的理念下，促进研究生教育教学与科研的融通和学术评价制度的创新。研究生主体，在加强角色认知的前提下勤于研读经典著作和积极参与学术交流，完善自身的文化资本。②

天津师范大学赵洁在对学术精神的内涵及其基本特征予以明确界定的基础上，提出当前研究生学术精神应具备的要素，是既要充分吸收中国传统学术文化的精华，又要符合当前时代精神的要求。总结归纳了研究生学术精神式微的表现，从多角度对存在的问题进行原因剖析。最后，从整合社会资源、强化学术理念养成、完善学术考核培养制度、提升个体学术素养方面有针对性地提出了研究生学术精神培养的具体途径。③

东北农业大学宋雪则认为学术道德失范的防治对策有"内修"和"外治"两种途径。即"内修"以"自律"提升研究生自身学术修养，"外治"求"他律"构建全方位的学术道德建设体系。④

有学者通过介绍国外研究生学术道德与学术规范教育的经验，来

① 陈翠荣，胡成玉. 高校研究生学术失范行为的博弈分析及其治理 [J]. 黑龙江高教研究，2014（1）：96—97.

② 毋改霞. 全日制硕士研究生学术精神研究 [D]. 重庆：西南大学，2014

③ 赵洁. 研究生学术精神的培养研究 [D]. 天津：天津师范大学，2014.

④ 宋雪. 高校研究生学术道德失范问题研究 [D]. 哈尔滨：东北农业大学，2014.

分析当前我国此方面的不足之处。南昌大学李文静的硕士论文在比较的视野下，分析美国和欧洲各国在研究生学术道德建设的历史、管理理念与方法、运行机制、优化发展等方面的个性和共性，对各国的具体实践经验作详细挖掘，以求通过国际眼光来研究学术道德建设长效机制。①

重庆医科大学张西瑶以从诚信制度、组织机构、处理程序等方面对比分析大陆外研究生学术诚信保障体系的研究现状。再结合对重庆市十所高校的调查研究反映出的学术诚信现状，提出了构建我国研究生学术诚信保障体系的相关建议。②

2. 研究生学风建设

良好的学风对研究生学术道德建设、研究生创新能力培养都有重大影响。吉林农业大学李刚等通过阐述学习型组织理论内涵及其在研究生学风建设中的作用，发现研究生学风建设中存在自我超越意识不强、师生心智模式僵化、共同愿景尚未绘就、团队成员互动不够、思考缺乏系统性问题。进而提出把宏观管理应用于微观组织，从"量化考核"向"发展评估"转型，将软性措施与刚性政策结合，将单一行为转化为立体行动等措施以促进研究生学风建设。③

湖南大学朱黎旻对7所"211工程"重点建设大学517名研究生学风的调研发现，从整体看，研究生学风存在问题。自评的学风问题稍严重于他评的学风问题，硕士生较博士生学风问题严重，文科生较理科生学风问题严重，博士生较硕士生学风问题严重，文理科研究生表现出复杂的差异。导致研究生学风问题的社会原因是社会风不良、网络信息工具便利、论著发表、出版市场欠规范。学校原因是学术制度缺陷、学风教育不够、导师负面影响。研究生自身原因是道德观念淡薄、缺乏道德自律、学术规范认知水平低、投机和侥幸心理。解决研究生的学风问题，需要社会、高校、研究生自身合力解决。④

浙江师范大学俞明祥认为学风建设对研究生创新能力的培养具有重大影响。通过对Z大学研究生学风状况的问卷调查和深度访谈，得出该

---

① 李文静. 研究生学术道德建设长效机制研究［D］. 南昌：南昌大学，2014.

② 张西瑶. 研究生学术诚信保障体系的构建［D］. 重庆：重庆医科大学，2014.

③ 李刚，樊颖. 学习型组织理论视阈下研究生学风建设的理性思考［J］. 黑龙江高教研究，2014（12）：92—93.

④ 朱黎旻. 研究生学风研究［D］. 长沙：湖南大学，2014.

校研究生创新能力的培养受到学习维度和师生互动维度等学风维度的制约。建议从强化制度管理抓学风，浓厚学习氛围塑学风，立先进典型浓学风，丰富校园文化育学风，搭建多样平台促学风等来加强学校学风建设，培养研究生的创新能力。①

第二节 研究生思想政治教育

近年来，创新研究生思想政治教育模式，切实提高实效性成为高校共识。在高校大力践行此共识的过程中，学者一方面不断审视现行思想政治教育理论课程存在的问题，探索优化教学的路径。一方面呼吁通过建立"本科—研究生"思政教育衔接机制、导师育人等方式创新研究生思想政治教育途径。

1. 研究生思想政治教育现状

有学者首先基于研究生教育综合改革提出研究生思想政治教育的作用。华中师范大学李炎芳等人指出思想政治教育是研究生教育综合改革的重要内容。在综合改革中，研究生思想政治教育具有导向功能、保证功能、育人功能和开发功能。同时，发挥着发展、创新、激励等作用。此外，综合改革也在素质、项目、责任、奖助等方面对研究生思想政治教育提出了要求。②

华中师范大学吕冬英结合对相关文献资料的分析总结和对研究生思想政治理论课教学现状进行的实证调查研究的结果，提出当前高校研究生思想政治理论课教学存在的主要问题是学生积极性不够高，教学内容与现实问题结合不紧，教学方法单一，考核方式不够科学合理，对实践教学的认识和重视不够，教学班级人数过多，师生互动不足等方面。据此提出了解决对策。③

吉林大学包淑薇对研究生思想政治教育现状进行了分析，认为研究

---

① 俞明祥. 学风建设对研究生创新能力培养的影响——基于 Z 大学研究生的调查与分析 [J]. 中国高校科技，2014（5）：37—39.

② 李炎芳，徐刚. 思想政治教育在研究生教育综合改革中的功能、作用与要求 [J]. 黑龙江高教研究，2014（10）：138—139.

③ 吕冬英. 高校研究生思想政治理论课教学存在的问题及对策研究 [D]. 湖北：华中师范大学，2014

生思想政治教育地位日益提升，教育内容更加丰富，专业师资队伍初步形成，取得了成绩。但尚存在一些亟待解决的问题，既有观念上的偏颇，教育内容单调，缺少有针对性的活动，育人优势不显著等教育过程中出现的问题，也有研究生自身存在的问题。之后，从教育理念、教育内容、教育方法、师资队伍和环境建设 5 个角度，探索推动高等教育内涵式发展，提升研究生思想政治教育实效性的对策。①

中国科学技术大学杨孝青等人认为自媒体时代研究生思想政治理论课教师的话语权面临新挑战，传统的课堂教学面临挑战，研究生思想观念多元化也给思想政治课带来挑战。构建研究生思政课自主学习模式需要教师做自主学习的设计者、指导者、学习效果的评价者。学校需支持网络精品课程和信息共享平台建设，构建多元化学习平台，为研究生社会实践创造条件。教育主管部门要适时修订课程建设标准，鼓励各高校加强学术交流，加强对中青年教师的人文关怀。②

北京师范大学卫志民分析了专题式教学在研究生思想政治理论课教学中的独特优势。在研究生思想政治理论课专题式教学的组织实施中应遵循导向性、层次性、实效性、整体性和可行性的原则。研究生专题式教学的组织实施通常包括教学准备、课堂讲授、教学考核、教学评价等基本环节。在专题式教学的组织实施过程中，授课教师要有强烈的意识不断提高自身的政治素质、专业水平和教学能力，要处理好教学内容与教学大纲的关系，要处理好活教、活学、活用与课程理论性、研究性、逻辑性的关系，要处理好专题式教学阶段性与思想政治教育持续性的关系。③

在边疆这一特殊地缘位置和意识形态冲突尤为显著的地区，探讨如何提升研究生思想政治教育理论课的实效性更是具有重大现实意义。石河子大学的夏文斌等人以中国最西部的高校石河子大学为例，介绍了思想政治理论课跨学科整合资源实行团队化教学方式；积极探索理论创新，增添独有新疆元素和兵团内容；发挥学生主体作用；增强学生自身

---

① 包淑薇. "高等教育内涵式发展"视域下研究生思想政治教育现状及对策研究 [D]. 长春：吉林大学，2014.

② 杨孝青，鲁丽娟，刘仲林. 自媒体时代研究生思政课自主学习模式研究 [J]. 研究生教育研究，2014 (4)：48—51.

③ 卫志民. 专题式教学在硕士研究生思想政治理论课中的运用与完善 [J]. 思想理论教育导刊，2014 (12)：58—63.

责任感的经验。①

也有学者关注到了研究生思想政治理论课实践教学评估机制。中国石油大学解晓燕分析了推进研究生思想政治理论课实践教学的必然性，并指出评价机制是高校研究生思想政治理论实践教学过程中的一个不可或缺的重要环节。评价的原则包括方向性和时代性原则、全面性和针对性原则、客观性和公正性原则、指导性和循环性原则、静态和动态结合原则。评价的内容包括背景评价、输入评价、过程评价、成果评价。评价的方法包括成绩评定考核法、心理测验考核法、情景模拟考核法、绩效考核法、信息系统综合考核法。②

此外，值得注意的是本年度有学者开发了基于学生视角的德育评价量表。清华大学杨瑞东等人引入顾客满意度理论，以顾客满意度指数模型与 SERVQUAL 模型为基础，以德育内容、实施途径与方法、教师管理者以及德育保障性因素为评价维度，应用结构方程模型，通过调研分析深圳地区 5 所高等院校及香港地区 4 所大学，开发了基于学生满意度的德育评价模型。并进一步探讨了深港高校德育质量、感知价值、学生满意度和行为意向之间的关系。③

2. 研究生思想政治教育的途径

关于研究生思想政治教育的途径，研究者主要从"研究生—本科生"思政系统、研究生导师指导、研究生辅导员队伍建设、研究生党建等方面进行了探讨。

安徽医科大学赵智等基于系统理论对"研究生—本科生"思想政治教育互馈机制及实施策略进行了研究。作者首先指出"研究生—本科生"思政系统存在着明显差异。两系统互馈的 4 个条件是系统开放、相对独立、非平衡、环境良性。两个原理是系统自组织和他组织。4 个机制是衔接机制、转移机制、反馈机制和协同机制；实施策略主要有注重顶层设计、推进人员嵌套、加强虚拟交互、改进反馈控制和促进环境

---

① 夏文斌，郭晓濛. 边疆地区研究生思想政治理论课创新研究——以石河子大学为例 [J]. 研究生教育研究，2014（5）：17—21.

② 解晓燕. 高校研究生思想政治理论课实践教学及其评估机制研究 [J]. 黑龙江高教研究，2014（7）：105—109.

③ 杨瑞东，倪士光. 基于学生满意度的德育评价模型的开发与应用 [J]. 现代教育技术，2014（8）：47—53.

优化。①

伴随着研究生导师负责制的日益完善，导师对研究生思想政治教育的重要作用逐渐被学者关注。武汉纺织大学陆唯采用问卷调查方法对研究生思想政治教育中导师作用的现状及问题作了研究。认为目前导师在研究生思想政治教育中发挥的作用还不尽如人意，存在重科研创造力培养，轻思想引导作用，方法不合理等问题。为此，建议建立健全研究生思想政治教育的导师制度，加强导师队伍过程管理，加强师德建设。②

浙江大学徐国斌等人介绍了该校组织专业培训，提示导师育人技能；开展专项评比，增强导师育人意识；搭建专门平台，保障导师育人资源；进行专题宣传，营造导师育人氛围；建立协同机制，形成导师育人合力等对导师育人工作的探索和实践。总结提出研究生导师育人作用发挥机制形成过程中需遵循"三三三"原则，即把握被动、主动、互动 3 个阶段，搭建培训、展宣、工作 3 个平台，建立保障、激励、协调 3 个机制。③

导师和辅导员作为研究生思想政治教育工作的主体，实现合力育人是贯彻国家教育方针，深化研究生培养机制改革和解决当前研究生群体思想政治问题的根本要求和有效途径。浙江大学袁熙贤等人总结了研究生导师和辅导员在研究生德育工作中的角色特征和作用，并通过 SWOT 法分析了导师和辅导员在德育工作中的优劣势，构建了"确立一个目标，搭建两个平台，建设三套制度"的合力育人协同机制。④

研究生辅导员职业化、专业化发展逐步受到了社会和学界的关注。东北师范大学徐广驰以东北 5 所高校为主要研究对象，阐述了当前我国高校研究生辅导员队伍建设中存在着研究生辅导员队伍制度不健全、人员配备和选拔不合理、培养发展面临困境等问题。认为辅导员队伍的水

---

① 赵智，邓廿庆，崔勇. 基于系统理论的"研究生 – 本科生"思想政治教育互馈机制及实施策略 [J]. 江苏高教，2014 (2)：133 – 134.

② 陆唯. 研究生思想政治教育中导师作用现状及对策研究—以湖北省内高校为例 [D]. 武汉：武汉纺织大学，2014.

③ 徐国斌，马君雅，单珏慧. "立德树人"视野下研究生导师育人作用发挥机制的探索 – 以浙江大学为例 [J]. 学位与研究生教育，2014 (9)：12 – 15.

④ 袁熙贤，张帆. 研究生导师与辅导员合力育人的协同机制研究 [J]. 科技通报，2014 (11)：230 – 234，240.

平不够高，主要是由于辅导员们对德育工作的认识不足，对研究生德育理论匮乏，学校的研究生德育制度不健全以及学校的研究生德育环境复杂等。最后，给出了针对性的对策和建议，以期为促进高校研究生辅导员队伍建设提供建设性的思路。①

南京师范大学孙丽娟通过调查和访谈发现我国高校辅导员博士生的培养存在的问题包括辅导员博士生自身无暇充分参与、辅导员博士生就读院校无差别培养以及辅导员博士生工作院校无特殊支持。为了改进这种状况，需要辅导员博士生端正学习动机以促进终身学习，合理分配时间以应对学习压力，明确自我定位以发挥自身优势，加强师生交流以增强科研能力。需要辅导员博士生的就读院校加强高校辅导员博士生培养方案的制订与落实，合理设置高校辅导员博士生的专业课程，增设高校辅导员博士生应用性的前沿问题研讨课。同时，辅导员博士生的工作院校应保障其一年的脱产学习时间，适当减免其工作量，对辅导员博士生读博给予明确的政策支持。②

也有学者关注到了研究生辅导员的胜任能力。北京交通大学李涛基于 KPI（Key Performance Indicator）的关键业绩考核理念为研究生辅导员工作胜任能力的研究提供了新思路。认为研究生辅导员要完成有关研究生的关键工作，就必须具备知识、技能、个人特质、内驱动力和通用能力 5 个维度的相关胜任能力。这也为研究生辅导员的选拔、招聘、培训和考核提供了参考。③

北京理工大学李德煌等通过对 26 所理工科高校，5203 个研究生党支部的调研发现以班级、年级、专业为单位设置研究生党支部是最常见的形式。以班级为单位进行党支部的设置比较适合低年级硕士研究生，但也存在党支部成员日常交流少，在组织建设、发展新党员等问题上容易产生不同意见，学生专业差异较大等诸多弊端。以年级为单位设置的党支部规模普遍较大，但存在支部凝聚力不强，传承性较差等问题。以专业为单位设置的党支部存在无法保证每个支部成员在同一时期的发展要求得到满足等问题。为此建议在课题组、导师团队设置党支部，设置

① 徐广驰. 新形势下加强高校研究生辅导员队伍建设的研究［D］. 长春：东北师范大学，2014.
② 孙丽娟. 高校辅导员博士生的培养研究［D］. 南京：南京师范大学，2014.
③ 李涛. 基于 KPI 模式的研究生辅导员胜任能力研究［J］. 教育理论与实践，2014（15）：30—32.

研究生社区党支部，研究生社团党支部。①

首都师范大学董艳将协同创新思想引入研究生党建工作中，以不断优化研究生党建工作模式。在组织形式上，探索研究生党支部与教师党支部的协同共建。在活动方式上，探索研究生党支部与社区、企事业单位、科研院所等基层党支部协同共建。在工作方法上，要建立相互支持的工作队伍，要运用多元互补的工作手段，充分利用网络平台，普遍开设辅导员的博客和微薄等不断提高党建工作实效。②

第三节　研究生心理研究

研究生心理研究既包括对研究生心理现状的反映，也包括对心理健康问题的研究。研究者也试图从人口统计学、社会阶层背景等相关影响因素探究产生研究生各类心理问题的原因。

1. 研究生心理健康

北京科技大学秦涛等对研究生心理健康的现状进行了分析，发现适应问题是研究生群体心理健康问题的主要表现形式，发展问题和学习问题是影响研究生群体心理健康的主要现实问题，人际关系和婚恋情感是影响研究生群体心理健康的主要困扰因素，情绪问题是研究生群体心理问题的重要表征。为帮助研究生预防与解决心理问题，需要探索适合研究生心理特点与成长规律的心理健康教育方式。③

安徽医科大学第一临床学院杨秀兰等人通过对我国 12 所高等院校的 3900 名在校研究生的问卷调查，了解在校研究生的抑郁、焦虑现状，并从社会阶层背景的几个指标维度及相关影响因素探讨影响我国在校研究生抑郁、焦虑问题的原因。④

---

① 李德煌，于满. 理工科高校研究生党支部设置的调查与分析［J］. 学位与研究生教育，2014（4）：38—40.

② 董艳. 以协同共建为抓手优化研究生党建工作模式［J］. 思想理论教育导刊，2014（6）：124—126.

③ 秦涛，王艳. 新形势下研究生群体心理健康对策探析［J］. 研究生教育研究，2014（3）：28—31.

④ 杨秀兰，等. 研究生社会阶层背景与抑郁、焦虑问题的相关性分析——基于 12 所高等院校的实证调查［J］. 学位与研究生教育，2014（8）：47—53.

兰州大学刘会选取兰州大学各学科研究生为研究对象,采用问卷调查着力探讨研究生学业拖延的现状、学习焦虑与学业拖延的关系、应对方式与学业拖延的关系以及应对方式对学习焦虑和学业拖延关系的调节效应和中介效应。发现 79.5% 的研究生有不同程度的学习焦虑,总体上处于中等水平。研究生学习焦虑水平表现出显著的年级、学科差异,并受学科和性别、学科和年级、学科和生源地的交互作用影响。研究生选择积极应对方式的倾向高于我国人群的平均水平,而选择消极应对方式的倾向低于我国人群的平均水平,积极应对维度上有性别、年级和学科差异,消极应对维度上有生源地差异。不同的学业活动上研究生的拖延程度有差异,拖延程度最高的是阅读学术文献资料,最低的是参与任务。研究生的学习焦虑水平与学业拖延显著相关,学习焦虑对学业拖延有显著的正向预测作用。学习焦虑通过积极应对方式的部分中介作用影响拖延降低期望;通过消极应对方式部分中介作用影响学业拖延水平。[1]

东北师范大学曹璐的硕士论文了解研究生压力、心理弹性与主观幸福感的现状,并进一步探索研究生压力、心理弹性与主观幸福感三者之间的关系。发现研究生压力处于中等水平,压力各维度由大到小排列分别是就业与发展压力、学业科研压力、自我效能压力和人际关系压力。不同性别、生源地、情感状况的研究生总压力存在显著性差异。研究生心理弹性处于中等偏上水平,各维度由大到小排列分别是乐观性、内控性、接纳性、支持、应对。不同生源地的研究生心理弹性总分存在显著性差异。研究生主观幸福感水平处于中等偏上水平。专业类型、生源地、情感状况在研究生主观幸福感的生活满意度上存在显著性差异。研究生压力与心理弹性之间存在显著负相关。研究生心理弹性与主观幸福感存在显著正相关。研究生压力与主观幸福感存在显著负相关。心理弹性在研究生压力与主观幸福感之间起到部分中介作用。[2]

南昌大学熊舒珺的硕士论文对研究生学术热情与幸福感的相关性进行了研究。发现研究生的学术热情和幸福感在性别、年级、专业、是否兼职、是否自费、是否担任班干和是否有其他业余爱好方面均存在不同

---

① 刘会. 研究生学习焦虑、应对方式与学业拖延的关系研究 [D]. 兰州:兰州大学, 2014.

② 曹璐. 研究生压力、心理弹性与主观幸福感的关系研究 [D]. 长春:东北师范大学, 2014.

程度的显著差异。其中，在学术热情方面，理工科学生显著高于其他专业的学生，研究生三年级的学生的强迫型学术热情显著高于其他年级学生，不兼职的研究生的和谐型学术热情显著高于兼职的同学，非独生子女的和谐型学术热情显著高于独生子女。在实现幸福感方面，男研究生的一些维度显著高于女研究生，理工科的学生显著地高于其他学科研究生，研一的学生在生活目的维度上高于其他年级的学生。此外，研究生实现幸福感和学术热情有着相互预测的作用。①

郑州大学付艳华对河南省部分高校硕士研究生精神信仰与健康、主观幸福感进行了研究，发现河南省硕士研究生总体主观幸福感体验处于中等偏上水平。在信仰现状中，社会信仰得分最高，其次为实用信仰，超自然信仰最低。9 个二级维度得分从高到低依次为民族主义、生命崇拜、国家主义、家庭主义、政治信仰、家族崇拜、宗教信仰、金钱崇拜和神灵崇拜。还发现精神信仰对其自测健康、幸福感具有预测作用。②

华中科技大学马明霞等人随机选取了武汉地区 200 名中国科学院女研究生为被试对象。运用总体幸福感量表、幸福感指数量表、人际信任量表以及自编问卷《理工科女性研究生主观幸福感调查》等，重点考察人口统计学的相关变量、社会支持等因素对中国科学院理工科女研究生主观幸福感的影响状况。发现科研院所女研究生对目前的生活和学习现状基本满意，总体幸福感略高于全国平均水平。但是，在幸福感指数和人际信任方面都略低于全国平均水平。科研院所女研究生的年级越高，主观幸福感越低。生源状况对科研院所女研究生的主观幸福感无显著影响。科研院所工科女研究生在总体幸福感以及各项生活指标满意度方面的表现高于理科女研究生。③

江苏大学温亚等探讨了研究生心理韧性与情绪智力的相关性。研究随机抽取江苏省某大学 396 名在校研究生作为研究对象，采用心理韧性量表和情绪智力量表进行测试。结果表明研三学生心理韧性均分显著高于研二和研一学生。研究生的心理韧性与情绪智力之间存在显著正相关的关系。自我情绪评估、情绪调节和情绪运用能较好地预测研究生的心

① 熊舒珺. 研究生学术热情与幸福感的相关性研究［D］. 南昌：南昌大学，2014.

② 付艳华. 河南省部分高校硕士研究生精神信仰与健康、主观幸福感现状及其关系研究［D］. 郑州：郑州大学，2014.

③ 马明霞，李涓，王启烁. 科研院所女研究生主观幸福感现状的调查研究［J］. 黑龙江高教研究，2014（1）：103—105.

理韧性。研究生心理韧性处于中等偏上水平，情绪智力是影响心理韧性的重要因素。①

2. 研究生自我认知

四川师范大学余国威对高校研究生身份认同进行了社会学分析。从硕士研究生是否有相关的认知，是否从内心接受这一认知，行为是否符合这一认知3个方面来分析研究生的身份认同问题。通过实际调研，发现硕士研究生的自我身份认同与其理想状态存在较大差异，主要表现在生活方式不健康，心理较为脆弱，学术信念薄弱，读研方向模糊等。进一步分析硕士研究生的身份认同过程，发现其在身份认同过程中，受到了许多方面的排斥因素阻碍。这些排斥既有来自于制度设计的不重视和不明确，也有来自经济市场发展的不消和不保障，以及我国传统文化的不理解和不接纳，还有研究生社会交往中的不成熟和不开放等。这些排斥因素既有可控的，也有不可控的。通过对其进行区别划分，区分应对，有利于研究生更好地完成身份认同。作者建议通过制度层面的制度建设和保障改进可控因，通过精神层面的学术精神培养和确立改进不可控因。②

研究生对所学专业的认知一直是研究的焦点。内蒙古师范大学李娇的硕士论文采用质性研究方法，以全日制硕士研究生为被试，探讨全日制硕士研究生专业认同的维度和影响因素以及专业认同的发展过程。研究发现研究生专业认同具有过程性，是一个逐步增强的过程，在不同的时期和不同的事件影响下呈现出多元化与独特性。研究生专业认同存在不同的维度，可以根据其特点分为认知主导型专业认同、情感主导型专业认同、行为主导型专业认同与价值主导型专业认同。影响研究生专业认同的因素可以分为自身因素、他人影响、学校因素和社会因素。不同专业研究生在专业认同的维度方面有不同的表现：文科类研究生专业认同较倾向于认知主导型，理工类研究生专业认同较倾向于行为主导型，医学类研究生较倾向于价值主导型专业认同。③

南京师范大学滕曼曼认为跨学科硕士研究生专业认同可分为专业投

---

① 温亚，刘伟，陈权. 研究生心理韧性及情绪智力的关系研究［J］. 研究生教育研究，2014（5）：48—51.

② 余国威. 高校硕士研究生身份认同的社会学分析［D］. 成都：四川师范大学，2014.

③ 李娇. 硕士研究生专业认同状况的质性研究［D］. 呼和浩特：内蒙古师范大学，2014.

入、专业情感、专业评价、专业前景认同4个维度。运用自编的《跨学科硕士研究生专业认同问卷》对东南大学、南京师范大学、河海大学、南京林业大学的334名跨学科硕士研究生进行问卷调查。发现跨学科硕士研究生专业认同总体水平以及4个维度均处于中等略偏上。总结出影响跨学科硕士研究生专业认同的因素主要包括个体因素、专业客观因素、家庭社会因素和学习氛围因素。[①]

类似有关研究生专业认知的研究均以硕士论文为主，以某专业研究生为主要研究对象。如首都师范大学硕士黄丽晓以首都师范大学为例，对全日制教育硕士专业承诺和学习倦怠状况及关系进行了实证研究。分析发现全日制教育硕士的专业承诺和学习倦怠之间呈现负相关。全日制教育硕士的专业承诺状况居于中等偏上水平，学习倦怠状况居于中等偏下水平。不同性别的全日制教育硕士在专业承诺的情感承诺上存在显著差异，学习倦怠在行为不当、成就感低两个维度上存在极显著差异。全日制教育硕士的专业承诺因子对学习倦怠水平具有预测作用。[②]

浙江师范大学田丽萍硕士学位论文对高等教育学硕士研究生专业认同进行了研究。选取116名高等教育学硕士研究生作为被试，发现高等教育学硕士研究生在专业认同总体上处于中等稍微偏上的水平。专业认同及其各维度、影响因素及其各维度在人口背景变量上存在不同程度的差异性。高等教育学硕士研究生专业认同内部各维度间存在极其显著的相关性，通过回归分析发现，专业认知对专业行为的影响高于专业情感对专业行为的影响。[③]

第四节　研究生日常行为及生活

按照研究内容的不同，分为研究生交往行为、研究生运动休闲行为、研究生婚恋行为三类。

---

①　滕曼曼. 跨学科硕士研究生专业认同研究［D］. 南京：南京师范大学，2014.

②　黄丽晓. 全日制教育硕士专业承诺和学习倦怠状况及关系的实证研究［D］北京：首都师范大学，2014.

③　田丽萍. 高等教育学硕士研究生专业认同研究［D］. 金华：浙江师范大学，2014.

1. 研究生交往行为

近年来因硕士研究生人际关系问题引发的严重社会事件屡屡发生，硕士研究生群体的人际关系问题日益凸显、亟待解决。因此，学界对研究生交往中产生的问题一直较为关注。

首都师范大学卜珺以 274 名硕士研究生为研究对象，通过《研究生宿舍人际冲突调查问卷》分析了研究生宿舍人际冲突的现状及其主要来源，并通过《研究生宿舍人际冲突处理方式调查问卷》分析了研究生在应对宿舍人际冲突问题时惯用的处理方式情况。研究发现：研究生宿舍人际冲突感得分整体水平一般，在冲突感来源的 3 个方面中，因生活习惯差异所导致的宿舍人际冲突占大多数。研究生最常采用宿舍人际冲突处理方式为和解，其次是迁就和折中与回避处理方式，最少被采用的是抗争处理方式。研究生宿舍人际冲突处理方式与研究生宿舍人际冲突感存在相关性。[①]

第三军医大学王瑜整群抽取 2 所高校 8 个学院 1377 名硕士研究生为研究对象，采用人际关系诊断量表、交往焦虑量表、人际交往能力问卷、自我和谐问卷、自我效能感问卷、大学生生活满意度评定量表为测评工具，发现硕士研究生仍存在不同程度的人际困扰。应加强对硕士研究生的人际关系教育干预，尤其低龄和高龄、低年级和高年级、专业型、单亲、家庭教养方式不良的硕士研究生，需要重点关注。建议开展人际关系教育时要充分考虑硕士研究生的人际关系发展特点及教育需求的差异。人际关系教育讲座能有效缓解硕士研究生人际困扰和交往焦虑，提高人际交往能力。[②]

2. 研究生运动休闲行为

2014 年度与往年相似，对于研究生运动休闲行为的研究形式仍以硕士学位论文为主。研究者先以自编问卷对某一地区、某一专业的研究生进行调查，发现并总结研究生体育参与、运动动机、运动项目选择、运动场地、消费等现状及存在的问题，进而提出改善研究生体育行为的意见建议。

天津大学陈明宇对辽宁省部分高校在校博士研究生的体育行为进行调查，并建立了体育行为软件分析系统。调查结果表明，博士研究

① 卜珺. 硕士研究生宿舍人际冲突现状调查及对策研究 [D]. 北京：首都师范大学，2014.
② 王瑜. 硕士研究生人际关系特点及教育干预研究 [D]. 重庆：第三军医大学，2014.

生参与体育活动的现状不容乐观，体育人口比例较低。男女生在体育活动程度上存在显著性差异。博士研究生参加体育活动的场所表现出高度集中趋势，主要是在学校的运动场馆和宿舍的附近。排在前几项的运动是跑步、乒乓球、羽毛球、游泳。影响博士研究生参加体育活动的因素是多方面的，主要原因是缺乏余暇时间、个人惰性、缺少运动群体、压力大没有心情、缺乏场地器材。作者建议加大对博士研究生群体体育行为的理论研究，加强高校领导的重视程度，加强宣传教育，加大学校体育场馆，广泛开展各类体育比赛，增加博士研究生参加体育活动的机会。①

辽宁师范大学刘瑾利用《身体自尊量表》以及自编《研究生体育锻炼习惯调查表》随机抽取辽宁师范大学一年级至三年级研究生 350人进行实证调查，以探讨不同体育锻炼习惯与身体自尊之间的相互关系。研究发现在体育锻炼意识方面，94.9% 的学生对体育锻炼重要性有比较正确而理性的认识，但大部分学生体育锻炼意志较为薄弱。在体育锻炼动机方面，研究生参加体育锻炼的前三项动机依次为增强体质、缓解压力和健美减肥。在体育锻炼行为方面，研究生体育锻炼现状不容乐观。经常参加体育锻炼的学生仅占总数的 17.9%，一年级至三年级呈递减趋势，男生体育锻炼习惯明显好于女生。此外，经多元线性回归分析得知，体育锻炼时间和身体自我价值感呈负相关关系，体育锻炼频率与身体吸引力呈负相关关系，体育锻炼强度与身体自我价值感、身体素质呈负相关关系。无论体育锻炼时间、频率还是强度，均与身体状况呈正相关关系。②

福建师范大学常丽翠选取福州市大学城内符合福建省高校研究生培养机制规定的 5 所本科院校内的非体育专业的全日制硕士研究生为调查对象，发现研究生参与休闲体育活动的动机具有多元化的特点。此外，研究生参加休闲体育的态度会随着性别、年级、专业的不同而存在差异之处。影响福州市大学城本科院校硕士研究生休闲体育态度、行为的重要因素包括体育兴趣、学习压力大、缺乏时间、身体因素等。次要因素

① 陈明宇. 辽宁省普通高校博士研究生体育行为分析系统 [D]. 天津：天津大学，2014.
② 刘瑾. 研究生体育锻炼习惯与身体自尊的相关性研究 [D]. 大连：辽宁师范大学，2014.

为经济条件限制、体育场地器材缺乏、校园文化氛围等。①

3. 研究生婚恋行为

研究生婚恋行为一直是社会与学界关注的焦点。2014 年度光明日报社记者唐湘岳等②对硕博生的婚恋窘境如何破解进行了分析，法制周报钱凤伟③对女研究生择偶趋富心态进行了剖析，一定程度上说明了社会对研究生婚恋出现的问题广泛关注。

2014 年度研究者对研究生婚恋观较为关注，中国科学技术大学李龙科等通过问卷调查对 H 大学 465 名在校研究生的婚恋观进行研究。从婚恋现状、恋爱动机、择偶标准、对待同性恋的态度、离婚观等方面分析当代在校研究生婚恋观的特点和问题。并从性别和是否为独生子女等方面对研究生婚恋观的差异进行探析。④

广西大学周永红等人以 660 名在读研究生为被试，采用《婚姻态度量表》和《主观幸福感量表》，考察了研究生婚姻态度现状及其与主观幸福感的关系。研究发现当前研究生婚姻态度表现积极主动，婚恋压力普遍存在。研究生的一般婚姻观念在性别、家庭关系和学科专业表现上存在显著差异，研究生的自我婚姻评价或期望在家庭关系和自身婚恋状况方面存在显著差异，家庭关系是影响研究生婚姻态度的重要因素。婚姻态度与主观幸福感显著正相关，研究生的一般婚姻观念和自我婚姻评价或期望均可以预测其主观幸福感。⑤

华中师范大学贺红霞通过对武汉地区研究生婚恋道德观的调查，分析了我国当代研究生婚恋道德观的状况，总结出我国当代研究生婚恋道德观中存在着婚恋道德认知与道德行为之间的矛盾、婚恋道德选择呈现功利化倾向、婚恋道德中的道德责任意识淡化、性道德观念开放等问题。⑥

---

① 常丽翠. 福州市大学城本科院校全日制硕士研究生休闲体育态度、行为及其影响因素研究 [D]. 福州：福建师范大学，2014.

② 唐湘岳，徐敏，谭鑫. 硕博生的婚恋窘境如何破解？[N/OL]. 光明日报. 2014 – 07 – 03. http：//epaper. gmw. cn/gmrb/html/2014 – 07/03/nw. D110000gmrb_ 20140703_ 1 – 05. htm.

③ 钱凤伟. 女研究生择偶趋富的悲哀 [N]. 法制周报. 2014 – 03 – 01.

④ 李龙科，陈宇晴，刘艳芬. 当代研究生的婚恋观现状及特点分析—对 H 大学在校研究生婚恋观的调查研究 [J]. 研究生教育研究，2014 (2)：54—49.

⑤ 周永红，黄学. 研究生婚恋态度及其与主观幸福感的关系研究 [J]. 学位与研究生教育，2014 (5)：53—57.

⑥ 贺红霞. 当代研究生婚恋道德观及培育研究 [D]. 武汉：华中师范大学，2014.

第五节　文献分布及其特点分析

通过检索关键词，并根据研究内容进行再次筛选，2014 年度以研究生德育为研究主题的研究文献分布如下：著作 6 部，期刊论文 28 篇，学位论文 53 篇，报纸文章 5 篇，共计 92 篇（部）。不同类型研究文献比例分布如图 6 - 1 所示。

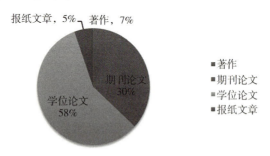

图 6 - 1　不同类型研究文献比例分布

与往年比较，研究生德育研究文献中期刊论文数量增加明显，著作、新闻报道数量持续增长，一定程度上说明研究生德育的关注度不断上升。2012—2014 年文献情况如下图 6 - 2 所示。

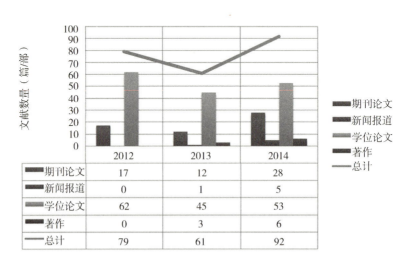

	2012	2013	2014
期刊论文	17	12	28
新闻报道	0	1	5
学位论文	62	45	53
著作	0	3	6
总计	79	61	92

图 6 - 2　2012—2014 年文献情况

在期刊来源方面，28 篇期刊论文中有 7 篇来源于《学位与研究生教育》，6 篇来源于《研究生教育研究》，4 篇来源于《黑龙江高教研究》。可见，研究生德育研究论文主要发表于研究生教育两大专业期刊上。

2014 年，在研究生德育各个主题中，有关研究生学术道德的文献数量最多，研究生思想政治教育文献数量次之。研究生日常行为及生活文献数量最少，且明显低于 2013 年（16 篇），2012 年（22 篇），主要由于学位论文数量减少所致。2014 年研究生德育文献主题分布如下图 6 - 3 所示。

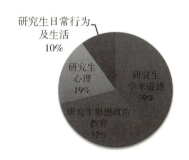

图 6 - 3　2014 年研究生德育文献主题分布

从研究内容上看，在研究生学术道德主题中，研究生学术诚信问题仍然是研究生学术道德主题中的热点研究领域，2014 年度有 20 位研究生选择这一问题作为学位论文的选题。此外，学者较为注重对学术失范问题产生的原因进行深入剖析，并从学生个人、学校、家庭、社会等方面提出防治措施。值得关注的是研究生德育评价是 2014 年度新出现的研究领域，学者引用满意度开发了德育评价模型。

研究生思想政治教育主题中，如何创新研究生思想政治教育模式是研究者关注的热点，研究者致力于拓展新形势下研究生思想政治教育的有效途径，包括社会实践、自主学习等。徐园媛等人还出版专著专门对这一问题进行研究。一定程度上说明了研究者对思想政治教育创新功能的格外关注。

在研究生心理健康主题中，压力、焦虑心理问题最被研究者所关注。此外也有不少研究者，特别是硕士研究生关注到了研究生专业认同问题。

在研究生日常行为及生活主题中，对研究生运动休闲行为的研究增多，研究者通过实证调研得出了一些相同的结论，如高校对研究生体育重视程度不够、研究生体育锻炼场地器材缺乏、男女生体育活动存在差异等。而女研究生的婚恋问题不再是研究的热点。

从研究方法上看，调查研究仍是研究生德育专题中主要的研究方法，个别研究采用问卷调查与访谈结合的混合研究方法，仅有一篇硕士论文以质性研究为主要研究方法。

专题七 学科建设研究

2014 年，学科建设研究主要包括省域学科建设、大学学科建设、单体学科建设、学科建设影响因素和学科评价 5 个研究主题。通过检索关键词，并根据内容进行筛选，2014 年度有关学科建设的研究成果包括期刊论文 47 篇、学位论文 2 篇，共计 49 篇。

第一节 省域学科建设

2014 年，省域学科建设研究主要包括针对某一特定省域学科建设情况的研究以及不同省域之间学科建设水平的比较研究。研究内容涉及省域学科建设中存在的问题以及破解的对策、省级学科建设经验的介绍以及不同省域学科建设水平的比较等。

一、不同省域学科建设水平的比较研究

临沂大学陈英文通过对 2012 年学科评估结果的统计分析发现，全国 30 个省份可以分为 5 个集团，北京市遥遥领先，江苏省、上海市、湖北省随其后而处于第二集团，四川省、山东省等 10 省份处于第三集团，吉林省、辽宁省等 6 省份处于第四集团，河北省、山西省等 10 省份处于第五集团。分析还发现，在国家实施"985 工程""211 工程"奠定的省域学科实力基本格局下，经济发展的巨大差异成为改变省域学科实力排名的首要因素，而各省份高校的历史、地理特征对此也产生了不可忽视的影响。①

---

① 陈英文. 高校学科实力的省域比较研究——基于 2012 年学科评估的结果 [J]. 教育科学，2014（4）：13—17.

二、部分省市高校学科建设情况

复旦大学樊晓杰和①上海理工大学刘虹②等人利用文献分析法对上海市高校学科建设情况进行了分析。樊晓杰基于 Scopus 数据库，利用 SciVal 分析工具，以 ESI 顶尖学科（全球 top1‰）和优势学科（全球 top1%），以哈佛大学、东京大学和香港大学作为标杆，对 SciVal 数据库收录的上海市 10 所高校的学科发展情况进行了分析评估。刘虹等则是将上海市高校参与教育部 2009—2012 年一级学科评估的学科通过学科映射进入 Incites 数据库中进行文献计量分析，引入泰晤士高等教育世界大学排行榜上榜高校在 Incites 数据库中的学科总引文数为参照系，对上海高校学科的国际影响力进行评价。研究发现，上海市高校在结构上表现为全市学科生态群布局不够合理，在学科水平上表现为顶尖学科匮乏，人文社会科学、管理学和艺术学等学科是目前上海市高校学科的软肋，影响力较弱。

江苏省一直高度重视高校的学科建设，早在 20 世纪 90 年代就着手推进省重点学科建设，在全国较早形成了比较完善的重点学科体系。南京航空航天大学张晓宁和杨晓江通过对 2012 年全国一级学科评估结果进行分析，归纳出了江苏省重点学科建设的三大经验。一是找准目标规划。学科建设不求面面俱到，而是找准某一切入点，重点突破，以点带面，形成学术引领型、人才拉动型、学科交叉型和服务主导型 4 种独特的、富有成效的学科建设模式。二是抓实过程推进。学科发展目标确定后，采取了注重"标杆"引领、注重高水平团队打造、关注拔尖创新人才培养、注重学科机制创新 4 个主要建设举措。三是围绕特色、围绕"国"字头、围绕创新形成合力，集聚成果呈现。③

近年来，辽宁省高校重点学科建设取得长足的发展，但也出现了许多问题：重点学科数量偏少，结构布局尚不合理；高水平学科带头人相对短缺；重点学科经费投入不足；重点学科科研成果转化率不高；对重

---

① 樊晓杰，王一珉. 上海市优势与潜力学科分析——基于 Scopus 数据库的文献计量分析 [J]. 复旦教育论坛，2014（4）：35—41.

② 刘虹，徐嘉莹. 上海市高校学科国际影响力评价——基于 Incites 数据库学科映射的文献计量分析 [J]. 复旦教育论坛，2014（4）：29—34.

③ 张晓宁，杨晓江. 试析江苏省高校重点学科建设的特征 [J]. 学位与研究生教育，2014（7）：34—34.

点学科各方面的扶持没有形成合力。结合这些问题，辽宁省教育厅景晓娜给出了相应对策：优化重点学科结构布局，建立资源共享机制，实现重点学科建设的可持续发展；加快学科带头人的培养和引进力度，建设结构合理的高水平人才队伍；建立多元投入机制，多渠道筹集资金，促进重点学科建设；建立产学研长效机制，争取重大科研项目，加速科技成果转化；加大政府推进力度，科学合理规划高校重点学科建设工作。[①]

相对于上海市、辽宁省而言，海南省在学科建设上存在着起步晚、学科专业分布不均衡、优势学科特色不强、学科交叉优势不突出、学科平台水平不高、高层次人才数量匮乏等问题。海南大学林华等人认为，作为一个以地方高校为主的省份，要提高核心竞争力，应从优化学科布局、提高交叉学科优势、拓宽人才引进渠道、创建协同创新中心、创新管理机制等方面入手，采取有效措施促进优势学科快速发展。[②]

第二节　大学学科建设

不同层次、不同类别、不同属性的大学学科建设模式不尽相同，长期以来，千校一面一直是我国大学学科建设中的突出问题。2014 年，不同研究者分别对行业特色型大学、地方大学、创业型大学、财经类大学、民族院校、军队院校的学科建设情况进行了探究。

一、行业特色大学学科建设

随着教育领域综合改革的不断深化，高校办学自主权的进一步扩大，行业特色高校的发展获得新的机遇，同时也面临着新的挑战。

就问题而言，主要表现为以下 5 个方面：一是高校之间的同质化问题。综合性院校挺进行业领域，行业特色高校特色学科优势减退。二是由于学校与行业之间的疏离，行业特色高校资金和资源保障能力下降。

---

① 景晓娜. 高校重点学科存在的问题及对策分析——以辽宁省为例 [J]. 黑龙江高教研究，2014（9）：38—40.

② 林华，邓秀成，邹文涛. 地方高校优势学科建设探讨——以海南省为例 [J]. 中国高校科技，2014（12）：58—60.

三是资源竞争加剧，这种竞争有来自于企业的，也有来自与非行业大学特别是高层次综合性大学的竞争压力，同行业学校之间的竞争也日益激烈。四是开放性不够，产学研合作后劲不足，合作企业类型较为单一、全方位战略联盟尚未形成。五是制度建设欠缺，考评机制、分配机制和激励机制等体制机制障碍制约了学科的发展。①②③④

就对策而言，一是建立适应产业和区域发展需求的学科特色体系建设，突出优势，强化特色，引领行业发展。二是整合学科资源，调整学科结构，改善学科布局，形成整体优势。三是围绕优势特色学科，构筑高水平学科群，促进学科的交叉与融合。四是以人为本，健全环境支撑体系，建立长效的产学研合作激励机制、建立合理的利益分配机制等。五是发挥行业高校独特优势，立足产学研合作，加强高校与企业间的交流沟通，建立校企全方位战略联盟模式，为行业企业提供知识、技术服务和人力支持。六是重视行业产业战略发展规划，构建服务于行业产业的科技创新平台，构建与相关行业产业紧密联系的新机制。⑤⑥⑦⑧⑨

二、地方高校学科建设

地方高校在高等教育系统中占据着重要的地位，发挥着不可替代的作用。浙江师范大学刘尧基于学科建设与科学研究视角论述了地方大学从外延发展向内涵发展的转变；浙江财经大学倪建伟、广西大学李雪玉、西南科技大胡茂分别研究了地方高校重点学科建设和地方高校学科群建设问题；淮南师范学院张爱群、滨州医学院刘树琪和福建工程学院

① 王增国. 办学自主权扩大与行业特色高校核心竞争力的提升 [J]. 黑龙江高教研究, 2014 (11)：72—74.
② 闫俊凤. 生态学视域下行业特色高校学科建设 [J]. 高教探索, 2014 (2)：96—99.
③ 李针宇. 行业特色高校产学研合作模式创新研究 [J]. 中国高校科技, 2014 (10)：34—35.
④ 王永生. 适应传媒产业转型升级 强化行业特色大学学科建设 [J]. 中国高等教育, 2014 (19)：13—16.
⑤ 王增国. 办学自主权扩大与行业特色高校核心竞争力的提升 [J]. 黑龙江高教研究, 2014 (11)：72—74.
⑥ 闫俊凤. 生态学视域下行业特色高校学科建设 [J]. 高教探索, 2014 (2)：96—99.
⑦ 薛岩松, 卢福强, 毕华. 行业特色高校学科与专业建设策略 [J]. 中国高校科技, 2014 (7)：42—45.
⑧ 李针宇. 行业特色高校产学研合作模式创新研究 [J]. 中国高校科技, 2014 (10)：34—35.
⑨ 郜晖. 高水平特色研究型大学形成机制分析 [J]. 国家教育行政学院学报, 2014 (6)：59—63.

吴仁华则分别对地方高师院校、地方医科院校以及地方新建本科院校的学科建设进行了研究。作者们一致认为，地方大学在外延发展时期，存在着缺乏清晰的办学理念和明确的发展方向，办学指导思想定位不准；办学理念落后，忽视地方性与特色性，难顶天、难立地；资源禀赋不足，资源竞争力差；管理制度缺失，组织保障不到位，等等。同时，作者们一致指出，实现从外延发展向内涵发展的转变是地方大学发展必然的选择，在从外延发展向内涵发展的转变的过程中，地方大学的学科建设要立足于未来、地方与特色的理念，集中优质资源打造品牌，突出优势，突出重点，强化特色，打造学科核心竞争力；加强学科融合与交叉，凝练特色，彰显个性，形成体系；发挥高校服务职能，加强对社会的贡献度，统筹规划，错位竞争，协调发展。①②③④⑤⑥⑦

三、创业型大学学科建设

基于打造"学科尖塔"理念的创业型大学治理模式，既是对高等教育市场竞争和社会问责的积极应对，也是对大学核心价值观的有效传承。⑧ 浙江农林大学付八军认为，创业型大学的"学术心脏地带"在学科，创业型大学的学科建设贵在"激活"，亦即推行"知识生产—知识传承—知识应用"的学科模式，延长知识生产链条，走出封闭的象牙塔，注重成果的转化，瞄准知识的应用。从大学内部建设主体来看，需要"激活"三支队伍：实现成果转化的中介组织、生产应用性成果的

① 刘尧. 地方大学从外延发展向内涵发展的转变——基于学科建设与科学研究视角 [J]. 高校教育管理，2014（7）：97—11，15.
② 倪建伟. 基于区域发展的地方高校重点学科特色化建设教育发展研究 [J]. 中国高校科技，2014（9）：15—19.
③ 胡茂，刘知贵. 依托行业背景，建设基于特色化发展的地方高校优势学科群——以西南科技大学为例 [J]. 研究生教育研究，2014（12）：56—59.
④ 张爱群，曹杰旺. 地方高师院校学科专业建设的困境 [J]. 教育发展研究，2014（1）：80—84.
⑤ 刘树琪. 突出适应社会发展导向 优化调整学科专业结构 [J]. 中国高等教育，2014（10）：55—57.
⑥ 吴仁华. 大学科布局：地方新建本科院校发展工科的重要策略 [J]. 高等工程教育研究，2014（1）：66—70.
⑦ 李雪玉. 基于核心竞争力的地方综合性大学国家级重点学科建设研究 [D]. 南宁：广西大学，2014.
⑧ 刘永芳，龚放. 打造"学科尖塔"：创业型大学治理模式的创新及其启示 [J]. 中国高教研究，2014（8）：32—36，616.

专任教师，尤其是推动组织转型的高校领导。①

四、其他类型高校的学科建设

燕山大学李兴国等对上海财经大学、中央财经大学、西南财经大学、中南财经政法大学、对外经济贸易大学等教育部直属 5 所财经类高校的理论经济学、应用经济学、法学、统计学、工商管理、公共管理、管理科学与工程 7 个核心主干学科 2012 年评估结果和高端办学资源进行了研究，结果表明，我国重点财经类大学学科建设还存在着诸多问题：一是经济学科强、管理学科弱；二是应用经济强，理论经济弱；三是存在"强校趋强，弱校趋弱"的马太效应。作者进一步指出，重点财经类大学学科发展应遵循以下策略：高度重视，科学谋划；强制参评，以评促建；经管互动，协调发展；加强交流，合作共赢；立足行业，保持特色；开放办学，走向世界。②

中南民族大学张征以民族院校的学科发展历程为切入点，认为影响民族院校学科发展的因素主要包括国家民族工作的政治需要、民族地区经济社会的发展需要、学科的知识逻辑以及民族院校的组织文化均成。作者指出，调整学科布局，优化学科结构，遵循知识生产规律并着眼民族地区经济社会发展需要对于提升民族院校的宏观结构质量和办学水平有着重要意义。③

军队研究生教育是培养高层次创新军事人才的主要途径，具有鲜明的自主性、导向性和计划性等特点，海军航空工程学院朱爱红、北京理工大学赵清华等人④对军队院校的国家重点学科以及一级学科水平评估结果的研究表明，军队院校学科水平提升较快，在过去 10 年里，军队院校的学科整体实力提升速度明显高于我国高校平均水平。推进军队学科建设的科学发展，要坚持以军事力量体系调整为牵引，完善军队院校学科布局动态调整机制、加大学科布局调整优化力度、健全军队学科评

① 付八军. 激活学术心脏地带：创业型大学学科建设图景分析 [J]. 教育发展研究，2014 (7)：14—17.

② 李兴国，赵晓冬. 教育部直属财经类高校的学科发展策略——基于学科评估的视角 [J]. 黑龙江高教研究，2014 (7)：56—59.

③ 张征. 论民族院校的学科发展路径 [J]. 黑龙江高教研究，2014 (4)：1—4.

④ 朱爱红，赵清华，范振东. 我国军队院校学科分布与发展现状研究 [J]. 学位与研究生教育，2014 (5)：32—36.

估常态运行机制。

第三节 单体学科建设

从 2014 年对单体学科建设的研究范畴来看，单体学科建设研究一方面包括了对交叉（跨）学科的研究，主要包涉及交叉（跨）学科组织、交叉（跨）学科研究的制度、交叉（跨）学科文化。另一方面包括了某一具体学科的建设问题，主要涉及新学科的构建以及对已有学科的审视和反思。

一、跨（交叉）学科建设

从跨学科研究制度建设看，跨学科研究在很多时候存在制度上缺失："当前跨学科研究制度的困境可以归结为传统学术评价制度的障碍、僵化的认识障碍、资源配置的障碍以及教学与科研职能的背离。"[①]浙江树人大学周朝成基于新制度主义视角，认为学科是一种知识体系、规训制度与学术组织的统一体，负载着不同学科利益，跨学科研究组织已经成为大学推动科学创新的重要载体。跨学科研究组织内的不同学科之间存在学科文化、学科权力与学科利益等层面的冲突，跨学科研究组织的持续发展需要学科共同目标、学科利益分享机制、学科权力制衡机制和学科文化共同话语框架，通过共同治理消解学科冲突。[②]

跨学科文化的形成对于跨学科研究而言既是必要的也是一个历时较长、困难重重的过程。学者接受彼此的语言符号，形成共有的话语，坚持共同的合作愿景是跨学科文化形成的重要标准。[③] 南京信息工程大学的关辉探讨了跨学科研究生学科文化的适应问题，认为学科文化本身作为学科软实力是推动学科发展的动力源泉，也具有实实在在的育人功能；相反，学科文化差异则会带来一定的认知功能障碍从而阻滞学科发展。跨学科文化适应是一个知识补充和对话的过程，也是一个寻找文化

---

① 王建华，程静. 跨学科研究：组织、制度与文化 [J]. 江苏高教，2014（1）：1—4.

② 周朝成. 大学跨学科研究组织冲突与治理对策：新制度主义的视角 [J]. 教育发展研究，2014（9）：40—45.

③ 王建华，程静. 跨学科研究：组织、制度与文化 [J]. 江苏高教，2014（1）：1—4.

之间链条并解决问题的过程。主动适应学科文化是跨学科研究生教育质量提升的逻辑起点和瓶颈之所在。跨学科研究生只有顺利度过文化适应阶段，才能利用有限资源完成跨学科学习研究任务，实现创新。①

就组织建设而言，南京师范大学王建华等人认为，按照承办主体的不同，跨学科研究的途径一般有 3 种：一是通过学会、协会等学术团体进行；二是通过社会上独立的研究所进行；三是大学设立跨学科研究中心进行。其中最主要的场地仍旧是大学。② 浙江师范大学万秀兰等人通过对"美国研究"学科发展历史的研究，认为美国高校交叉学科的发展模式主要有自主模式和依赖模式两种。两种发展模式各有优缺，可以并存发展，但最佳的发展模式是融合两者的优势。③ 南京农业大学宋华明等人重点探究了 21 世纪以来德克萨斯农工大学的交叉学科监督机构、俄亥俄州立大学的创新中心计划、加州大学戴维斯分校的交叉学科前沿项目、威斯康星大学麦迪逊分校的哈奇项目在推进学科交叉融合中的重要作用。④ 同济大学郭强⑤则把加大伯克利的组织化研究部门、新倡议研究中心及多样性研究项目作为典型的跨学科研究机构进行了重点分析。

二、新学科的构建

我国向研究生教育强国迈进的步伐呼唤研究生教育研究的繁荣，呼唤研究生教育学学科的诞生。赵沁平院士指出，我国数十年具有中国特色的研究生教育发展实践和制度体制建设，为广泛深入开展研究生教育研究，构建研究生教育学学科体系提供了丰富的素材，构建研究生教育学势在必行。⑥ 北京理工大学的王战军教授从更细致的层面研究了我国研究生教育研究的现状以及存在的问题，在阐释建立研究生教育学学科

---

① 关辉. 主动适应：跨学科研究生学科文化适应的理性选择 [J]. 学位与研究生教育，2014（9）：48—52.

② 王建华，程静. 跨学科研究：组织、制度与文化 [J]. 江苏高教，2014（1）：1—4.

③ 万秀兰，尹向毅. 美国高校交叉学科发展模式及其启示 [J]. 比较教育研究，2014（12）：20—25.

④ 宋华明，常姝，董维春. 美国高校推进学科交叉融合的范例探析及启示 [J]. 学位与研究生教育，2014（9）：73—77.

⑤ 郭强. 加大伯克利跨学科研究机构组织机制分析 [J]. 中国高校科技，2014（8）：70—73.

⑥ 赵沁平. 开拓、创新、求真，科学构建研究生教育学学科体系 [J]. 研究生教育研究，2014（12）：1—3.

的重要性、可行性和迫切性的基础上，指出了研究生教育学研究的方向和路径。[①]

朱高峰院士则对建立工程教育学科提出了建议。朱高峰院士认为，就我国工程教育研究现状来说，研究的领域、对外交流的范围正在向深度和广度拓展，产生了一批有一定深度和广度的成果。但总的来说，无论是研究本身，还是总结性的文献，都还是初步的，其深度和广度还不够，与快速发展的教育实践还不相称，远不能适应我国大规模建设对人才需求的现状。朱高峰院士指出，我国工程教育研究，在方向上，要从动态发展的角度研究社会对工程人才的需求，研究社会环境的变化对教育理念、内容和方法的影响，研究工程教育自身的规律和本质特点。[②]

湖南师范大学姜自燕论证了建立体育艺术学的必要性和可行性，认为体育艺术学已经具备了成为一门独立学科的条件。我国体育艺术学应定位于艺术学门类之下的一级学科，并下设体育艺术、体育艺术表演、团体体育艺术表演三个二级学科。[③]

第四节　学科建设影响因素

学科是建设一个系统工程，其发展受到系统内外多种因素的影响。在学科建设影响因素方面，有研究者对国家政策、制度环境等外部因素进行了研究，还有研究者对学术队伍、学科结构、科研平台等内部因素进行了研究。

一、学科规划与学科政策

如果说学科建设是大学建设的龙头，那么学科规划则是学科建设的龙头。学科规划不是拍脑袋的行为，必须在科学理论指导下严格论证。

---

① 王战军. 加强研究生教育科学研究 促进研究生教育改革与发展 [J]. 学位与研究生教育，2014（8）：1—5.

② 朱高峰. 论工程教育研究与改革——对建立工程教育学科的思考 [J]. 高等工程教育研究，2014（1）：1—5，23.

③ 姜自燕. 体育艺术学学科建设研究 [D]. 长沙：湖南师范大学，2014.

张端鸿认为，以事实为基础的循证决策和以直觉为基础的经验决策是决策模式的两个重要取向，对于决策过程而言都是必不可少的。长期以来中国高校的学科规划仍然是单一的以经验决策为主的决策模式，尽管政府和高校都越来越重视数据分析在学科规划中的作用，但是简单化、绝对化的数据分析却可能将决策过程引向歧途。将循证决策模式引入高校学科规划是突破经验决策的局限，实现学科规划的科学决策是问题的重要手段之一。[①] 申纪云通过对十几年的学科建设历程仔细的回顾，认为在学科发展规划上，要正确处理好学科自身发展需要与学校发展需要、社会发展需要之间的关系；在学科建设发展的目标上，正确处理好数量规模的扩张与学科结构调整优化之间的关系；在学科建设资源配置上，正确处理好做强优势学科与扶持新兴交叉学科、带动一般学科发展之间的关系；在学科建设发展的方式上，正确处理好加大外延投入与注重内涵发展之间的关系；在学科队伍建设上，正确处理好引进与培养之间的关系；在学科建设评价上，正确处理好科研成果与人才培养、社会效益之间的关系。[②]

上海电力学院谢冉认为，国家重点学科审批制度在我国大学学科建设历史上发挥了重要的作用，重点学科审批制度的实施，有效地增强了高校的竞争理念，提升了高校的办学水平，促进了学科的合理布局。不过，重点学科审批制度精英化的评审理念、单一化的指标要求以及自上而下的政策引导，已经不能适应高等教育大众化时代的要求。因此，重点学科审批制度势不可免。2014 年 1 月，国家重点学科审批制度被取消。随着重点学科审批制度的取消，学科建设的思路也应突破原有模式，具体而言，即从"指定指标"到"协商指标"，从"单一评估"到"多元评估"，从"结果公示"到"全程透明"，从"政策他律"走向"高校自律"。[③]

二、学科组织结构

华东师范大学董向宇考察了我国研究型大学院系形态与结构的适切

---

① 张端鸿，蔡三发. 循证决策在高校学科规划中的应用—以 A 大学新一轮学科建设方案决策为例 [J]. 复旦教育论坛，2014 (4)：21—28.

② 申纪云. 科学谋划高等学校学科建设 [J]. 中国高校科技，2014 (7)：4—6.

③ 谢冉. 国家重点学科审批制度：历史考察与转型路径 [J]. 高等教育研究，2014 (4)：23—28.

性，认为我国研究型大学院系数量偏多、院系学科含量小的形态与结构并不能有效满足要求。因此，调整院系设置方式、整合院系以扩大院系学科含量，创建适切的跨学科组织就成为改革的基本方向。① 对此，青岛理工大学戴吉亮通过研究美国著名理工大学的学院设置数量、学院设置类型与学院设置的学科依据，提出了具体的规模数量：学科结构较为复杂、学科水平较高的理工大学学院设置数量宜控制在 15 个左右，学科结构较为简单、学科水平较低的理工大学学院设置数量宜控制在 10 个左右。②

在院系发展上，厦门大学张振等人认为，我国大学内部院系之间存在明显的"贫富分化"现象。"贫富分化"的外部诱因是由于大学对政府的资源依赖，内部诱因则是由于不同学科具有的不同学科属性和学科禀赋。而"贫富分化"存在着极大危害，一是容易导致与"贫困"院系相关的学科领域人才外流和后继乏人，二是会对社会发展和人的发展造成消极影响。要缓解大学内部院系之间的"贫富分化"，应该坚持公平与效率兼顾的公共经费配置原则，并采取变"增量预算"为"硬化预算"的公共经费配置方式。③

学术特区是对现有学科组织结构模式的突破，大陆许多高校通过建立形式多样的"学科特区"引领高校卓越发展。辽宁教育研究院赵哲④的研究表明，我国高校"学科特区"的组织模式主要包括：第一，新建科研院所，积极创设高校学科发展新平台；第二，依托现有学科优势资源，持续开展重点学科、新兴学科与交叉学科建设；第三，实施学科集群化发展战略，集中力量构筑学科群品牌。实施路径主要包括赋予学科带头人较大的管理自主权、构建良好的学科生态系统、创新学科人事管理制度、完善教师考核评价机制和营造优良的制度环境 5 个方面。

① 董向宇. 学科交融背景下我国研究型大学院系形态与结构的检视［J］. 教育科学，2014（3）：71—77.
② 戴吉亮，阎传海. 美国著名理工大学学院设置特征及其启示［J］. 黑龙江高教研究，2014（9）：53—55.
③ 张振，武毅英. 我国大学内部院系之间"贫富分化"的诱因及反思［J］. 江苏高教，2014（1）：48—51.
④ 赵哲. 我国高校学科特区建设的模式、路径与启示［J］. 黑龙江高教研究，2014（6）：20—23.

三、学科队伍建设

学科带头人和学科队伍是高校学科建设的主体和核心，是大学的灵魂。如何培育学科带头人和学术队伍是目前高校迫切需要解决的现实问题。

就学科带头人而言，浙江工业大学钱佩忠认为，学科带头人是大学发展的"主体性要素"，其基本定位是"领导型学者"。一般而言，单个"学术人"学术能力的提升并非完全意义上的学科带头人的成长，他的成长是通过学科成长发展的阶段性表征体现出来的。当前，大学学科带头人多为历史的"自然成长"，普遍存在科学引领学科发展的能力危机。为此，需要加强学科带头人在学科战略规划、队伍整合、资源获取、民主决策与管理等方面能力的培养。[1] 江西师范大学张意忠通过探究一些学科带头人的成长路径发现，师承效应是其成长的捷径与必由之路，是其成长的基本规律。[2]

就学科队伍而言，南京航空航天大学许赞[3]认为，在学科创新系统中存在很多制约因素，首当其冲的就是学科团队。学校与学科团队实现合作创新是研究型大学提升学科创新能力的关键所在。天津科技大学慕静、王仙雅[4]基于复杂适应系统理论，指出高校科研创新团队是一个具有多主体性、多层次性、开放性、非线性、自组织性的复杂适应性系统。主体自身能力限制、外界科研环境驱使和团队合作创新的优势是促使科研创新团队形成 3 个驱动因素，科研成果、知识共享、自身发展和合作创新则是科研创新团队形成的 4 个制约因素。

第五节　学科评价研究

学科水平是多项表征指标的综合反映，对某一指标的过度强调或忽

① 钱佩忠. 论大学学科带头人的成长学科队伍 [J]. 教育发展研究，2014（1）：69—74.
② 张意忠. 师承效应——高校学科带头人的成长规律 [J]. 高教发展与评估，2014（5）：48—54.
③ 许赞. 研究型大学与学科团队合作创新机制构建研究 [J]. 江苏高教，2014（2）：57—58.
④ 慕静，王仙雅. 基于 CAS 理论的高校科研创新团队形成机制研究 [J]. 黑龙江高教研究，2014（10）：8—11.

略不仅会影响对学科水平的真实评判，也会影响学科建设的方向。2014年，在学科评价方面，研究者们集中于域外学科评价的新的进展以及我国与之的比较。

一、域外学科评价的进展

2008 年，英国在大学科研水平评估（Research Assessment Exercise，简称 RAE）的基础上，提出了科研卓越框架（Research Excellence Frame，简称 REF）。REF 既延续了 RAE 的评估原则和组织策略，又在改革过程中重新建构了政府、高校、企业和第三方评估机构的关系，取得了较好的改革成效。东北大学李漫红等人对 REF 的研究发现，在内容上，REF 评价内容涵盖整个科研过程，较好地体现了系统性；同时由于 REF 是按照学科来划分评估单元，评价内容体现了学科分类特点，评估更具有针对性；此外 REF 更加强调应用性，重点突出了工商企业界与高校科研的合作指标和权重。在评估组织上，REF 的组织机构包括预评估委员会、主评估小组、分评估小组、数据外包处理商等，凸显了独立性和公正性，提高了科研评估的效率和质量。在技术上，REF 以学科为评估单元，采取动态灵活的权重系统和分类与区间并存的学科科研评估结果，在一定程度上克服了科研评估原有弊端，提高了评估效率和可信度。①

二、基于评价的美国大学教育学科

苏州大学秦炜炜依据《美国新闻与世界报道》1995—2013 年对美国教育学院的评价和排名，以美国一流教育学院和专业为研究对象，对这些学院的宏观布局生态以及一流专业的微观分布态势进行全景式扫描和分析，初步探索了美国一流教育学院和一流教育专业分布生态与发展消长的轨迹。统计分析发现，美国一流教育学院分布具有相对稳定性和有限流动性，一流教育学院具有一定的名校效应，一流教育学院与一流教育专业保持着一种共生依存的关系；一流教育专业同样存在明显的相对稳定性和马太效应。但是另一方面，教育专业排名与教育学院综合排

---

① 李漫红，姜华. 英国大学卓越科研框架（REF）特征分析及其影响［J］. 现代教育管理，2014（9）：119—122.

名并不总是表现出正相关性，有的学校教育专业不论是名次还是数量都非常令人骄傲，但是教育学院综合排名却差强人意，这或许与名校效应有关。①

三、基于比较的中国大学学科建设建设

盐城师范学院易高峰对 2000—2012 年 C9 高校和日本、英国、美国研究型大学群体的学科论文的产出规模、被引比重、活跃指数和相对影响力等指标进行比较分析。② 复旦大学樊晓杰③和上海理工大学刘虹④等人都利用文献分析法对上海市高校学科建设情况进行了分析。樊晓杰基于 Scopus 数据库，利用 SciVal 分析工具，以 ESI 顶尖学科（全球 top1‰）和优势学科（全球 top1%），以及 3 所代表全球（哈佛大学）、亚洲（东京大学）和中国（香港大学）最高水平的高校作为标杆，对 SciVal 数据库收录的上海市 10 所高校的学科发展情况进行分析评估。刘虹等则是将上海市高校参与教育部 2009—2012 年一级学科评估的学科通过学科映射进入 Incites 数据库中进行文献计量分析，引入泰晤士高等教育世界大学排行榜上榜高校（简称泰晤士 Top400）在 Incites 数据库中的学科总引文数为参照系，对上海高校学科的国际影响力进行评价。霍夫斯特拉大学陈力凡认为区位商可以阐述各高校各个学科的相对集中程度与专业程度，有效揭示与解释学科的相对发展水平。作者从学科产出（论文量）、学科收入（被引次数）两大要素出发，利用经济学中区位商、基尼系数等思想，从大陆与国际视角考察"985 工程"高校分布情形。⑤

不同的视角的研究都显示了相似的结果。就研究方法而言，樊晓杰认为以引文量为单一指标判定学科科研的发展状况是有缺陷的；刘虹也

---

① 秦炜炜. 美国一流教育学院的评估与宏观生态 ［J］. 高教发展与评估，2014（7）：93—102，120.

② 易高峰. C9 高校学科水平的现状与对策研究——基于世界一流大学群体的比较 ［J］. 教育科学，2014（2）：56—61.

③ 樊晓杰，王一珉. 上海市优势与潜力学科分析——基于 Scopus 数据库的文献计量分析 ［J］. 复旦教育论坛，2014（4）：35—41.

④ 刘虹，徐嘉莹. 上海市高校学科国际影响力评价——基于 Incites 数据库学科映射的文献计量分析 ［J］. 复旦教育论坛，2014（4）：29—34.

⑤ 陈力凡. 基于区位商的高校分类管理研究——以"985 工程"高校为例 ［J］. 研究生教育研究，2014（2）：60—64.

认为国际引文排名和大陆学科排名之间不存在相关关系，原因在于两者排名指标存在差异，国际引文排名只是一个单一指标，而中国教育部学位中心的一级学科排名则是一个综合性指标，包括 4 个一级指标，20 个二级指标，以及数十个指标数据采集点。就学科水平而言，都显示我国大学尤其高水平大学的学科论文被引比重与世界一流大学的差距在逐渐缩小，但整体实力与世界一流高校有明显的差距。

第六节 文献分布及其特点分析

2014 年度有关学科建设的研究成果文献共有 49 篇。其中，期刊论文 47 篇，硕士研究生学位论文 2 篇。文献研究涉及 5 个主题，各主题的研究文献比例分布如图 7 - 1 所示。

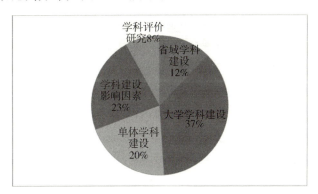

图 7 - 1　学科建设研究文献比例分布

一、2014 年度有关学科建设的研究特点

1. 推出了新观点

2014 年，部分专家学者就建立研究生教育学、工程教育学、体育艺术学展开了研究。赵沁平院士和王战军教授认为，研究生教育实践和理论研究都为研究生教育学的建立奠定了基础，构建研究生教育学势在必行。朱高峰院士就如何构建工程教育学了自己的看法。朱高峰院士指出，要从动态发展的角度研究社会对工程人才的需求，研究社会环境的变化对教育理念、内容和方法的影响，研究工程教育自身的规律和本质特点。而湖南师范大学的姜自燕则认为体育艺术学已经具备了成为一门

独立学科的条件。我国体育艺术学应定位于艺术学门类之下的一级学科，并下设体育艺术、体育艺术表演、团体体育艺术表演 3 个二级学科。

2. 拓展了新领域

省域学科建设研究一直是学科建设研究的薄弱领域。随着省级教育筹权的加大，人们对省域学科建设问题越来越关注。2011 年关于省域学科建设文章 1 篇，2012 年 3 篇，2013 年 1 篇，2014 年 6 篇。2014 年的研究既有对一省域学科建设情况的研究，如上海市、江苏省、辽宁省、海南省等，也有对不同省域之间学科建设的比较研究。

3. 移植了新方法

区位商是指一个地区特定部门的产值在该地区总产值中所占的比重与全国该部门产值在全国总产值中所占比重方面的比率。通常用于衡量某一区域要素的空间分布情况及某一区域在高层次区域中的地位与作用，是产业效率与效益分析的定量工具。霍夫斯特拉大学陈力凡将区位商引入学科评价，用区位商阐述各高校各个学科的相对集中程度与专业程度，揭示与解释学科的相对发展水平。

循证决策（Evidence Based Policy Making，EBPM）的概念最早源于循证医学。戴维斯（Davis）认为，循证决策就是决策建立在经过严格检验而确立的客观证据之上，"通过把可能获得的最佳证据置于政策制定和执行的核心位置，帮助人们做出更好的决策"。张端鸿、蔡三发将循证决策模式引入了高校学科规划，高校学科规划要遵守循证过程的基本步骤：提出问题、证据检索、严格评价、决策与行动。

4. 体现了新趋势

重视分层分类研究。在层级上，省域研究颇受关注；在类别上，主要体现于对具有共同特征或属性大学学科建设的探讨，如行业特色大学、创业型大学、地方特色学校等。

二、2011 年以来学科建设研究的发展特点

（1）从作者群来看，2014 年学科建设文献中学位论文数量明显减少，2011 年学位论文 9 篇，2012 年 15 篇，2013 年 19 篇，2014 年仅有2 篇。

（2）从研究内容来看，2014 年度，交叉学科建设、大学学科建设

影响因素、学科评价等依然是关注的重点，对于重点学科建设的关注度明显下降，而省域学科建设、研究生教育学科体系建设等则逐渐成为了热点问题。学科评价研究的国际化视野逐渐加深，大样本的数据分析被广泛应用。

（3）从存在的问题来看，实证研究多，理论研究少，实证研究多集中于经验介绍等现象依然是学科建设中比较突出的问题。

专题八　研究生教育管理研究

经过关键词检索与人工筛选，2014 年度关于研究生教育管理研究的文献共 113 篇。其中，期刊论文 51 篇、研究生学位论文 25 篇、专著4 部、报纸文章 33 篇。在认真研析文献观点与研究进展的基础上，专题八文献综述纳入 34 篇文献。在宏观层面，2014 年度研究生教育管理主要关注研究生教育的综合改革、质量保证与监督体系建设、研究生教育学位法等主题；在微观层面上关注的主题有研究生教育学部制改革、学术激励机制、研究生信息管理系统、研究生助教工作和研究生收费及奖助制度落实效果等。

第一节　宏观管理体制

为贯彻落实中共党的十八大和教育规划纲要精神，推动我国研究生教育改革发展，国务院学位委员会对研究生教育综合改革进行了系统设计和谋划，研究者们也从研究生教育发展模式、人才培养模式改革、质量保证与监督体系建设、学位法等方面进行了探讨，以提升研究生教育主动服务社会需求的能力，切实提高培养质量。

一、研究生教育综合改革

1. 研究生教育发展模式改革

近年来，随着高等教育的快速发展，人们对高等教育的需求逐渐提升到研究生教育的层次上，也对研究生教育提出了更高的要求，既要追求量的增加也注重质的发展。这就要求研究生教育必须由规模性增长转向内涵式发展。中国矿业大学吕向前认为研究生教育内涵式发展具有时代性，是我国经济与社会发展转型的客观需要、人民日益增长的对研究生教育发展的诉求以及高效研究生教育自身发展的必然结果；指出了研究生教育内涵式发展的本质，即以提高教育质量优化教育结构为本质特征；认为推进我国研究生教育内涵式发展需要将讲究科学的方法并遵循发展规律，在创新的基础上坚持深化改革方针。① 政府主导的研究生教育发展是由我国国情决定的，中国人民大学李立国分析了政府主导下的我国研究生教育发展特征，指出其在促进研究生教育平衡发展的同时，也导致了研究生教育政策的僵化，提出建立科学有序的机制，特别是"需求和条件相结合"的刚性约束机制。② 南京师范大学顾超建议适当调整学位授权点数量、控制招生规模、重新审定培养目标、加强导师队伍管理、建立研究生教育管理体系以改善目前的研究生学位授权点数量过多、招生规模增长过快、培养目标与定位偏离、导师对研究生指导不够、研究生教育管理模式陈旧以及奖惩制度执行不力等问题。③

2. 研究生教育人才培养模式改革

2010 年《关于开展国家教育体制改革试点的通知》的印发标志着国家教育体制改革试点工作全面启动。"改革人才培养模式"是十大专项改革之一。试点改革启动 3 年多以来，试点单位按照试点任务的要求进行了积极的实践创新，取得了初步成效。国家教育行政学院教研部副教授杨红霞认为，如果将高等教育体制比作一个圆，人才培养模式便是圆心，办学体制、管理体制以及保障机制则是依次拓展的同心圆。试点改革单位的人才培养观念不断更新，教育教学模式不断创新，不论是创新型人才培养模式改革，还是应用型人才培养模式改革，都积累了不少有价值的典型经验，如导师制、小班化、个性化和国际化的拔尖创新人才培养模式、书院式人才培养模式、高校与科研院所和行业企业联合人才培养模式等。人才培养模式改革本质上是以人才培养为核心的教育体制综合改革，试点涉及的改革内容多而且复杂，内容之间相互关联。改革在实施过程中，遇到问题和困难在所难免，目前遇到的主要问题包括国家政策支持力度不够、教师参与改革的积极性

---

① 吕向前，查振高. 关于我国研究生教育内涵式发展的哲学思考［J］. 学位与研究生教育，2014（4）：41—44.

② 李立国，黄海军. 政府主导下的我国研究生教育发展特征［J］. 复旦教育论坛. 2014（1）：67—73.

③ 顾超，李青励. 论高校研究生教育管理改革创新的多维向度［J］. 黑龙江高教研究. 2014（12）：88—91.

不高、二级学院内部治理结构仍需完善等。为进一步推进改革，建议尽早出台和完善招生制度、研制专业类教学质量国家标准、赋予二级学院更多自主权等。为更好推进试点下一步的改革工作，结合试点单位的改革实践，杨红霞从拔尖人才培养、应用型人才培养、试点学院改革、研究生培养、开放大学建设 5 个方面对推进试点改革梳理出一些改进的政策建议。①

浙江财经大学颜建勇认为，研究人才培养模式的变化要从学科发展、国家战略需求、经济发展、社会需求等多个视角入手。他指出研究生培养模式具有动态性、发展性等特征，其变化是多种因素共同驱动、相互作用的结构。其中，学科发展规律内在驱动力、外部需求是重要驱动力、社会生产力发展是最终驱动力。无论是出于内在因素驱动的生成演变，还是出于外在因素驱动的主动调整和适应性调整，研究生教育结构都应当以当时所处的社会生产力发展水平为基础，更好地适应和促进学科发展的需要，更好地满足和促进国家经济社会发展的需要。②

清华大学李旭从供需关系的视角出发，运用数据分析的定量研究方法，指出我国研究生教育类型结构与经济社会发展的协调性较低，学术型人才"供需失调"，应用型人才的供给数量明显小于当前非科研岗位的需求数量，学术型人才则占据了大量的非科研类岗位。针对这种现象，建议相关部门保持学术学位研究生教育和专业学位研究生教育之间的规模比例和各自增速，分类改革并优化研究生的培养模式，将类型结构调整从外延式转向内涵式。③

关于研究生教育的综合改革，华东师范大学陈云基于高等教育分层视角，指出了研究生教育的实质，对研究生教育的综合改革提出了可供借鉴的意义。④

---

① 杨红霞. 改革人才培养模式 提高人才培养质量 [J]. 中国高教研究，2014（10）：44—47.

② 颜建勇. 多视角下研究生教育结构演变的驱动力研究 [J]. 中国高教研究，2014（01）：68—71.

③ 王传毅，李旭，胡彬涵. 我国研究生教育类型结构与经济社会发展的协调性分析：基于人才供需的视角 [J]. 教育发展研究，2014（23）：47—52.

④ 陈云. 读研之路：高等教育分层及其结果的试探性研究 [D]. 上海：华东师范大学，2014.

二、研究生教育质量保证与监督体系改革

在新的历史时期，如何有效构建符合我国国情和研究生教育发展规律的质量保证与监督体系，切实提高研究生教育质量，成为研究生教育改革发展必须思考和解决的重大问题。国务院学位委员会办公室副主任、教育部学位管理与研究生教育司副司长黄宝印等人认为，建立健全学位与研究生教育质量保证与监督体系，是研究生教育走内涵式发展道路，服务需求、提高质量的重要着力点之一。提出为了建立健全学位与研究生教育质量保证和监督体系，应加强调查研究、做好顶层设计、坚持以学位授予单位质量保证为主体、加强和完善教育行政管理部门的质量监督和引导、充分发挥学术组织、行业部门和社会机构的监督作用。①

天津科技大学刘丽娜在分析西方发达国家研究生教育质量管理先进经验的基础上，指出在我国研究生质量保证及监督体系建设方面要实施全员、全过程质量管理及监督模式，积极推进研究生教育自主管理体制改革，构建完善的评价体系，形成政府、市场、高校、学生等主体共同参与的质量保证和监督模式。② 此外，孙晓敏在著作《如何有效选拔研究生，人力资源选拔的视角》中，提出在人才质量保障中要制定关于研究生试题的相关说明，充分利用"评价中心技术"这一预测利器来保障研究生教育的质量来源。③

三、学位法及学位制度改革

《中华人民共和国学位条例》（以下简称《学位条例》）颁布至今，在积极提升高等教育教学质量水平，形成促进科技发展和符合人才成长规律的法律环境以及经济社会发展提供智力支持等方面发挥了极为重要和积极的作用。但是，学位制度作为学位功能实现的载体，受到社会制

---

① 黄宝印，等. 加快建立健全我国学位与研究生教育质量保证和监督体系［J］. 学位与研究生教育，2014（03）：1—4.

② 刘丽娜. 发达国家高校研究生教育质量管理研究与借鉴［J］. 黑龙江高教研究，2014（1）：100—102.

③ 孙晓敏. 如何有效选拔研究生 人力资源选拔的视角［M］. 北京：北京师范大学出版社，2014.

度、经济、文化环境制约，为适应知识生产模式发展需要，亦需不断调整改进。2014 年度，学者主要分析了现行学位体制的问题、"学位法"争议的核心问题、学位授权改革目标，以及修订《学位条例》时应处理好的关系，有的学者建议建立学位争议化解机制。

中国社会科学院林华认为我国当前的学位体制面临着文本规定与实践发展相脱节、学位管理体制横向关系中的部门职责不清、纵向关系的非确定性、学位授予单位自主权受限、社会组织参与学位授予工作的合法性缺失等困境，针对这一现状，他提出第一，要根据学位管理体制实践发展的成熟经验，修订《学位条例》，改革学位管理体制，实现文本规定与实践发展的统一。第二，要推动政府的学位管理职能转变理顺其横向智能。第三，在学位法中明确规定省级学位管理行政部门的设立及其职责，厘清国务院学位管理行政部门与省级学位管理行政部门的职责权限，实现学位管理体制纵向关系的法定化。第四，鼓励和支持社会组织参与学位授予工作，并提供法律制度保障。[1]

中国政法大学副校长马怀德等人认为学位授予工作是由学位授权、学位授予监督检查、学位授予辅助性和学位争议解决等不同工作阶段组成的有机整体。学位管理体制的内在构成为：学位行政管理体制、学位管理部门与学位授予单位的关系机制、学位授予单位内部管理体制、学位管理部门与社会组织的关系机制。这就要求我国相关立法主体在修订《学位条例》时应处理好学位管理部门间的横向关系、学位管理部门间的纵向关系、政府与学位授予单位的关系、政府与社会的关系等。[2]

贵州师范大学李祥从厘清不同法律关系主体间的权利义务的角度出发，研究发现，"学位法"争议的核心问题是学位管理权力如何配置，具体集中在学位授予标准、评定程序、评定主体权限、权利救济途径、学位授权审核制度 5 个方面。基于法的继承、局限性和内在保守性的考虑，"学位法"修订应基于实际情况，围绕"权力配置"这一核心进行修订，要注意明晰学位授予的性质，厘清政府与学校在学位授予中的法律关系；规范学位授予程序和学校内部各学位机构职责；界定学位授予标准及学位管理各主体在其中的权限；明确学生权利义务与救济途径；

① 林华. 论我国学位管理体制的困境与革新 [J]. 学位与研究生教育, 2014 (5)：37—41.
② 马怀德，林华. 论学位管理体制的立法逻辑 [J]. 教育研究, 2014 (7)：15—20.

与国际接轨等。①

湖南师范大学罗建国认为学位授权改革目标是变国家学位为学校学位，"内化"学位产权，充分发挥市场调控职能，鼓励培养单位开展公平、有序竞争；提出要以政府职能转换为前提，以培养单位内在制度建设为保障；以注重改革实验，渐次推广为改革节奏的改革建议。② 中国劳动关系学院宋艳慧在学位争议处理制度上则提出要明确学位争议的校内申诉处理机制，将学位争议纳入行政复议和行政诉讼范围，进一步协调各种学位争议化解机制等建议。③ 西南大学张陈在其博士论文中针对我国当代学位制度的传统与变革进行了相关研究，提出我国学位制度改革必须走借鉴—超越—自主发展的道路，通过统一性与多样性并存的治理结构调整完成改革目标，改革既应维护我国学位传统中有生命力的部分，另一方面也应遵循普世规则和多样化理念。山东大学研究生陈玲通过对研究生学位管理数据的自动检索分析，提出要在科学的数据分析基础之上优化完善学位管理工作。④

第二节　微观管理体制

微观层面关于研究生教育的管理研究主要涉及研究生教育学部制改革、学术创新激励机制、研究生信息管理系统、研究生收费及奖助制度落实效果等主题；研究方法以问卷调查、案例研究等实证研究方法为主。

一、高校研究生教育综合改革实践

随着一系列研究生教育改革重要文件相继颁布实施，中国新一轮学位与研究生教育改革全面启动，各培养单位都陆续研究制定研究生教育

---

① 李翔，胡雪芳. 试论"学位法"修订的核心问题 [J]. 黑龙江高教研究，2014（3）：28—30.

② 罗建国. 我国学位授权改革目标与策略探究 [J]. 学位与研究室教育，2014（8）：55—60.

③ 宋艳慧，周兰颌. 我国学位争议处理制度的完善 [J]. 学位与研究生教育，2014（6）：55—59.

④ 陈玲. 研究生学位管理数据自动检索分析 [D]. 济南：山东大学，2014.

综合改革方案。西南财经大学副校长卓志等人从目标体系、理念思路和行动计划 3 个方面探讨了西南财经大学的研究生教育综合改革。① 中国社会科学院李进峰从内外部因素分析科研机构研究生教育现状、存在的主要问题与面临的发展困境，就科研机构如何理顺内部管理机制，发挥特色优势，获得外部支持，提高研究生教育质量提出建议。②

二、学术激励机制

高校学术创新生态系统影响着高校内部学术的繁荣与发展，与高校研究生人才培养以及高校间的学术竞争休戚相关。近年来，高校内部的学术生态系统逐渐受到社会不良风气的污染和破坏，高校学术的权威性持续下降、学术创新的动力来源异化、学术造假以及学术越轨等学术腐败现象不断发生。燕山大学佟林杰等人以学术生态视角为切入点，以研究生学术创新激励机制的异化现象为着眼点，从学术研究的功利化、学术不端的常态化、学术成果的产业化、学术权利的弱势化以及学术生态的无序化 5 个维度对研究生学术创新激励机制的异化现象进行了归纳和剖析，提出为了复原研究生学术创新激励机制的初衷，净化高校研究生学术创新生态系统的环境，建议从研究生学术生态伦理规范机制的构建、学术创新激励机制的重构、研究生学术创新心理调适机制的构建以及研究生学术创新外部支持体系构建 4 个方面对研究生学术创新的治理路径进行重组和整合。③

广西师范大学研究生刘新芳通过比较美国和日本两国的研究生激励机制，结合我国研究生激励机制现状，提出通过完善研究生奖助体系，构建科学合理的研究生课程体系，完善研究生毕业遴选激励机制，建立一支优秀的导师队伍体系，提高学术氛围并完善研究生创新体系等措施激活研究生学术氛围，提高研究生培养质量。④

① 卓志，毛洪涛，赵磊. 加强顶层设计深化研究生教育综合改革 [J]. 中国高等教育. 2014 (10)：33—36.

② 李进峰. 科研机构研究生教育面临的困境与对策建议 [J]. 中国高教研究. 2014 (6)：27—30.

③ 佟林杰，孟卫东. 学术生态视角下研究生学术创新激励机制异化及治理研究 [J]. 学位与研究生教育，2014 (3)：62—65.

④ 刘新芳. 研究生培养中的激励机制研究 [D]. 桂林：广西师范大学，2014.

三、研究生信息管理系统

随着高校研究生教育的发展和信息化建设的深入，很多高校开始考虑统筹建设研究生管理系统。清华大学罗念龙等人详细讨论了这个问题：在分析研究生培养和本科生培养的目标与过程的差异化的基础上，提出了既可以整合教学、流程、管理、信息服务、系统等资源，又充分重视二者差异的"分—合—分"结构，即"蝴蝶形"研究生教务管理和本科生教务管理系统框架。最后对如何统筹建设研究生和本科生教务管理系统提出了建议。由于研究生教育的专业化，个性化培养等特点，每个学校在建设研究生教务管理系统时，要根据实际情况，充分考虑个性化因素。[①] 吉林大学方子能在其硕士论文中从技术层面如 JavaEE、通用数据访问、轻量级框架等，对研究生教务系统的设计与实施提出了操作性意见。[②] 华中师范大学李诗以云台为依托，采用耦合式分层模式构建了一个关于研究生个人知识管理系统模型。该模型运用计算机技术、数据库、Ajax 及 ASP 等技术，一方面可以为研究生提供一个良好的科研知识管理空间，有效地促进研究生在科研过程中个人能力、科研素养的提升；另一方面，该系统也为导师全方位引导研究生进行科学研究提供了平台，并对科研知识在团队中的流动及导师组成员之间互动等活动提供了支持，最终达到研究生个性化培养的目标。[③]

四、研究生助教工作制度

研究生助教工作是将培养研究生自身素质、保障课程教学质量和相应的资助奖励相结合的"三助"工作之一。自原国家教委办公厅颁发《高等学校聘用研究生担任助教工作试行办法》以来，很多高校都提出：要求研究生在校期间，在完成学习任务的同时，需要按照有关规定帮助主讲教师完成课程教学或教学辅助工作。北京大学冯菲采用问卷调查法和访谈法，对北京大学的 321 名担任过助教的研究生以及 18 位院

① 罗念龙，陈怀楚. 基于资源整合的研究生和本科生教务管理系统 [J]. 现代教育技术，2014（4）：104—110.

② 方子能. 研究生教务管理系统的设计与实现 [D]. 长春：吉林大学，2014

③ 李诗. 研究生个人知识云管理系统的理论与实践研究 [D]. 武汉：华中师范大学，2014.

系教务教师进行调查，试图明确研究生助教的工作职责及其对培训的需求，分析不同课程类型对于助教工作内容和培训需求的不同定位。结果表明：助教普遍认为提醒选课的学生课程要求、与教师讨论课程相关问题、为有问题的学生进行课外辅导和为作业、测验、练习评分4项工作非常重要；大部分助教希望在教学技能、教育心理学和教学网站使用和维护等方面得到培训。冯菲提出应平衡"助"与"教"的定位，提供培训支持，完善评价体系，实现助教工作对各方利益主体的重大影响意义。① 湘潭大学岳慧君以湘潭大学为例，从设岗、选拔、培训、考核等方面对地方高校研究生助教工作改革进行探索和尝试，通过优化制度设计，实现管理的科学化与规范化。② 清华大学李鹏等人、广西大学樊宪伟、西南科技大学罗浩、广西民族大学李浩等人从实验教学的角度，分析了研究生助教的作用、实践以及目前在实验教学过程中存在的问题及解决方案。

河北师范大学刘翠翠、黑龙江大学闫素霞在学位论文中都探讨和分析了"美国研究生助教制度"的实施模式，并结合我国研究生教育特点，提出要下放权力到研究生院，研究生院设立专门部门负责研究生助教的选拔、分配、培训、薪金、监督和评价工作，积极整合学院、教师、学生及校外合作单位等有利资源，丰富助教工作模式，为培养研究生的实践能力提供多种途径。③ 华东师范大学卢丽琼通过对美国研究生助教工作进行比较研究，并从政策、评价、奖励3个方面提出优化我国研究生助教制度的具体建议。④

五、研究生收费及奖助工作落实效果

研究生收费制度于2014年秋季开始全面实行。2014年，关于研究生收费及奖助工作的文献主要是从相关理论者视角、研究生教育的产品属性、学费性质及学费定价维度、劳动价值学说、人力资本理论和三圈

---

① 冯菲，范逸洲. 高校研究生助教工作职责及培训要求的现状调查 [J]. 学位与研究生教育，2014（8）：32—37.

② 岳慧君. 地方高校研究生助教管理制度的探索与实践——以湘潭大学为例 [J]. 扬州大学学报（高教研究版），2014（6）：64—67.

③ 刘翠翠. 美国研究生助教制度研究 [D]. 石家庄：河北师范大学，2014.

④ 卢丽琼. 浅析美国高校研究生助教制度及启示 [J]. 复旦教育论坛，2014（3）：62—65.

理论等视角出发，对研究生教育收费及奖助制度的理论基础，实践中存在的问题及改进建议进行了研究。

收费制度的实施会对多方利益相关者带来不同程度的影响，这一制度要实现其应然的理想状态，实际上是多方利益相关群体彼此博弈最终实现整体利益最大化的过程。天津大学魏静在利益相关者理论视角下探讨了研究生收费制度全面实施所涉及的研究生、导师、大学和政府四方利益相关群体，通过对确定型利益相关者及其彼此间博弈关系的分析，得出建立合理的科研经费拨款机制、研究生教育绩效拨款机制、导师项目资助机制、导师和研究生评价机制、研究生奖助酬政策体系等配套保障机制来平衡各方利益相关主体的权益；同时，着力解决各方博弈关系中存在的矛盾和利益冲突，以降低博弈各方的利益损失，实现收费制度理想效果。① 北京师范大学刘强从研究生教育的产品属性、学费性质和学费定价等维度综述了大陆外研究生教育学费定价理论方面的研究成果，指出今后在该领域的研究应当由"研究生教育是否应该收费"转向"研究生教育如何收费"，加强研究生教育学费定价机制和成本计量方面的研究，并尝试将其他准公共产品领域的定价理论和方法合理地运用到研究生教育学费定价中。②

研究生资助制度目的在于保障研究生的基本生活，让其在生活方面没有后顾之忧，能全身心投入到学习和论文研究中，进而充分调动研究生学术科研参与的积极性和主动性，激发研究生的创造性，建立研究生教育质量长效保障机制和内在激励机制，最终提升研究生培养质量。北京大学刘文娟对对大陆外近 30 年来关于研究生资助政策成效的实证研究成果进行了梳理，为进一步完善我国的研究生资助体系、引导高校的研究生资助实践工作提供了具体思路。③

当前，我国研究生资助政策落实过程中存在系列问题，急需相关部门及研究者对研究生资助体系的调整和重构进行研究。随着我国研究生培养机制改革的不断推进，我国高校研究生奖助制度运行出现了两条轨

① 魏静. 利益相关者视角下研究生收费制度博弈关系研究 [J]. 研究生教育研究，2014（4）：15—18.

② 刘强，丁瑞常. 研究生教育学费定价理论研究述评 [J]. 学位与研究生教育，2014（9）：53—56.

③ 刘文娟，李芳敏. 资助对研究生学业成就影响机制的实证研究述评 [J]. 学位与研究生教育，2014（6）：43—47.

迹：新奖助金制度和老奖助金制度。实行新奖助金制度的试点院校的研究生奖助制度出现了奖助标准同一、评定指标单一、"三助"落实不力、管理制度滞后等新问题；实行老奖助金制度的非试点院校依然存在激励效度低、资助功能不足、经费来源渠道窄等老问题。针对这些问题，四川大学魏红梅通过借鉴美国大学奖助学金制度的经验，提出要建立多层次、全方位的奖助模式，充分整合社会资源、拓宽研究生奖助经费来源渠道，建立科学的研究生奖助金评定和管理机制，制定多元化的利益补偿政策等优化策略①。

温州大学王中对基于劳动价值学说、劳动力再生产、人力资本理论等教育经济学核心理论以及当前硕士生资助体系存在的问题，从完善保障性资助方式、创新发展性资助方式、健全人文关怀性资助方式等方面，探讨资助体系重构的着力点以及要处理好资助公平与资助效率、科研能力培养与文化自觉意识培养、经济帮扶与精神帮扶 3 个方面的关系，以期实现家庭经济困难的硕士生"进得来""读得下""放得了""学得好"。②

做类似的研究的还有北京航空航天大学的衣萌等人。在分析比较了英国、美国、法国等国家成熟的研究生收费制度和资助体系的基础上，结合我国实际情况提出在收费制度上要实施灵活性收费制度和差异化收费标准；在资助体系上要健全机构设置确保资助体系高校运转，完善资助政策让资助体系保障全面等建议。③ 北京航空航天大学雷晓锋等人从管理者和研究生两个视角出发审视了研究生资助体系的改革重点，提出要在深刻把握国家相关政策精神实质的基础上，充分发挥研究生教育评价体系的绩效导向作用，最大限度地发挥院系和导师的自主性，妥善处理具体工作中公平与效率的关系等建议。④

此外，除上述期刊类文章外，还有厦门大学候文雪、江西师范大学黄文珊、青岛大学彭婵婵等 10 篇学位论文、18 篇报刊类文章也在研究

---

① 魏红梅，邓黎颜. 我国研究生奖助制度：问题与改进 [J]. 教育发展研究，2014（9）：71—76.

② 王中对. 教育经济学视野下硕士生资助体系重构研究 [J]. 高教探索，2014（1）：75—78.

③ 衣萌，王腾飞，牟晖. 发达国家研究生收费制度与资助体系比较研究 [J]. 学位与研究生教育，2014（5）：62—66.

④ 雷晓锋，籍征，王文文. 研究生教育投入机制改革背景下的奖助体系研究 [J]. 学位与研究生教育，2014（6）：27—30.

生收费及资助政策上进行了相关研究，如南京师范大学於洁从三圈理论的视角对研究生教育收费制度改革进行了研究，云南师范大学汪亚洋分析并展望了研究生教育全面收费制度的前景。媒体上，《中国教育报》《光明日报》等对研究生收费及资助体系进行了大量的相关报道。

第三节　文献分布及其特点分析

一、文献分布情况

通过检索关键词，并根据研究内容进行人工筛选，2014 年度关于研究生教育管理研究文献数量共计 113 篇。其中，期刊论文 51 篇，学位论文 25 篇，专著 4 本，报纸类文章 33 篇。2014 年度研究生教育研究管理文献种类分布见下图。在期刊来源方面，以《学位研究生与教育》最多，其次依次是《黑龙江教育研究》《研究生教育研究》等。

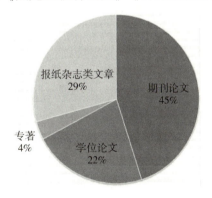

2014 年度研究生教育研究管理文献种类分布图

在《研究生教育进展报告》2012、2013、2014 及本年度报告中，有的研究者以第一或第二、第三作者在本专题出现两次及以上，即为研究生教育质量研究的高频作者，2011—2014 年度研究生教育管理专题的高频作者有张淑林、彭莉君、孙健、李素芹 4 位学者。表 8-1 列出了 4 年研究生教育管理研究高频作者及文献题目。

表 8 - 1　2011—2014 年研究生教育管理研究高频作者及文献题目

	学者	发文数量	文献题目
1	孙 健	3	基于 AGIL 模型的研究生教育发展战略分析（2011）
			治理视域下我国研究生教育结构调整问题研究（2011）
			论研究生教育微观结构及其变化（2012）
2	张淑林	2	我国研究生教育资源配置策略探讨（2011）
			学位与研究生教育管理的理念嬗变与实践创新（2011）
3	彭莉君	2	研究生对所在学校的组织认同感的影响因素分析（2011）
			我国高校研究生教育资源配置现状研究（2012）
4	李素芹	2	地方高校研究生教育发展的制度障碍（2010）
			我国地方高校研究生教育的系统"内"价值（2013）

二、文献特点分析

在研究主题方面，2014 年度研究生教育管理问题的研究热点主要为研究生教育人才培养模式改革、研究生教育质量保证及监督体系建设、"学位法"及学位制度、学术激励机制、研究生信息管理系统研究、研究生收费及奖助政策落实效果研究。宏观管理体制方面研究都围绕当年的研究生教育政策进行选题。微观管理层面方面，2014 年度关于研究生收费及奖助工作实施改进研究的文献数量较多。不同于 2011 年、2012 年、2013 年的文献大多研究实行研究生收费制度的理论依据和实施方法研究，2014 年度研究生奖助工作制度研究已经从宏观理论层面转至微观层面的落实现状及效果研究，研究对象更加具体化，如针对部署院校贫困研究生、专业硕士研究生的资助效果的研究。

2011—2014 年，研究生教育综合改革、研究生管理信息系统、研究生奖助体系 3 个主题连续 4 年都受到关注。其中，研究生管理信息系统研究一直是微观管理的议题，作者以硕士研究生为主。2011—2014 年的研究生教育管理的研究热点详见表 8 - 2。

2014 年，本专题多数文献在研究方法上采用了理论分析、访谈调研、统计分析、比较研究。多数文献采用了问卷调查法、案例研究等实证研究方法以及对比分析法，尤其是在研究生收费及奖助工作研究上。本专题文献研究使用研究方法统计见表 8 - 3。

表 8 – 2　2011—2014 年研究生教育管理研究热点

年度	宏观管理体制	微观管理体制
2011 年	研究生教育结构调整 统筹资源配置策略 研究生资助体系改革	地方高校研究生教育发展问题 推动地方高校学位研究生教育发展 研究生教育及管理体制 研究生论文管理工作
2012 年	研究生教育投入体制机制建设 研究生学科专业管理体制 研究生教育资源配置与微观结构优化 研究生奖助工作制度	地方高校学科组织结构与研究生培养模式 民族院校研究生教育管理 研究生创新实践与专业实践 学术交流平台与学术组织创新 信息管理系统 学位申请人申诉权
2013 年	研究生教育综合改革研究 研究生教育价值研究 高校协同创新机理研究	研究生管理部门改革实践 研究生奖助工作制度 研究生管理信息系统建设及改进 专业学位教育管理
2014 年	研究生教育人才培养模式改革 研究生教育质量保证及监督体系建设 "学位法"及学位制度改革	高校研究生教育综合改革实践 学术激励机制 研究生信息管理系统 研究生助教工作制度 研究生收费及奖助效果、问题及改进办法

表 8 – 3　本专题文献研究使用研究方法统计

研究方法	理论分析	问卷调查	统计分析	访谈调研	比较研究	历史研究
文献数量	9	4	5	6	6	4
比例/%	27	12	15	18	15	12

　　部分学者还运用了数据分析的定量研究方法，如衣萌等人在研究发达国家研究生收费制度与资助体系的比较研究问题上，对哈佛大学教育

学院 2013—2014 学年研究生学费收取标准的数据、美国 2014 年度研究生贷款数量及分布数据、2010—2013 年度英国艺术和人文科学研究理事会研究生资助项目及金额统计数据进行分析，对比了我国研究生教育收费及资助总额和覆盖率数据，进而为我国在稳步推进研究生收费及资助政策落实方面，提供优化建议。

专题九 研究生教育国际比较研究

2014 年度有关研究生教育国际比较研究的内容大致包括 3 个方面：一是规模、发展与结构的比较，主要涉及对发达国家（地区）研究生教育发展历史、发展路径的探析和对国外专业学位研究生教育发展和结构调整的研究；二是研究生教育管理体系的比较研究，包括资助管理、质量管理和研究生个体行为管理；三是研究生培养模式的比较研究，主要集中于培养模式的改革与发展、联合培养模式和针对具体学校或具体学科的个案研究等。

2014 年度研究生教育国际比较研究文献约 178 篇。其中，期刊论文 142 篇，学位论文 23 篇，著作 3 部。本年度有关研究生教育国际比较的研究有两个特点：一是新增了对研究生个体行为管理和跨学科培养模式的研究；二是针对某一具体学科的研究生培养模式的研究明显增多。

第一节 规模、发展与结构的比较

2014 年度，有关规模与发展模式的研究主要侧重于对发达国家（地区）研究生教育的发展战略、发展路径和发展趋势的探析，侧重于对博士研究生教育和专业学位研究生教育的研究；在研究生教育结构方面，主要集中于对专业学位研究生教育的运行机制、发展历史和结构调整的研究。

一、研究生教育发展的多元路径

目前，国际化已成为研究生教育发展的基本趋势。沈阳师范大学国际商学院刘春芝等人分别从教育理念、招生制度、师资与生源、培养类型、学位教育等方面介绍了香港研究生教育的国际化举措：推行国际性的全方位、跨学科教育理念；采用远程面试和互联网在线测试等多元化招生制度来降低地域影响、保证录取高效性和拓展招生范围；不分种族、信仰、文化、面向世界广纳贤才，开展频繁而广泛的学术交流、合作办学、教师互访、学生交换等活动；实施研究型硕士、授课型硕士、哲学博士、专业博士等多层性的培养类型；秉承宽进严出的理念，实施严格的期中考核制度，以完成具有高度实践性的项目作为毕业考核方式等。①

高等教育扩张是近代以来世界各国教育发展的主旋律。北京大学衣学磊等人通过对中美两国专业硕士学位研究生教育在产生和经济发展背景、发展历程、管理与运行机制以及培养模式等方面的比较，发现我国专业硕士教育的规模严重滞后于经济发展水平，认为我国专业硕士学位研究生教育应在加强师资力量、强化高校培养自主权的前提下进一步加大发展规模。②

建立具有适配性的专业学位授权审核体系，是促进专业学位教育健康快速发展的重要保证。北京航空航天大学马永红等通过对法国、英国、美国、德国、日本等主要发达国家的专业学位授权的关键要素如授权的主体、获取方式、覆盖权限、授权审核等进行梳理比较，将其归纳为自然获取、指定、对接、激励、标准导引再授权、试点后评估再授权以及时效约束7种模式。在此基础上，提出我国专业学位授权模式的构建：专业学位项目和种类设置应给予高校更多的自主权；通过制定完善的专业学位授权标准和质量标准导引申报；重视社会力量的作用，引入第三方机构参与专业学位的授权审核和评估；依据专业学位可变和发展的特点，推动专业学位授权的时效性限定；专业学位的发展应有广阔的国际视野。③

北京航空航天大学樊文强等人通过对美国印第安纳州公立高校学位授权审核制度的研究，指出其学位授权审核工作具有受理申请灵活机动、审核流程层层递进、审核标准全面且质性、充分考虑专业学位点和远程学位点特点等特征，注重引导和帮助公立高校增设能够满足劳动力

---

① 刘春芝，宋锦萍. 香港研究生教育的国际化举措 [J]. 中国高等教育，2014（20）：57—58.

② 衣学磊，蒋承，中美两国专业硕士学位研究生教育比较研究 [J]. 中国高教研究，2014（5）：33—37.

③ 马永红，张乐，张志祥. 专业学位授权模式的国际比较研究 [J]. 国家教育行政学院学报，2014（8）：89—94

市场需求、保障学生就业的新学位项目。①

作为英国职业教育最初始形态和表现形式的学徒制近几年得到蓬勃发展，其创新产物高等学徒制有望成为与传统大学教育"分庭抗礼"的应用型人才培养路径。河北师范大学王辉对培养英国高层次应用型人才培养的本硕层次学徒制进行了研究：六、七级学徒制是高等学徒制的最高等级，根据其人才培养方案，完成学业的学徒生将获得学士、硕士层次的学历证书与职业证书，其应用型综合技能在学习过程中也将得以全面提升。在卡梅伦联合政府及其社会精英协作伙伴的合力推动下，六、七级学徒制在英国的发展渐呈初兴之势，我国高层次应用型人才培养工作可从中获得启示与借鉴。②

北京航空航天大学赵世奎等人通过对 20 世纪 60 年代以来中美博士教育发展的数据进行分析，认为：美国博士生规模的发展是政府（联邦和州）政策、市场需求、院系决策以及学生选择共同作用的结果。从总体来看，联邦政府对大学科研和研究生资助的增加是美国博士教育规模得以扩张的直接驱动力，其规模扩张路径在校均规模与培养单位数量、修业年限、学科结构、性别结构和留学生比重等几个方面都有体现。比较而言，中国政府主要通过招生计划直接规定了博士教育的规模，政府对研究生的资助长期在低水平运行。由于历史比较短，中国博士教育规模扩张主要依赖于校均规模和女性比重的增加，而学科结构、留学生比重的调整还不明显。因此，改革中国博士教育，提高博士培养质量应稳定和控制博士教育规模，建立招生计划的动态调整机制，大力推进导师项目资助制，努力留住和吸引优秀生源。③

广西师范大学张薇等人对加拿大博士生培养的历史进行了分析：加拿大联邦与省政府在博士生教育经费投入上渐居于主导地位；人才的国际化流动驱动了其导师队伍的多元化；作为高度自组织的加拿大大学学术组织在博士生教育过程中长期协同内部张力外致与外部因素内摄的自机休均衡。审视当下，我国宜从 3 个层面资鉴加拿大博士生教育：第

---

① 樊文强，马永红，美国印第安纳州公立高校学位授权审核制度研究 [J]. 学位与研究生教育，2014（7）：66—71.

② 王辉，刘冬. 本硕层次学徒制：英国高层次应用型人才培养的另辟蹊径 [J]. 高等教育研究，2014（1）：91—98.

③ 赵世奎，沈文钦. 中美博士教育规模扩张的比较分析——基于 20 世纪 60 年代以来博士教育发展的数据分析 [J]. 教育研究，2014（1）：138—149.

一，作为教育主管部门的政府应当加大财政性教育科研经费的连续性投入；第二，作为师资建构平台的大学须关注导师人员构成的高质量与国际化，并建构发展性成果评价体系；第三，作为博士生培养微观环境的学术组织应在控制学位规模与优选劣汰上发挥更大的成效。①

河南大学李申申在《中俄博士研究生教育比较》一书中对中俄博士研究生教育的基本概念、两者的发展历程、入学方式、培养的基本模式、培养的环节和内容、学位论文的撰写和答辩、博士生导师的遴选和指导、两者存在的问题和发展趋势等进行了系统全面地阐述与论证，并对两者的各方面进行了较为深刻的比较，提出了作者对高层次人才的几点感悟：引导青年一代学者恪守学术的真诚是人才培养的根基；在宽厚知识基础上的独立思考是造就学术大师的关键；对博士生导师遴选制度的历史性思考是正确客观评价导师制的依据；建立具有中国特色的博士研究生教育机制是有效提升博士生质量的保障。②

二、研究生教育结构的优化调整

被誉为"科学硕士与工商管理硕士"合金的专业科学硕士（professional science master，PSM）是自然科学、技术、工程学、数学和计算科学领域的专业学位，旨在培养具有跨学科背景和实际技能，并精通商务知识的复合型科技人才。北京工商大学庄丽君等人在梳理美国专业科学硕士教育创设背景和发展的基础上，介绍了其课程设置和教学贴近社会需求、将实习和顶峰体验项目纳入培养方案、设立校外顾问委员会参与人才培养过程等培养特色，并利用美国研究生院委员会的调查数据分析了毕业生对专业科学硕士教育的反思和评价。研究者认为专业科学硕士教育作为美国专业学位研究生教育的一种创新，其课程设置和教学、顾问委员会创建和组成、重视实习、实践学习的做法等将为我国专业学位研究生教育的发展和改革提供有益的借鉴。③

华东师范大学徐颖珺从撰写可行性分析报告、项目运作（包括招

---

① 张薇，齐高峰，侯建国. 经费、师资与自组织：加拿大博士生培养的历史考察及启示[J]. 河北大学学报（哲学社会科学版），2014（5）：65—71.

② 李申申. 中俄博士研究生教育比较[M]. 2014，北京：人民出版社，2014.

③ 庄丽君，邓侨侨. 美国专业科学硕士教育研究及对我国的启示[J]. 学位与研究生教育，2014（2）：67—71

生、学生培养、项目组织管理）和项目评价 3 个方面研究分析了美国专业硕士学位的运行机制：撰写可行性分析报告是美国高校成立硕士专业学位项目的必经环节，分析内容通常分为社会需求和学校视角的分析；招生机制包括通过制定宣传策略、塑造项目形象来保证生源，通过灵活的录取标准、限定招生规模来确保生源质量；学生培养上因校制宜制定培养目标，采用合作与互动式的培养模式，通过课程设计、课程体系、规定修课学生背景和注重评价方式确保课程设置质量；在项目组织管理中，项目负责人负责落实工作，兼职学生或者其他职员协助其执行例行文职工作和其他职责；评价方式通常包括项目质量评价和可持续发展两种，项目质量评价方式一般包括阶段性审查、分阶段评估和对项目利益相关者的满意度调查，项目可持续性评价则主要评估项目能否满足市场和学生需求。①

基于社会需求的多元化培养路径是美国商学院高层次应用型国际商学教育保持领先地位的重要原因。上海对外经贸大学侯晓虹以美国不同级别和类型的摩尔（Moor）、查普曼（Chapman）和霍特（Hult）商学院为研究案例，对其培养目标、学科范式、培养方式和学位授予方式的多元化培养路径进行分析，揭示高层次应用型国际商务人才培养路径在多元化过程中与满足社会需求之间的联系，并为刚刚起步的我国高层次应用型国际商务硕士教育提供了有益的经验和启示：构建我国高层次应用型国际商学教育的多元培养目标，打造可供社会认知的具有鲜明特色的学科范式；改革创新培养模式，满足社会多元需求。②

山东女子学院李云鹏介绍了美国专业博士学位的产生发展过程，对专业博士学位的内涵、美国专业博士学位研究生培养模式、专业博士学位与哲学博士学位之间的关系进行了分析。认为专业博士学位具有学术性、职业指向性和效益性等属性，避免了学术型博士学位普遍存在的重理论轻实践、研究领域狭窄、不能解决现实问题的诸多缺陷。③

北京航空航天大学赵世奎等人以近年来发展最快的护理和理疗专业博士为例，从专业学位的演进、博士项目、培养单位和培养目标 4 个方

---

① 徐颖珺. 美国硕士专业学位运行机制研究 [D]. 上海：华东师范大学，2014.

② 侯晓虹. 美国商学院基于社会需求的多元化培养路径及启示 [J]. 高等工程教育研究，2014（6）：136—140.

③ 李云鹏. 美国专业博士学位的几个关键问题论析 [J]. 学位与研究生教育，2014（1）：65—69.

面对美国专业博士学位的形成和发展过程进行初步分析：美国专业学位教育的发展既有知识深化和技术进步对从业人员素质要求提高的外动力，也有学生和大学自身对更高层次学位、学位授予权强烈诉求的内驱力；既有联邦政府和州政府通过提供资助等调控手段的推力，也有专业协会和认证机构通过设置标准等直接产生的拉力；既有典型研究型大学和硕士大学、专业学院之间在博士学位授予权控制上的张力，也有培养过程、目标中如何设置学术研究和专业实践的合理比例的张力。①

华中师范大学王建梁等对英国专业博士教育 20 年发展的状况、问题及趋势进行了研究。英国专业博士教育顺应了时代发展需求，呈现快速增长、多样化发展特征，同时也面临着命名不统一、培养模式不成熟、缺乏符合自身发展规律和要求的质量标准、缺乏能胜任专业博士发展要求的导师等问题。王建梁等人认为英国专业博士教育规模还将进一步扩大，专业博士教育将形成独特的培养模式，专业博士教育日趋适应社会发展需求，将形成全国统一的指导性质量标准。②

东北师范大学邓涛等对澳大利亚教育博士的代际发展与改进进行了研究：澳大利亚第一代教育博士伍（Ed. D）的发展在数量增长上取得了很大成就，但在质量上存在着模仿哲学博士（Ph. D）和实践性不强等问题。基于新的知识生产模式，第二代教育博士发展确立了"混合课程＋专业实践"的理论框架，并对教育博士的培养目标、入学要求、课程设置和毕业论文等进行了卓有成效的改革。澳大利亚新近的改革聚焦于如何进一步强化教育博士的专业性和实践性，这预示着其教育博士逐步迈向第三代。③

第二节　研究生教育管理体系比较

2014 年度，研究生教育管理体系的研究主要包括 3 个方面的内容，

---

① 赵世奎，郝彤亮. 美国第三代专业博士学位的形成与发展：以理疗、护理专业博士为例 [J]. 北京大学教育评论，2014（4）：34—47.

② 王建梁，董鸣燕. 英国专业博士教育 20 年发展的状况、问题及趋势 [J]. 比较教育研究，2014（3）：13—17.

③ 邓涛，李婷. 澳大利亚教育博士的代际发展与改进 [J]. 外国教育研究，2014（6）：101—110.

一是资助管理的研究；二是质量管理的研究，涉及了教育质量保障与评估、管理实务、导师制度、招生制度和助教制度等内容。三是对研究生个体行为管理的研究，包括涉及学术诚信的德育研究，博士生流失问题研究和研究生创业行为的研究。

一、研究生资助管理

北京航空航天大学衣萌等人在分析比较美国、英国、法国成熟的研究生收费制度和资助体系的基础上，包括"分段式收费，全方位资助"的美国模式，"先上学后收费，先评价后资助"的英国模式，"公私差异化收费，国家一体化资助"的法国模式等，结合我国实际情况提出了对我国研究生收费与资助工作的建议：在研究生收费制度上，实施灵活性收费制度，实施差异化收费标准；在研究生资助体系上，健全机构设置，使资助体系运转高效；完善资助政策，让资助体系保障全面，创新人才培养模式，促资助体系引导有力。[①]

针对目前我国试点院校的研究生奖助制度出现了的奖助标准同一、评定指标单一、"三助"落实不力、管理制度滞后等新问题，非试点院校存在的激励效度低、资助功能不足、经费来源渠道窄等老问题，西华师范大学魏红梅等人研究了美国大学奖助学金制度的成功经验：立体交互式的资助体系；多元化的资金筹措渠道；科学化的奖助金管理制度；差异性的奖助分配体制。提出要建立多层次、全方位的奖助模式，充分整合社会资源、拓宽研究生奖助经费来源渠道，建立科学的研究生奖助金评定和管理机制，制定多元化的利益补偿政策等优化策略。[②]

二、研究生质量管理

在研究生教育由规模扩张向质量控制转变的重要时期，如何借鉴研究生教育发达国家的管理经验，构建高效、科学的管理体系以确保培养质量成为学界持续关注的重要领域之一。

在教育质量保障与评估方面，对外经济贸易大学黄海刚等人对美国

[①] 衣萌，等. 发达国家研究生收费制度与资助体系比较研究［J］. 学位与研究生教育，2014（5）：62—66.

[②] 魏红梅，邓黎颜. 我国研究生奖助制度：问题与改进——基于美国的经验［J］. 教育发展研究，2014（9）：71—76.

博士生教育质量评估与质量保障体系进行了研究：历史上，美国博士生教育质量评估经历了从声望研究、客观指标研究和相关定量研究的 3 个方法论转向；实践上，在追求客观性的基础上，当前的评估更强调从过程导向和结果导向两个维度审视美国博士生教育的效力，满足国家、社会和个体对博士生教育在知识生产、人才培养和职业发展上的期待；策略上，联邦政府、基金会和大学通过经济资助和过程质量监控等措施变革和构建美国博士生教育质量保障体系，继续保持美国博士生教育的声望和国际吸引力，为美国科技与经济的发展奠定智力基础。[1]

全美博士点质量评估是由美国研究理事会（The United States National Research Council，简称"NRC"）联合多个民间学术团体及社会多方利益相关者（包括教师、学生、校友、捐赠者、政府、社区等）共同完成的，它主要针对美国博士点教育质量的评估。华南理工大学张振刚等人从评估主体、指标体系和评估对象 3 个方面介绍了 2006 年全美博士点质量评估体系的特征：多主体分工协作、综合反映师生多层次需求、针对性突出等，指出我国博士点质量评估体系的构建应借鉴全美博士点质量评估的成功经验，动员社会广泛参与，设置多层评估指标，增强评估的针对性。[2]

研究生体验调查是"以研究生为主体"的教育质量保障方式，旨在为研究生教育质量的持续改善和提高提供以证据为基础的决策支持。湖南大学蒋家琼通过对英国研究生体验调查的内容与过程进行研究，认为研究生参与教育质量的保障具有其他质量保障方式与途径无法替代的独特价值和意义，是研究生教育质量保障中政府、社会与高校 3 种力量的有益补充。我国应培育和发展"以学生为中心"的质量文化，强化研究生在教育质量保障中的主体地位；建立健全研究生参与教育质量保障制度，拓展研究生参与教育质量保障的渠道；开发设计全国研究生参与教育质量评价的工具和信息共享平台，增强不同高校之间的交流与合作。[3]

---

① 黄海刚，苑大勇. 美国博士生教育质量评估与质量保障体系研究——基于历史和价值转换的视角 [J]. 外国教育研究，2014（9）：13—25.

② 张振刚，陈力恒，刘源. 全美博士点质量评估体系探析及启示 [J]. 中国高教研究，2014（6）：36—42.

③ 蒋家琼. 研究生体验调查：英国研究生参与教育质量保障的基本途径 [J]. 高等教育研究，2014（6）：105—109.

英国高等教育机构基于自身历史传统和声誉的考虑逐渐建立了内部质量保障的雏形。研究生教育规模的扩张以及政府以成本和质量杠杆引导高校不断完善研究生教育内部管理体系,形成了当前自上而下、多方参与、权责分明的内部质量保障体系。华东师范大学岳英从宏观层面以及剑桥大学的具体案例对这一体系的生成和运行情况进行了分析,提出高校应树立质量保障的责任主体意识,以制度建设来促进质量文化的发展;政府应通过宏观调控手段发挥引导和规范作用[1]

在管理实务方面,北京大学何峰等人对印第安纳大学研究生教育的招生录取基本流程、硕士生培养管理过程、博士生培养管理过程、毕业与学位授予、资助体系等内容进行了研究,总结了美国高校研究生教育管理的特点:培养过程和培养管理规范化;重视发挥学生组织的作用;奖助体系中效率和公平兼顾;信息化为管理服务提供有效支持等。这些特点与经验将对我国研究生教育发展及管理具有重要的借鉴意义[2]。华东师范大学崔海英在《国外高校研究生事务管理实务》一书中介绍了国外一流高校研究生管理实务,如学籍与课程管理、研究生奖助学金与贷款、学术诚信与道德、心理健康与安全、职业生涯规划,等等。该书成为了高等院校研究生辅导员的培训教材[3]

在导师制度方面,玉林师范学院李继兵等人通过与美国硕士研究生导师制的比较,主要包括硕士研究生导师的遴选、导师对硕士研究生培养、导师的评价3个方面,发现我国硕士研究生导师遴选标准模式化、导师间学术交流欠缺、评价主体单一等问题,对此提出了在导师遴选制度上,要符合人才培养目标;在培养模式上,要促进导师队伍结构的优化;在导师评价制上,要进一步健全并贯彻落实的建议[4]

在招生制度方面,近年来不少高校纷纷试行"申请入学制",以对申请材料的审查代替初试,通过学校自主组织的综合考核考察申请者的

① 岳英. 英国研究生教育内部质量保障体系的运行特征——以剑桥大学为例 [J]. 比较教育研究, 2014 (10): 67—72.

② 何峰, 陈秋媛. 美国高校研究生教育管理的过程、特点及启示——对印第安纳大学研究生院的考察 [J]. 学位与研究生教育, 2014 (1): 73—77.

③ 崔海英. 国外高校研究生事务管理实务 [M]. 上海:华东师范大学出版社, 2014.

④ 李继兵, 李芳红. 中美硕士研究生导师制比较分析 [J]. 黑龙江高教研究, 2014 (2): 43—46

培养潜力与学术创新能力。厦门大学万圆研究了美国博士生招生制度的特点：以经费为导向综合制定招生计划，招生自主权表现为教师主导、制度约束，录取标准体现为紧扣目标、综合考察，测量技术体现为细化测量、交叉验证，入学测验均为标准化测验并倚重 GRE 测验，通过关注弱势群体推进招生公平等。借鉴美国经验，我国博士生招生制度改革应坚持以科学的制度设计推动公平，同时严格后续博士生培养和淘汰制度，确保我国目前的"考试入学制"和"申请入学制"双轨走向单轨的"申请入学制"。①

天津大学李传波等人认为美国博士生招生主体（大学、学系、教授）的自主性与自律性是美国博士招生机制的显著特征，通过分析它们的相互作用机制，探讨了"申请制"在生源选拔上取得成功的内在因素：竞争是外在动力，淘汰制是内在保障，社会文化是运行基础，而且从权力松绑、制度改革、净化风气对我国现阶段试行的博士生招生的申请制改革提出了建议。②

工程博士学位是面向工业实践的应用型专业学位。天津大学肖凤翔等人分析了英国工程博士研究生招生的特点：招生计划合理、申请资格要求灵活、招生方式独特，认为这与英国借鉴国际工程博士研究生招生的先进经验，充分结合本国高等教育实际情况，以工程博士中心为招生机构的创新性做法密切相关。借鉴英国工程博士研究生招生的成功经验，研究者认为我国应适当扩大工程博士研究生招生专业领域和招生数量，适当放宽工程博士研究生招生的资格要求，建立工程博士教育理事会。③

除此之外，学者还对研究生入学考试进行了研究。中国人民大学陈露茜对美国研究生入学考试（GRE）历史进行了研究：GRE 经历了技术主义初创期、人本化尝试期和多元化转型期 3 个历史时期。从其典型特征上看，GRE 考试作为一种标准化的客观测验，注重对推理能力、分析能力、批判性思维的能力以及沟通能力的考察，而这种能力的获得需要考生通过长时间的学习，并非考前突击所能完成，体现了研究生入

① 万圆. 美国博士生招生制度的特点及启示 [J]. 研究生教育研究, 2014 (04)：90-95
② 李传波, 潘峰. 自主与自律：美国博士生招生申请机制的显著特征 [J]. 学位与研究生教育, 2014 (04)：69-72.
③ 肖凤翔, 张宇, 赵美蓉. 英国工程博士研究生招生特色及其对我国的启示 [J]. 学位与研究生教育, 2014 (08)：67-71.

学考试所要考察的核心要素。①

在助教制度方面，河北师范大学刘翠翠从制度规定（选拔、教学、职责）、培训内容、监督与评价和培训计划 4 个方面分析了美国杜克大学研究生助教制度的特点。结合目前我国助教制度实施的现状，研究者从健全机构、明确分工；明确职责、提供支持；完善监督体系、细化评价目标；开展多种培训，建学习共同体等方面提出了建议。② 黑龙江大学闫素霞以差异性、专业化、协同性对美国高校研究生助教制度的特点进行论述，提出对我国的启示：一是要注重研究生助教制度与教师教学发展的整合；二是要充分发挥研究生助教制度的教育功能；三是设立研究生助教专职管理机构；四是应用多样化的研究生助教培养方式③

三、研究生个体行为管理研究

对研究生个人行为的研究是 2014 年度研究生教育国际比较研究的新热点，主要包括涉及学术诚信的德育研究、博士生流失问题研究和研究生创业行为的研究。

作为世界上高等教育最发达的国家之一，美国在研究生科研诚信教育方面起步较早，且伴随美国负责任研究行为教育计划的开展，美国已经初步形成了完整的科研诚信教育体系。河北大学王娟从建立荣誉制度、进行系统的课程教学、开展补充性的讨论活动、发挥教师的表率和指导作用、引导研究生自我教育 5 个方面对阐释了美国研究生负责任研究行为的教育方式的发展现状，分析总结了其教育方式具有显性教育与隐性教育相结合、教育引导与制度约束相结合、理论教学与实践指导相结合的三大特点。作者认为我国开展科研诚信教育要切实发挥制度的约束作用，将负责任研究行为教育纳入课程体系，开展具有讨论性质的负责任研究行为教育活动，强化导师的示范和引导作用，重视并发挥研究生的主体能动性。④

河北大学李素琴等人介绍了美国研究生负责任研究行为（RCR）

① 陈露茜. 对美国研究生入学考试（GRE）的历史研究［J］. 清华大学教育研究, 2014（1）：102—110.

② 刘翠翠. 美国研究生助教制度研究［D］. 石家庄：河北师范大学, 2014.

③ 闫素霞. 美国高校研究生助教制度研究［D］. 哈尔滨：黑龙江大学, 2014.

④ 王娟. 美国研究生负责任研究行为教育方式研究［D］. 保定：河北大学, 2014.

教育项目的出台背景和项目内容，在总结美国研究生负责任研究行为教育项目实施效果的基础上，对其特点进行了分析：连续性与阶段性相结合，扩大了美国研究生负责任研究行为教育的范围；全面性与层次性相结合，扩充了美国研究生负责任研究行为教育的内容；共享性与通用性相结合，丰富并整合了美国研究生负责任研究行为教育的资源；灵活性与多样性相结合，探索了美国研究生负责任研究行为教育的多种教育方式与措施。作者认为在推进我国整个科研队伍的科研诚信建设中，一方面要积极发挥大学研究生院院长的领导作用；另一方面要运用项目管理的方式推进该系列项目的开展实施。①

美国博士生流失是指博士生注册入学后没有获得博士学位就离开博士项目的现象。华东师范大学牛梦虎等人通过梳理相关研究的理论基础发现，美国博士生流失问题研究借鉴了心理学的归因理论、社会学的整合理论与组织社会化理论以及社会心理学的组织角色理论等不同学科的理论资源，从不同视角对博士生流失问题展开了理论分析。反观我国博士教育，在经历了多年的规模扩张之后，质量控制和质量提升正成为我国博士教育研究领域的核心议题。随着严格的淘汰和分流机制的逐步建立和日益完善，我国可能也将面临博士生流失问题，解释和分析相关研究结果，可以为我国博士教育研究的相关问题提供借鉴。②

针对美国博士生教育面临获博士学位比例低，获学位用时长，少数族裔、本土学生以及女性学生学业完成率低等困境。华东师范大学李海生通过研究发现造成博士生学业完成低迷的原因除严格的淘汰制度外，还包括院系要求不明确、论文选题不当、导师指导不力、学生能力不足、学习意愿不强、人际关系不和、资助不足以及就业市场对博士学位需求不足等。美国的经验表明，完善招生环节、强化分流筛选机制、加强导师指导绩效考核以及更好地发挥院系主体作用有助于问题解决。③

受学术资本主义的影响，美国的研究生教育在强调科研训练的同时尤其注重创新创业能力的培养。武汉大学殷朝晖等人系统地阐述了学术

① 李素琴，边京京，李淑华. 美国研究生负责任研究行为教育最佳实践——RCR 教育项目研究 [J]. 学位与研究生教育，2014 (9)：63—68.
② 牛梦虎，徐永. 美国博士生流失问题的若干理论分析 [J]. 中国高教研究，2014 (11)：59—63.
③ 李海生. 美国博士生学业完成的困境及原因分析 [J]. 全球教育展望，2014 (11)：101—111.

210

资本主义从概念提出到理论体系构建的发展历程，进而从学术资本主义理论体系中新的知识流、大学内的间隙组织、公共部门与私有部门之间的中介组织和高校拓展的管理能力 4 个基本要素出发，分析了其对美国研究生创业的影响，并提出了应如何正确把握学术资本主义理论的核心内涵，促进我国研究生创业活动的开展：一是要发挥知识资本在研究生创业中的作用；二是我国高校需完善学校与市场相联系的校内间隙组织并拓展其相应的管理能力，为研究生的创业活动保驾护航；三是大学外部中介组织的搭桥引线对在市场经济环境下进行创业活动的研究生具有重大意义。①

第三节　研究生培养模式的跨国比较

2014 年度，关于研究生培养模式的跨国比较主要集中于培养模式的改革与发展、联合培养模式和针对具体学校或具体学科的个案研究等。其中，联合培养模式的研究对象包括了跨学科/交叉学科培养、超学科培养、产学研培养等模式；个案研究涉及了对不同学科（主要是专业学位）的培养模式研究、课程教学研究、论文内容研究等。

一、研究生培养模式改革与发展

博士研究生教育作为高等教育的最高层次，其教育质量关乎国家社会经济和科学技术的发展水平。如何有效改善博士研究生的培养模式，提升博士生培养质量成为我国高等教育发展亟需解决的问题。

海南大学杨婕从博士招生、培养模式、经济资助、博士论文评审等角度阐述了英国、美国、日本、法国的经验做法：一是培养目标确定培养方式；二是创新培养方式，提升博士生质量；三是加强对博士生的资助；四是侧重论文创新，严控博士论文质量。在此研究基础上，研究者提出对我国博士培养的 4 点启示：一是要提高入学门槛，杜绝滥竽充数；二是要创新培养方式，提升培养质量；三是要增加博士生资助，提

---

① 殷朝晖，雷丽. 学术资本主义视域下的美国研究生创业及其启示 [J]. 清华大学教育研究，2014（5）：23—28.

升科研积极性；四是要规范匿名外审，创新博士论文形式。[①]

结构化（structured）的博士生培养模式是美国研究生教育在建立伊始便已形成的理念和制度结构，是确保美国研究生进行高效率有效训练的基础。天津师范大学王东芳等人分析了美国博士生教育在课程、资格考试、培养方式等显性制度与隐性活动中的结构化特征。在结构化的博士教育项目中，教育不再是导师与博士生之间个体化的互动协商，而是置于透明化、规范化、多元化和约束力更强的培养结构中。与传统学徒制的培养模式相比，博士生培养的结构化更能促进博士生学业的成功，有助于缩短博士生的修业年限。[②]

厦门大学陈斌通过对 21 名在美国获得博士学位或有较长访学经历的厦门大学教师进行深入访谈发现，中美两国学术型博士生在招生录取、课程学习、培养方式、中期考核、学位论文等方面存在较大的差异。借鉴美国模式，我国学术型博士生教育中应注重多元的选拔方式，实行主辅修结合的跨学科课程修读制度，明确导师的角色与责任，严格资格考试，保障培养质量。[③]

华南师范大学李晶对英国新制博士学位人才培养模式进行了研究：新制博士学位（New Route PhD）是英国一种新型博士学位，强调"高深学问与专业技能结合""学术研究与课程教学交织"，融合了专业技能、高深学问、研究方法等核心要素。它以培养政府、企业等领域从事管理和应用研究的人才为主，在课程设置上增加研究方法论、通用性知识方面的课程，在培养方式上引入了教学模块，在质量监控上通过招生准入、过程监控、毕业考核 3 个阶段建立了严格的监控体系。新制博士作为一种新型的高素质人才培养模式，转变了博士培养的教育理念：博士教育不仅仅是培养传统的学术型人才，而是要适应社会对博士层次人才的各类需求，符合个人对接受博士教育的期望，等等。[④]

华南理工大学张振刚在《中美专业学位研究生培养模式比较研究》一书中以专业学位研究生培养模式为研究对象，依据系统理论、高等教

---

① 杨婕. 英美日法四国博士培养策略及对我国的启示［J］. 中国青年研究，2014（8）：26—29.

② 王东芳，沈文钦，李素敏. 美国博士生培养的结构化模式及其全球扩散——以经济学科为案例［J］. 学位与研究生教育，2014（8）：61—66.

③ 陈斌. 中美学术型博士研究生培养模式比较研究［J］. 研究生教育研究，2014（6）：85—90.

④ 李晶. 英国新制博士学位人才培养模式初探［J］. 研究生教育研究，2014（2）：91—95

育管理、人力资本等相关理论，运用系统分析法、文献研究法和比较研究法，建立了包含培养目标、培养过程、支撑条件、外部协作和质量保障等要素的专业学位研究生培养模式概念框架及实证分析模型；在研究专业学位研究生培养模式的基础上，对相关要素进行了对比分析，并提出了相应措施。[①]

二、研究生教育的联合培养模式

在知识发展的统合趋势和学科范式向学科交叉范式转型的大背景下，研究生培养模式从学科模式向学科交叉模式转变也将成为主要趋势。构建多学科集成与交叉的培养环境与机制，培养未来能够解决综合性重大科技和社会问题的复合型创新人才，已经成为各国研究生教育发展的共识。

上海交通大学高磊等人通过对美国开展学科交叉研究生培养的情况和美国研究生教育与科研训练一体化项目的研究，认为我国政府和高校应加大对学科交叉研究生培养的重视和经费投入力度，学科设置要有利于学科交叉科研与人才培养；设立学科交叉研究生培养项目，特别注重推动学科交叉博士生培养；建立学科交叉科研与人才培养实体机构，为学科交叉研究生培养提供组织保障；突破传统研究生培养模式的束缚，对学科交叉研究生实行特区化培养。[②]

北京理工大学周文辉等人的文章分析了美国跨学科培养研究生的"TI：GER"（技术创新：产生经济成果）项目的背景以及整体设计（包括项目目标、人员组成、运行模式等），并根据参与学生的反馈及运行中存在的问题，探讨了改进和提升该项目的意见和建议：一是探索合理的团队结构，二是完善多方位的项目评价，三是开发多种项目进展保证措施。[③]

浙江师范大学万秀兰研究了美国交叉学科的两种发展模式：自主模式和依赖模式。美国高校交叉学科发展经历了从依赖模式到自主模式的

---

① 张振刚. 中美专业学位研究生培养模式比较研究 [M]. 广州：华南理工大学出版社，2014.

② 高磊，赵文华. 美国学科交叉研究生培养的现状及启示——以美国研究生教育与科研训练一体化项目为例 [J]. 学位与研究生教育，2014（8）：54—60.

③ 周文辉，陆晓雨. "TI：GER"项目——美国跨学科培养研究生的新探索 [J]. 江苏高教，2014（1）：91—94.

渐进变革，其发展趋势是两种模式的融合。这一变迁过程说明，交叉学科不同发展模式各有所长，可以并存发展，但最佳的发展模式是融合两者的优势。我国交叉学科在追求独立自主的发展时要保持开放性，交叉学科的发展需要依据大学的不同条件采取不同的组织形式，同时需要在课程计划、教师的聘任与评价制度上有所创新。①

跨学科学术组织形式的创新是跨学科研究生教育成功的关键。华南理工大学焦磊等人研究了国外跨学科研究生教育的 3 种组织形式：学院内部式、研究生院主导式和独立建制式。在此基础上，对我国跨学科研究生教育提出了以下建议：跨学科研究生教育要以选拔、培养卓越人才为基本理念；要创新跨学科研究生教育学术组织形式，彰显研究生院的作用；借跨学科研究推动跨学科研究生教育。②

南京农业大学宋华明等人探究了 21 世纪以来德克萨斯农工大学的交叉学科监督机构、俄亥俄州立大学的创新中心计划、加州大学戴维斯分校的交叉学科前沿项目、威斯康星大学麦迪逊分校的哈奇项目在推进学科交叉融合中的重要作用，为我国高校的多学科交叉融合提供借鉴：成立审核监督机构，为学科交叉融合提供制度保障；建立形式多样的跨学科研究中心，推进学科交叉融合；以战略需求为导向创新学科建设模式，提升学科资源配置效率；发挥优势和特色学科的资源汇聚作用，搭建人才、学科、科研"三位一体"的协同创新中心；以重大科研项目为牵引，探索建立网状结构管理体系。③

随着新的知识生产模式的出现，超学科取向突破学科之间的界限，整合多学科的理论观点和方法，日益成为一种重要的研究发展方向。北京航空航天大学刘贤伟等人对超学科及有关概念进行了辨析，并选取美国加州大学欧文分校社会生态学院 3 个典型的不同层次的超学科人才培养的项目（本科生暑期研究体验项目、博士生社会生态学研讨班、博士生理论建构策略课程），对其超学科人才培养的理念、目标、形式、成效等进行探讨，同时分析其对我国人才培养的启示：一是超学科人才

---

① 万秀兰，尹向毅. 美国高校交叉学科发展模式及其启示 [J]. 比较教育研究，2014（12）：20—25.

② 焦磊，谢安邦. 国外跨学科研究生教育组织形式探究 [J]. 中国高教研究，2014（11）：54—58.

③ 宋华明，常姝，董维春. 美国高校推进学科交叉融合的范例探析及启示 [J]. 学位与研究生教育，2014（9）：73—77.

培养中可以采用超学科教师指导的方式；二是超学科人才培养应紧扣现实问题，重视理论建构中策略的运用；三是多种形式的有效交流和沟通；最后要建立开放、尊重和信任的学习和研究氛围。①

上海理工大学胡立等人研究了英国 KTP 计划产学研联合培养研究生的主要特点：政府通过行政立法保障产学研联盟的建立，在研究生产学研联合培养中发挥引领和保障作用；产学研合作主要集中在中小型企业，中小企业是产学研联合培养研究生的主要实践基地；围绕研究生培养的具体情况展开项目是 KTP 计划实施的主线；第三方评估实现了对产学研联合培养各方的全面考察，包括对企业、知识库、研究生、KTP 项目的考核。研究者认为有以下 4 个方面经验值得借鉴：一是要发挥政府在产学研联合培养研究生中的引导和保障作用；二是要重视中小企业在产学研联合培养研究生工作中的地位和需求；三是要注重产学研培养过程中研究生培养的"用学结合"；四是要引入第三方机构开展产学研培养研究生的评估与监督。②

北京市海淀区教师进修学校教师皮国萃从培养目标、培养过程、考核评价、管理体制等方面介绍了加拿大滑铁卢大学的研究生合作教育模式，认为这种"政产学研用一体化"的研究生培养模式体现出政府、学校、用人单位、学生等多主体参与以及主体间协同合作和交互影响等特点，分析了该模式对我国研究生培养的启示：第一，国家政策要在宏观上为教育改革创新指引方向；第二，研究生合作教育的培养实效有赖于各参与主体在教育教学的各个环节中加强合作，协同创新，切实将政府和院校的培养政策落到实处；第三，在长期探索和实践中积累并形成的创新创业文化是一种无形但却强大的动力，激发师生走出课堂、投身社会、创新实践。③

三、研究生培养模式个案研究

作为日本"技术科学"思想的发祥地，长冈技术科学大学在课程

---

① 刘贤伟，马永红，马星. 美国超学科人才培养的实践——以加州大学欧文分校社会生态学院为例 [J]. 高教探索，2014（6）：52—57.

② 胡立等. 英国产学研联合培养研究生的主要特点及经验借鉴——KTP 计划的实践 [J]. 学位与研究生教育，2014（3）：67—71.

③ 皮国萃，孙进. 政产学研用一体化：加拿大滑铁卢大学的研究生合作教育模式及其启示 [J]. 学位与研究生教育，2014（4）：64—68.

体系、教学方式、师资队伍和培养对象方面形成了特色鲜明的工程硕士培养模式。大连理工大学孟秀丽等人对该校系统安全专业（长冈技术科学大学中唯一的专业学位专业）的培养方式进行了研究：系统安全专业实行精英教育（2014 年 3 次招生 26 人），以融合活力（vitality）、创造力（originality）和奉献（services）的"VOS 精神"作为培养理念，重视理论与实践的结合，和异质学科间的交流与渗透；课程设置上，分为必修课程、基础课程与应用课程三大类；教学方式上，除课堂授课之外，学生必须通过系统安全基础训练与实践训练；师资队伍上，采用校内与校外结合的教师队伍，保持教授成员的高比例；招生对象上，原则上只招生具备两年企业工作经验的大学毕业生或者同等学力学生。借鉴长冈技术科学大学的经验，研究者建议从更新培养理念，突出技术本质；调整课程设置，创新教学方式；吸纳精英力量，优化师资队伍；注重实践能力，加强道德教育这 4 个方面着手推进我国工程硕士能力的提升，促进工程硕士教育的持续发展。①

哈尔滨工业大学安实等按照"如何做研究—研究选题—研究方法—成果展示"4 个步骤详细阐述了华盛顿大学土木和环境工程系的研究生培养过程。借鉴其特色培养方式，研究者从引入 Transportation Seminar、学科交叉培养、出国交流、课程设置和面对面讨论 5 个方面进行了具体讨论，以期为交通运输工程学科研究生培养提供借鉴和参考，进而提高交通运输工程学科研究生的培养质量。②

北京林业大学张志强等人研究了美国林业硕士专业学位研究生教育的特点：服务林业行业需求，注重培养具有全球化视野的林业人才；学制灵活，兼顾全日制与非全日制学习；课程体系规范完善，灵活多样；重专业基础要求和能力培养；导师组形式指导，确保培养质量；注重专业实践，强化能力培养；学位论文形式多样，注重应用知识解决问题的能力；与职业资格认证相衔接，突出执业能力的培养。提高我国林业硕士专业学位研究生教育质量，促进林业硕士专业学位研究生教育发展，作者提出以下几点建议：拓宽招生渠道，健全培养类型，强化职业背

---

① 孟秀丽，杨连生，王松婵. 日本长冈技术科学大学工程硕士培养探析［J］. 研究生教育研究，2014（6）：91—95.

② 安实，胡晓伟，王健. 美国华盛顿大学研究生培养对交通运输工程学科的借鉴［J］. 研究生教育研究，2014（2）：88—90.

景；完善课程体系，加强课程建设和实践训练，提升职业能力；加强林业硕士专业学位与职业资格认证的衔接；重视团队指导，健全质量保障体系。①

首都师范大学张秀峰等人以范德堡大学教育学院为例，对其教育博士和教育学哲学博士培养模式的比较研究，提出我国教育博士发展过程中从理论上一定要厘清作为专业学位的教育博士和作为学术学位的教育学哲学博士之间的根本差异，从理论根源上解决教育博士培养的"学术化"问题，在实践环节方面一定要凸显教育博士的专业学位特性，教育博士的培养目标、招生录取、课程设置、教学模式、教学师资、学位授予等方面要兼顾学术性和专业实践性。②

湖南师范大学江敏选取中国和英国各5所大学的教育博士培养方案作为比较对象，研究了中英两国"教育领导与管理专业"教育博士培养的异同点：培养目标上，我国高校在培养目标的表述上基本一致，没有凸显学校特色，英国高校则呈现一定的多元性。招生制度上，我国要求考生一定要在教育管理岗位，而英国对此没有硬性规定。课程设置上，中英两国都实行学分制、采用模块教学，我国教育博士选修课所占比重偏小，课程内容偏向理论知识的传授而对方法性与实践性课程的重视不足；英国高校则开设了丰富的选修课程，课程内容强调研究方法的训练，重视专业实践。修学方式上，两国都实行弹性学制，主要采用在职学习的培养方式，我国教育博士主要采用教授集中面授与学生自学相结合的方式，而英国教育博士采用现场教学的方式，强调小组学习，共享集体经验。学位论文上，我国对教育博士研究与实践能力的考核主要采用学位论文形式，而英国多种其他模式替代学位论文，鼓励论文形式创新③

西南大学刘瑶瑶对美国密歇根州立大学教育硕士在线项目进行了研究。教育技术硕士在线项目的培养目标主要是针对教师、管理人员和其他教育人士的，其培养内容主要是课程学习，包括证书课程、核心课程以及选修课程3个部分，项目的理论基础是TPACK知识框架。研究者在分析了密歇根州立大学教育硕士在线项目的可借鉴性的基础上，为改

---

① 张志强等. 美国林业硕士专业学位研究生教育的特点与启示 [J]. 学位与研究生教育，2014（6）：70—77.

② 张秀峰，高益民. 美国教育博士培养"学术化"问题的改革和探索——以范德堡大学教育学院为例 [J]. 比较教育研究，2014（3）：18—24.

③ 江敏. 中英教育博士培养方案的比较研究 [D]. 长沙：湖南师范大学，2014.

革我国教育硕士的培养方式，提出了扩大培养目标范围、探索完全在线的培养方式、培养内容设置应注重自主性及实践性、加强对现代教育技术的综合应用、在培养过程中重视能力培养及分享的意见和建议。①

华中师范大学李琦对中国与美国、英国、新加坡 3 个国的数学教育硕士的培养模式进行了比较研究，发现我国在数学教育硕士培养模式中存在以下问题：培养目标不够清晰明确；培养方式较为单一；招考制度偏重于应试能力的检测，缺乏对学员综合素质的考察；课程设置不够合理，教学方法枯燥单一；师资力量方面，指导教师的专业素质和专业能力略显不足等。并提出：明确培养目标，突出其办学特色；改革招考方式，提高入学标；准优化课程设置，丰富教学方法；提高毕业论文质量，增强论文创新性；提高教师队伍的专业化程度等建议。②

随着经济全球化不断深入，国际间医学博士教育的交流与合作日益频繁。如何规范博士生培养过程，促进国际间学位对等和学位互认是当前我国医学博士教育面临的重要问题。学科专业目录是我国学位授予与人才培养工作的基本依据。上海交通大学陈建俞等人通过对中美两国医学领域授予研究型博士学位的学科专业进行比较，发现两国医学领域授予研究型博士学位的学科专业划分标准不同，学科专业名称也不同，但是大部分学科专业内涵基本相同，两国之间的学科专业具有一定的可比性。借鉴美国学科专业设置经验，作者提出要优化我国医学学科专业，建立弹性的学科专业结构③。

进入 21 世纪以来，日本、韩国、德国和英国都对其法律教育进行了改革。北京师范大学徐胜萍等人对日本、韩国、德国、英国法学本科后法学专业教育的特点进行了概括：职业化的培养目标；优化选拔制度和教学模式；注重法律教育与从业资格的衔接。上述国家法学本科后专业教育的改革对于我国的法律硕士（法学）的培养在法律专业人才的培养目标、法律硕士（法学）入学考试和教学培养模式、司法考试与法律硕士（法学）教育的关系上具有重要的参考意义。④

---

① 刘瑶瑶. 美国密歇根州立大学教育硕士在线培养项目研究 [D]. 重庆：西南大学，2014.

② 李琦. 中外数学教育硕士培养模式的比较研究 [D]. 武汉：华中师范大学，2014.

③ 陈建俞，刘少雪. 中美医学领域授予研究型博士学位的学科专业比较 [J]. 高等工程教育研究，2014（2）：137—142.

④ 徐胜萍，田海鑫. 21 世纪初域外法学本科后教育改革的特点及启示——基于对日、韩、德、英四国的考察 [J]. 中国高教研究，2014（2）：47—51.

河北大学李明忠等人通过对美国高校学生事务管理专业设置的历史考察和极具代表性的部分高校学生事务管理专业研究生培养的案例透视，发现美国高校学生事务管理专业研究生培养具有以下典型特征值得高度关注和借鉴：以社会需求为导向，重视专业化、多层次培养；培养目标以应用型为主，注重实践能力培养；规范与灵活相结合的课程设置及标准，注重人才培养质量；跨学科视域中的研究领域，凸显交叉综合培养方式。①

课程教学是研究生培养过程中最基础、最直接，也是最重要的环节。江西农业大学胡凯通过其在美国丹佛大学访学期间的课程体验和对一些研究生进行的访谈、调查发现，美国研究生课程教学与大陆高校相比最大的特点就是始终坚持以学生为主体的教学理念；总结了美国研究生课程教学模式的主要特点：实行完全学分制，学生根据兴趣选课；学生课业负担重，教师要求严；课堂教学以讨论为主；课堂内外的有机结合增强学生的实践体验；及时收集学生意见，调整教学方式。相比而言，我国研究生课程教学离"以学生为主体"的教学理念还有不少差距，需要我们不断改进②

西南大学廖国建等人介绍了哈佛大学医学院微课程项目创立的背景、培养目标、课程设置等方面的制度创新和培养模式。微课程的实施模式包括课程组织形式、课程考核和课程效果3个方面，微课程项目受到强有力的制度保障和多学科的师资力量的支持。在此基础上，作者讨论了微课程项目对我国生物医学研究生教育的启示：一是加强校内的交流和合作，构建高水平的微课程；二是政策倾斜和资金支持，通过招聘生物医学专业的博士研究生和从事教育学研究的博士研究生共同作为课程讲师，以提供专业基础以及教学理论和教学方法的基础。③

随着高等教育大众化与国际化的不断推进，高校举办暑期继续教育成为趋势和必然。目前，我国高校开设暑期学校很大程度上仍然处于范式模仿与理念移植阶段，北京师范大学张睦楚通过对比北京大学和剑桥

---

① 李明忠，焦运红. 美国高校学生事务管理专业研究生培养及其特征［J］. 学位与研究生教育，2014（5）：72—77.

② 胡凯. 基于学生主体地位的美国研究生课程教学模式研究［J］. 学位与研究生教育，2014（9）：68—72.

③ 廖国建，谢建平. 哈佛大学医学院研究生微课程项目及其启示［J］. 学位与研究生教育，2014（1）：70—72.

大学暑期学校的办学理念、教学内容与途径、学业评价等方面提出：高校应加大继续教育资金投入，积极出台相关措施促进暑期教育优质高效的实施；高校致力于打造优势学科品牌，实现教师学员的双优质化；有效地调动学员积极性，大力构建学术性活泼型办学理念。力图由半封闭走向开放，逐步实现国际化办学水平。①

博士学位论文的研究内容在一定程度上体现着美国教育技术学的研究取向。北京师范大学吕巾娇等人采用内容分析法对美国 1995—2004 年产生的 935 篇教育技术学博士学位论文的"研究内容"进行了分析，结论如下：这些年，美国教育技术博士论文较少关注理论研究而主要关注应用研究，以解决微观问题为主，研究范畴主要集中在"设计"与"应用"范畴，应用领域十分广泛，但主要集中在学校教育领域，追踪并研究不断出现的新媒体及其教育应用，关注群体多样，学校教育领域中的研究注重针对具体学科展开深入研究，等等。②

第四节　文献分布及其特点分析

2014 年度研究生教育国际比较研究文献约 178 篇。其中，期刊论文 142 篇，学位论文 23 篇，图书 3 部，被纳入此次综述范围的文献共有 64 篇。从文献分布来看，在 62 篇文献中，期刊论文 52 篇，占总数的 83.9%；学位论文 7 篇，占总数的 11.3%；著作 3 部；占总数的 4.8%。不同类型研究文献比例分布见下图。

从作者群体来看（按第一作者身份统计），在大学和科研院所工作的教学科研人员 44 人，占 71.0%。其中，具有正高职称（教授、研究员）的作者 15 人，占比约 24.2%；作者单位来源以北京航空航天大学、华东师范大学、北京师范大学、上海交通大学、河北大学和西南大学居多，"211 工程"高校作者 44 人，占比约为 71.0%。2013 年度与 2014 年度研究生教育国际比较研究文献情况见表 9 – 1。

---

① 张睦楚. 从北大到剑桥：我国研究生暑期继续教育模式的新探索 [J]. 研究生教育研究，2014（3）：86—90.

② 吕巾娇，等. 美国教育技术学博士学位论文的研究内容分析 [J]. 电化教育研究，2014（12）：114—120.

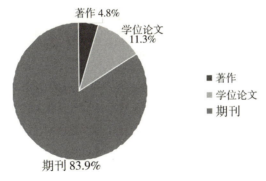

不同类型研究文献比例分布图

从论文发表载体看，2014 年纳入综述的文献均来源于 CSSCI 期刊，发文期刊来源共 19 种，较 2013 年（17 种）略有增加。其中以《学位与研究生教育》《研究生教育研究》《中国高教研究》为主，分别发文 17 篇、7 篇、5 篇。

从论文受资助情况来看，共有 42 篇文献受各类基金项目资助，占比 67.7%，其中部级项目资助最多（18 篇），中国学位与研究生教育学会资助 8 篇。

表 9 - 1　2013 年度与 2014 年度研究生教育国际比较研究文献基本情况

年份	文献总数/篇	期刊论文比例/%	第一作者比例/%		受资助比例/%	期刊分布/种
			正高	211 院校		
2013	41	92.7	31.7	65.9	58.5	17
2014	62	83.9	24.2	71.0	67.7	19
年度变化	↑	↓	↓	↑	↑	↑

从研究方法上看，2014 年度还是以定性研究为主，尤以案例和文献分析居多；调查统计等定量研究较少。与 2013 年相比，变化不大（表 9 - 2）。

表 9 - 2　研究生教育国际比较研究文献的研究方法使用情况统计

研究方法	案例研究	文献研究	比较研究	历史研究	数理研究
文献数量	20	19	9	7	7

从研究主题文献分布上看，2014 年度关于规模、发展和结构的比较研究的文献分布与 2013 年度（占比 24.4%）大体一致，而研究生教

育管理比较研究的文献分布较 2013 年度（占比 19.5%）有所增加，主要表现在对研究生质量管理的研究文献增多，并新增了研究生个体行为管理研究的文献。表 9 - 3 列举了 2014 年度研究生教育国际比较研究文献主题分布。

表 9 - 3　2014 年度研究生教育国际比较研究文献主题分布

研究主题		合计	文献数量	比例/%
规模、发展与结构的比较	研究生教育发展的多元路径	15（24.2%）	8	12.9
	研究生教育结构的优化调整		7	11.3
研究生教育管理体系比较	研究生资助管理	20（32.3%）	2	3.2
	研究生质量管理		13	21.0
	研究生个体行为管理		5	8.1
研究生培养模式的跨国比较	研究生培养模式改革与发展	27（43.5%）	5	8.1
	研究生教育的联合培养模式		8	12.9
	研究生培养模式个案研究		14	22.5

从研究热点来看，我国正在进行学位与研究生教育结构调整和优化，专业学位教育，包括专业硕士学位和专业博士学位，成为研究生教育国际比较的重要研究方向之一。在本次文献梳理中，针对某一个学科的专业学位教育项目（例如，教育博士、医学博士、林业硕士、法律硕士等）的运行机制和培养模式的研究逐渐增多，这种细化到学科层面的专业学位教育研究将成为未来研究的重要趋势。在知识发展的统合趋势和学科范式向学科交叉范式转型的大背景下，跨学科/交叉学科培养的发展模式、组织形式和研究生培养模式的研究是本年度的研究热点，也将成为研究生教育国际比较研究持续关注的热点。对研究生个体行为的关注也是 2014 年度研究生教育国际比较研究的一大亮点，包括研究生诚信科研的德育研究，博士生流失研究和研究生创业行为性研究，这些将成为未来研究生教育国际比较的热点。除此之外，推动研究生教育质量管理体系建设和资助体系建设，提高研究生培养质量也是当前的研究热点。另外，研究生招生制度研究占本次文献梳理比重增大，为深化研究教育改革，研究生教育的导师制、招生制度、课程教学将成为持续关注的研究热点。

2014年中国研究生教育研究要目辑览

专题一　研究生教育基本问题研究

1. 赵沁平. 开拓、创新、求真，科学构建研究生教育学学科体系 [J]. 研究生教育研究，2014（6）：1—3.

2. 王战军. 加强研究生教育科学研究 促进研究生教育改革与发展 [J]. 学位与研究生教育，2014（8）：1—5.

3. 朱艳，徐文娜. 建国以来我国研究生教育发展演变的制度分析——基于历史制度主义的视角 [J]. 现代教育管理，2014（12）：103—106.

4. 郑刚. 抗战时期我国研究生教育的变迁及其特点 [J]. 高等教育研究，2014（12）：74—81，88.

5. 钟旗. 研究生教育政策范式的演变及优化策略研究 [D]. 湘潭：湘潭大学，2014.

6. 李进峰. 科研机构研究生教育面临的困境与对策建议 [J]. 中国高教研究，2014（6）：27—30.

7. 赵军. 研究生培养机制改革成效、问题与对策——基于部属高校与地方高校的比较研究 [J]. 研究生教育研究，2014（2）：1—8.

8. 张睦楚. 当前研究生教育中的三重困境及其路径选择 [J]. 江苏高教，2014（4）：105—107.

9. 赵军. 研究生培养机制改革：行动与反思 [M]. 北京：清华大学出版社，2014.

10. 阳荣威，胡陆英. 我国硕士研究生教育"本科化"倾向及其应对措施 [J]. 研究生教育研究，2014（1）：11—16.

11. 陈惠. 聚焦创造力：研究生教育创新论 [J]. 湖南师范大学教育科学学报，2014（4）：125—128.

12. 韩业斌. 我国博士生教育过程中的问题与对策分析 [J]. 中国

教育学刊，2014（S6）：80—81，83.

13. 靳晓光. 论研究生教育面临的困境与解决的途径 ［J］. 黑龙江高教研究，2014（7）：102—104.

14. 陈伟. 西部研究生教育发展对策分析 ［D］. 上海：华东师范大学，2014.

15. 李凯歌. 我国研究生教育国际化的案例研究 ［D］. 厦门：厦门大学，2014.

16. 陈岩，张斌，李中华，严琴. 构建"适用性"工程教育学科体系是行业特色型大学培养拔尖创新人才的关键 ［J］. 高等工程教育研究，2014（3）：95—100.

17. 霍影. 我国研究生教育学位制度国际可比性探讨——与博洛尼亚进程的比较 ［J］. 高校教育管理，2014（6）：108—112，127.

18. 脊秋. 90年代以来日本研究生教育组织结构变革述评 ［J］. 现代教育管理，2014（10）：124—128.

19. 高阳，王传毅，赵世奎. 日本研究生教育政策评价的机制及特征——基于"加强研究生教育的系统性"政策的案例研究 ［J］. 学位与研究生教育，2014（7）：72—77.

20. 戚兴华. 多元与泛化：研究生教育质量理论面相解析 ［J］. 研究生教育研究，2014（5）：6—11.

21. 吕向前，查振高. 关于我国研究生教育内涵式发展的哲学思考 ［J］. 学位与研究生教育，2014（4）：41—44.

22. 程俊，罗英姿. 博士生教育质量生成机制研究 ［J］. 研究生教育研究，2014（3）：37—42.

23. 侯志军，王正元，朱誉雅. 研究生学术创新中的知识共享研究 ［J］. 学位与研究生教育，2014（3）：57—61.

24. 张向向. 我国研究生知识共享的路径探讨 ［D］. 重庆：西南大学，2014.

25. 孙绍慧. 研究生学习团队知识共享研究 ［D］. 淄博：山东理工大学，2014.

26. 关辉，成丰绛. 跨学科研究生教育的二重性特征及其应对策略 ［J］. 现代教育管理，2014（5）：105—108.

27. 关辉. 主动适应：跨学科研究生学科文化适应的理性选择 ［J］. 学位与研究生教育，2014（9）：48—52.

28. 刘婧. 工学跨学科博士生培养模式研究 [D]. 哈尔滨：哈尔滨工业大学, 2014.

29. 李尚群. 告别规训：研究生跨学科能力的培养 [J]. 学位与研究生教育, 2014 (7)：17—21.

30. 焦磊, 谢安邦. 国外跨学科研究生教育组织形式探究 [J]. 中国高教研究, 2014 (11)：54—58.

31. 高磊, 赵文华. 学科交叉研究生培养的特性、动力及模式探析 [J]. 研究生教育研究, 2014 (3)：32—36.

32. 滕曼曼. 跨学科硕士研究生专业认同研究 [D]. 南京：南京师范大学, 2014.

33. 高磊, 赵文华. 美国学科交叉研究生培养的现状及启示——以美国研究生教育与科研训练一体化项目为例 [J]. 学位与研究生教育, 2014 (8)：54—60.

34. 慕静, 王仙雅. 基于CAS理论的高校科研创新团队形成机制研究 [J]. 黑龙江高教研究, 2014 (10)：8—11.

35. 朱广华, 陈万明, 蔡瑞林, 钱颖赟. 企业研究生工作站人才培养绩效影响因素及其演进机制 [J]. 高等教育研究, 2014 (6)：59—67.

36. 李云梅, 李大为, 胡阳. 团队氛围、团队心理安全感对研究生科研能力的影响 [J]. 高等工程教育研究, 2014 (6)：112—117.

37. 魏汉涛. 法学研究生培养方式的革新——优势教学法与团队研习法的结合 [J]. 研究生教育研究, 2014 (2)：43—47.

38. 郑宏珍, 初佃辉. 创新平台与产学研联合培养研究生创新能力探索 [J]. 中国高校科技, 2014 (5)：82—83.

39. 王建华. 学科制度化及其改造 [J]. 高校教育管理, 2014 (9)：9—13.

40. 解瑞红. 矛盾与反常：大学学科固化的危机 [J]. 江苏高教, 2014 (6)：80—83.

41. 何晓聪, 林仲豪. 新制度主义视域下的学科发展趋同机制分析 [J]. 高教探索, 2014 (5)：126—128.

42. 朱龙. 知识规划视野中的学科建设研究 [D]. 南京：南京师范大学, 2014.

43. 胥秋. 大学学科文化的特点及其影响因素研究 [J]. 黑龙江

高教研究，2014（10）：1—4.

44. 齐昌政，郝书会，赵弘，汪志明. 论学科建设与研究生教育的协调发展［J］. 研究生教育研究，2014（3）：66—70.

45. 杨玉. 区域经济发展视角下的研究生教育结构优化探究［J］. 黑龙江高教研究，2014（10）：131—133.

46. 王传毅，李旭，胡彬涵. 我国研究生教育类型结构与经济社会发展的协调性分析：基于人才供需的视角［J］. 教育发展研究，2014（23）：47—53.

47. 颜建勇. 多视角下研究生教育结构演变的驱动力研究［J］. 中国高教研究，2014（1）：67—70.

48. 郎永杰，王传毅. 中国研究生教育省际差异的合理限度及其现实考察［J］. 教育科学，2014（5）：67—70.

49. 广东省研究生教育发展战略研究课题组，陈先哲，卢晓中. 基于问题和需求的广东省中长期研究生教育发展战略［J］. 高教探索，2014（2）：119—123.

50. 李立国，黄海军. 政府主导下的我国研究生教育发展特征［J］. 复旦教育论坛，2014（1）：67—73.

51. 梁传杰，吴晶晶. 我国专业学位研究生教育发展历程回顾与前瞻［J］. 研究生教育研究，2014（3）：23—27，31.

52. 陆靖，束金龙，赵坚. 以"六化"模式为核心，推进专业学位人才培养模式改革——以上海市专业学位研究生教育综合改革试验为例［J］. 学位与研究生教育，2014（1）：1—4.

53. 黄秋媚. 全日制专业学位研究生培养体系建设机制与适配策略研究［D］. 重庆：重庆大学，2014.

54. 张建功. 中美专业学位研究生培养模式比较研究［M］. 广州：华南理工大学出版社，2014.

55. 张翔. 全日制专业学位研究生培养的理论分析与探索［J］. 江苏高教，2014（6）：107—109.

56. 翟亚军. 去魅与回归：专业学位研究生教育的本质与特征［J］. 学位与研究生教育，2014（2）：48—51.

57. 刘国瑜，李昌新. 全日制专业学位研究生专业实践的探讨［J］. 教育理论与实践，2014（12）：3—5.

58. 张乐平，王艺翔，王应密，陈小平. 全日制专业硕士学位论文的理想模式——基于内隐能力、外显效力的分析［J］．研究生教育研究，2014（3）：76—81.

59. 孙粤文. 论专业学位研究生教育与高等职业教育的衔接［J］.学位与研究生教育，2014（1）：54—58.

60. 邱冬阳，吴斯. 专业硕士培养与职业资格互通机制设计［J］.研究生教育研究，2014（6）：75—80.

61. 赵冬梅，罗格非，赵黎明，何健. 工程硕士专业学位与职业资格认证对接研究——电气工程专业学位与电气工程师对接的研究与探索［J］.研究生教育研究，2014（4）：71—74.

62. 蒋馨岚. 我国专业学位研究生教育认证制度的建构——基于新制度主义视角的分析［J］.研究生教育研究，2014（1）：78—83.

63. 赵阳. 专业学位研究生教学本科化的反思及其对策［J］.教育发展研究，2014（3）：79—84.

64. 黄锐. 以实践能力为核心的专业硕士培养模式探究［J］.教育研究，2014（11）：88—94.

65. 黄卫华. 全日制专业学位研究生培养模式的调查研究［J］.研究生教育研究，2014（5）：63—67.

66. 林莉萍. 专业学位研究生实践能力培养现状及提升策略［J］.中国高等教育，2014（12）：58—59.

67. 郑琰. 我国专业学位研究生教育存在的问题及法律对策［D］.兰州：兰州大学，2014.

68. 赵静. 我国专业硕士研究生教育发展的问题与对策研究［D］.兰州：兰州大学，2014.

69. 江惠云，刘国瑜. 提升专业学位研究生教育实践性的思考［J］.江苏高教，2014（6）：110—111.

70. 李政，方涛. 全日制专业学位硕士研究生培养探讨［J］.中国高校科技，2014（3）：41—43.

71. 张永泽，刘晓光，董维春. 专业学位研究生基于项目的校企协同培养模式探索［J］.学位与研究生教育，2014（6）：8—12.

72. 马永红. 专业学位授权模式的国际比较研究［J］.国家教育行政学院学报，2014（8）：89—94.

73. 徐颖珺. 美国硕士专业学位运行机制研究［D］.上海：华东师范大学，2014.

74. 江敏. 中英教育博士培养方案的比较研究 [D]. 长沙：湖南师范大学，2014.

75. 董鸣燕. 英国专业博士教育发展研究（1992—2011）[D]. 武汉：华中师范大学，2014.

76. 李婷. 澳大利亚教育博士专业学位教育研究 [D]. 长春：东北师范大学，2014.

77. 衣学磊，蒋承. 中美两国专业硕士学位研究生教育比较研究 [J]. 中国高教研究，2014（5）：33—37.

78. 李云鹏. 美国专业博士学位的几个关键问题论析 [J]. 学位与研究生教育，2014（1）：65—69.

79. 康叶钦. 英国"教学专业硕士"政策的起与落——基于教育政策借鉴理论的研究 [J]. 比较教育研究，2014（8）：68—73.

80. 庄丽君. 美国专业科学硕士教育研究及对我国的启示 [J]. 学位与研究生教育，2014（2）：67—71.

81. 袁东，梁宁. 美国专业学位教育若干特点探讨 [J]. 中国高校科技，2014（10）：7—8.

82. 马怀德，林华. 论学位管理体制的立法逻辑 [J]. 教育研究，2014（7）：15—21.

83. 李祥，胡雪芳. 试论"学位法"修订的核心问题 [J]. 黑龙江高教研究，2014（3）：28—30.

84. 罗建国. 我国学位授权改革目标与策略探究 [J]. 高等教育研究，2014（8）：55—60.

85. 王敬波. 学位授权审核法治化路径探析 [J]. 学位与研究生教育，2014（7）：39—43.

86. 林华. 论我国学位管理体制的困境与革新 [J]. 学位与研究生教育，2014（5）：37—41.

87. 杨志亮. 胡宝兴与华中农业大学不授予学位纠纷案分析 [D]. 兰州：兰州大学，2014.

88. 丛日宏，徐晓艳. 21世纪我国学位制度研究进展综述 [J]. 现代教育管理，2014（5）：109—113.

89. 王洁. 欧洲中世纪大学学位制度研究 [D]. 南京：南京师范大学，2014.

90. 樊文强，马永红. 美国印第安纳州公立高校学位授权审核制度

研究 [J]. 学位与研究生教育, 2014 (7): 66—71.

专题二 研究生教育质量研究

1. 刘延东. 全面提高我国研究生教育质量 [N]. 人民日报, 2014 – 11 – 06 (4).

2. 黄宝印, 徐维清, 张艳, 郝彤亮. 加快建立健全我国学位与研究生教育质量保证和监督体系 [J]. 学位与研究生教育, 2014: 1—9.

3. 高靓. 研究生教育: 迈进质量时代 [N]. 中国教育报, 2014 – 03 – 18 (1).

4. 杨靖. 研究生教育: 向监督机制改革要质量 [N]. 科技日报, 2014 – 05 – 08 (7).

5. 别敦荣. 研究生教育亟需"由胖变壮" [N]. 中国教育报, 2014 – 10 – 22 (2).

6. 周文辉, 陆晓雨. 专业学位硕士研究生课程教学现状及改革建议——基于研究生教育满意度调查的分析 [J]. 研究生教育研究, 2014 (6): 60—64.

7. 杨瑞东, 倪士光. 基于学生满意度的德育评价模型的开发与应用 [J]. 现代教育技术, 2014 (24): 47—53.

8. 张蓓, 文晓巍. 研究型大学研究生教育满意度模型实证分析——基于华南地区6所研究型大学的调查 [J]. 中国高教研究, 2014 (2): 64—69.

9. 常正霞, 狄美琳. 硕士研究生导师满意度的现状调查及其影响因素 [J]. 学位与研究生教育, 2014 (3): 29—33.

10. 黄玲玲. 以研究生为对象的高等教育服务满意度研究 [D]. 长沙: 湖南师范大学, 2014.

11. 衣学磊, 蒋承. 研究生学业满意度的实证分析——基于不同学位类型的比较 [J]. 学位与研究生教育, 2014: 42—46.

12. 常慕佳, 李剑. 高校专业学位研究生教育满意度研究——某农业高校工商管理硕士的实证分析 [J]. 国家教育行政学院学报, 2014 (4): 78—82.

13. 孙梦遥. 全日制专业学位研究生教育服务质量研究——基于学

生满意度视域［D］. 南昌：南昌大学，2014.

14. 刘彩虹，安悦. MPA 教育感知服务质量实证研究——以武汉地区四所高校为例［J］. 学位与研究生教育，2014（10）：62—69.

15. 沈岩，秦颖超，高彦芳，贺克斌. 推进综合改革 创新培养模式 提升教育质量 满足社会需求——工程硕士专业学位研究生教育综合改革试点工作总结［J］. 学位与研究生教育，2014（2）：5—8.

16. 黄秋媚. 全日制专业学位研究生培养体系建设机制与适配策略研究［D］. 重庆：重庆大学，2014.

17. 陈巧莲，王雯. 涉农全日制专业学位研究生培养质量调查分析［J］. 研究生教育研究，2014（1）：74—77.

18. 马春晓. 我国专业学位教育质量提升策略研究——基于辽宁省高校四个专业学位的现状调查［D］. 沈阳：沈阳师范大学，2014.

19. 袁本涛，王传毅，胡轩，冯柳青. 我国在校研究生对国际高水平学术论文发表的贡献有多大？——基于 ESI 热点论文的实证分析（2011—2012）［J］. 学位与研究生教育，2014（02）：57—61.

20. 赵世奎，张帅，沈文钦. 研究生参与科研现状及其对培养质量的影响——基于部分高校和科研单位的调查分析［J］. 学位与研究生教育，2014（04）：49—53.

21. 吕向前，查振高. 关于我国研究生教育内涵式发展的哲学思考［J］. 学位与研究生教育，2014（4）：41—44.

22. 王炜，刘西涛. 研究生教育质量提升的制约因素分析与对策选择——基于四个维度的分析框架［J］. 研究生教育研究，2014（3）：13—17.

23. 程俊，罗英姿. 博士生教育质量生成机制研究［J］. 研究生教育研究，2014（3）：37—42.

24. 王钰，康妮，邓宇. 基于培养对象的工程人才培养质量调查与分析——以清华大学全日制工程硕士培养项目改革为例［J］. 研究生教育研究，2014（4）：61—65.

25. 毕鹤霞. 研究生教育质量评估的影响因素分析——基于对 X 省高校师生的实证研究［J］. 高教探索，2014（5）：110—114.

26. 尹晓东. 博士研究生培养质量主要影响因素研究［D］. 重庆：西南大学，2014.

27. 黄兆丽. 硕士学位论文质量的影响因素及提升对策［D］. 广

州：华南理工大学，2014.

28. 王楠. 江西农业高校硕士研究生教育质量影响因素分析及对策研究——以 JXAU 为例 [D]. 南昌：江西农业大学，2014.

29. 丁雪梅. 新视角全方位新方法——评《学位与研究生教育评价理论与方法》[J]. 学位与研究生教育，2014（1）：62—64.

30. 戚兴华. 多元与泛化：研究生教育质量理论面相解析 [J]. 研究生教育研究，2014（5）：6—11.

31. 李艳，赵世奎，马陆亭. 关于博士学位论文质量评价的实证分析 [J]. 学位与研究生教育，2014（10）：50—54.

32. 刘新文，万有，李平风，阮晓群. 科学博士学位授予中不唯 SCI 的评价体系 [J]. 学位与研究生教育，2014（7）：48—50.

33. 王莹莹. 外语学术型硕士研究生个体培养质量评估量表的编制 [D]. 重庆：四川外国语大学，2014.

34. 沈忱，胡斌武. 生师比视阈中研究生教育质量二十年：回顾与展望 [J]. 研究生教育研究，2014（5）：1—5.

35. 赵琳. 倾听学生的声音 [N]. 光明日报，2014–11–23（6）.

36. 梁传杰，张凌云. 论高校学位点自我评估机制之构架 [J]. 中国高教研究，2014（8）：29—33.

37. 扈国栋，于硕，陈丞，黄太平. 军医大学临床医学博士质量追踪评价指标体系的构建及应用 [J]. 学位与研究生教育，2014（7）：56—60.

38. 罗英姿，程俊. "以学生为中心"的博士生教育质量评价 [J]. 学位与研究生教育，2014：60—65.

39. 闫温乐，张民选. 如何提高我国博士生培养质量——来自世界银行青年专家项目选拔的启示 [J]. 研究生教育研究，2014（4）：1—5.

40. 崔炤琨. 国际型矿业人才评价方法及培养模式研究 [D]. 北京：中国地质大学（北京），2014.

41. 赵蒙成. 文科类专业学位水平评估指标体系的构建策略 [J]. 现代大学教育，2014（6）：86—92.

42. 金云志. 硕士研究生培养质量评价体系研究 [D]. 南昌：江西师范大学，2014.

43. 万安. 全日制专业学位硕士研究生培养质量研究——以江西 5

所高校为例［D］. 南昌：江西师范大学，2014.

44. 张静雅. 地方工科院校研究生教育质量评价体系研究［D］. 哈尔滨：哈尔滨理工大学，2014.

45. 王战军，乔伟峰. 中国高等教育质量保障的新理念和新制度［J］. 清华大学教育研究，2014（35）：29—34，72.

46. 梁传杰，吴晶晶. 论研究生教育质量保障机制之构建——研究生教育关系层次的视角［J］. 学位与研究生教育，2014（3）：52—56.

47. 焦磊. 香港高等教育规模增长及质素保证探微［J］. 高教发展与评估，2014（30）：62—69，99.

48. 何亚群. 我国研究生教育质量保障体系创新研究——基于复杂系统的分析视角［J］. 研究生教育研究，2014（6）：27—31.

49. 纪朝龙. 研究生培养质量保障体系研究［D］. 济南：山东财经大学，2014.

50. 章婧，万明，张淑林，裴旭. 营造质量文化氛围提升研究生教育质量管理水平［J］. 学位与研究生教育，2013：48—52.

51. 张振刚. 全美博士点质量评估体系探析及启示［J］. 中国高教研究，2014（6）：36—42.

52. 黄海刚，苑大勇. 美国博士生教育质量评估与质量保障体系研究——基于历史和价值转换的视角［J］. 外国教育研究，2014（9）：13—25.

53. 张良，邬小撑. 发展中淘汰：高校博士研究生淘汰制的构想［J］. 学位与研究生教育，2014（1）：59—61.

54. 刘晗，龚芳敏. 优化预答辩制度提升硕士学位论文质量的探索与实践——以吉首大学文学与新闻传播学院为例［J］. 研究生教育研究，2014（4）：53—56.

55. 朱利斌，吴帆，汪华侨. 基于高质量学术型博士生培养的招生机制探讨［J］. 学位与研究生教育，2014（6）：31—35.

56. 李筱筠. 农科硕士研究生培养质量内部监控体系研究［D］. 武汉：华中农业大学，2014.

57. 胡静超. 中美护理学博士学位论文分析研究［D］. 上海：第二军医大学，2014.

58. 王筱萌. 理科类学术型学位研究生教育改革与发展战略研究［D］. 合肥：中国科学技术大学，2014.

59. 刘舟帆. 广西高校同等学力人员申请硕士学位教育质量保障现状及对策研究［D］. 桂林：广西师范大学，2014.

60. 李军，王耀荣，林梦泉，朱金明. 专业学位研究生教育外部质量保障体系探究［J］. 中国高教研究，2014（5）：3—6.

61. 李娟. 构建专业学位研究生教育外部质量评价体系［N］. 中国教育报，2014（6）：1—2.

62. 周跃进. 在职工程硕士专业学位论文质量管控［J］. 研究生教育研究，2014（4）：75—80.

63. 孙友莲. 实践中的质量保证：教育博士"专业性"［J］. 教师教育研究，2014，26（4）：1—6.

64. 邓艳，吴蒙. 全日制工程硕士专业学位联合培养质量保障制度研究［J］. 黑龙江高教研究，2014（10）：134—136.

65. 梅红，宋晓平，石慧. 专业学位研究生教育质量保障与控制要点——基于质量保障循环体系及其关联关系的分析［J］. 研究生教育研究，2014（2）：78—83.

66. 程平，段莹莹. 基于COSO框架的MPAcc培养质量保障体系内部控制研究［J］. 研究生教育研究，2014（5）：73—78.

67. 张欣韵. 全日制专业学位研究生教育质量内部保障研究——以Y大学为例［D］. 扬州：扬州大学，2014.

专题三 研究生培养研究

1. 英爽，康君，甄良，丁雪梅. 我国研究生培养模式改革的探索与实践［J］. 研究生教育研究，2014（2）：1—5.

2. 秦发兰，胡承孝. 目标导向的研究生培养模式研究［J］. 学位与研究生教育，2014（1）：50—54.

3. 邢媛，林洤生. 对硕士研究生培养模式的思考［J］. 天津师范大学学报（社会科学版），2008（2）：76—80.

4. 王建华等. 基于分类推广的研究生差别化培养模式研究［J］. 研究生教育研究，2014（2）：33—37.

5. 张凌云，贾永堂. 重视博士生培养模式［J］. 高教发展与评估，2014（9）：55—63.

6. 尹晓东. 博士研究生培养质量主要影响因素研究 ——基于重庆五所高校的实证分析 [D]. 重庆：西南大学，2014.

7. 高文财等. 强化过程优化环境提高质量——东北师范大学博士生培养模式改革的思考与实践 [J]. 研究生教育研究，2014 (1)：6—10.

8. 李金龙，张淑林等. 协同创新环境下的研究生联合培养机制改革 [J]. 学位与研究生教育，2014 (9)：30—34.

9. 王慧敏. 校内外联合创新研究生培养 [N]. 人民日报．2014 - 04 - 17 (第 18 版).

10. 王姝珺. 基于产学研联合培养的专业硕士育人机制研究 ——以广西大学为例 [D]. 南宁：广西大学，2014.

11. 黄正夫. 基于协同创新的全日制教育硕士培养模式研究 [D]. 重庆：西南大学，2014.

12. 张翔. 全日制专业学位研究生培养的理论分析与探索 [J]. 学位与研究生教育，2014 (6)：107—109.

13. 谭书敏，程孝良. 专业学位研究生培养理念、模式与机制改革的思考 [J]. 学术论坛，2014 (4)：154—158.

14. 陆婧等. 以"六化"模式为核心，推进专业学位人才培养模式改革——以上海市专业学位研究生教育综合改革试验为例 [J]. 学位与研究生教育 [J]．2014 (1)：1—4.

15. 在职工程硕士培养存在的问题及对策建议——基于文献整理和访谈调查的方法 [J]. 高等教育研究，2014 (3)：68—72.

16. 肖凤翔等. 工程博士专业学位研究生培养现状及应注意的问题 [J]. 学位与研究生教育，2014 (3)：43—47.

17. 向天成，赵微. 我国特殊教育硕士研究生培养问题探讨——研究方向和课程设置的视角 [J]. 中国特殊教育，2014 (8)：73—80.

18. 郜爽. 新时期我国教育硕士培养目标探究 [D]. 沈阳：沈阳师范大学，2014.

19. 程凤农. 博士生科研能力的制约因素与提升路径 [J]. 中国青年研究，2014 (8)：11—15.

20. 沈晶. 学术型硕士研究生研究能力的培养研究 ——以广西大学为例 [D]. 南宁：广西大学，2014.

21. 张雁冰，等. 研究生进取心与社会资本对创新能力培养的影响研究［J］．学位与研究生教育，2014（5）：47—52．

22．杨晓明等．研究生创新能力影响因素实证分析［J］．研究生教育研究，2014（6）：38—46．

23．黄正夫，易连云．协同创新视野下研究生培养模式的转换［J］．学位与研究生教育，2014（4）：7—10．

24．李祖超，张丽．科研实践培养理工科研究生创新能力的路径探索——基于结构方程模型的分析［J］．高等教育研究，2014（11）：60—67．

25．刘晔．高校研究生创新能力培养机制改革研究［J］．东北师大学报（哲学社会科学版），2014（1）：163—166．

26．张晓明．我国博士生创新能力培养误区的解读——基于心理学创造力的视角［J］．高等教育研究，2014（3）：63—67．

27．林莉萍．专业学位研究生实践能力培养现状及提升策略［J］．中国高等教育，2014（12）：58—59．

28．江惠云，刘国瑜．提升专业学位研究生教育实践性的思考［J］．江苏高教，2014（6）：110—111．

29．王崇敏，等．全日制法律硕士专业学位研究生实践能力培养体系的构建与实践——以海南大学为例［J］．学位与研究生教育，2014（1）：15—19．

30．刘艳．创新创业教育与专业教育的深度融合［J］．中国大学教学，2014（11）：35—37．

31．刘琴等．软件学院技术创业课程建设的探索与实践［J］．中国大学教学，2014（12）：51—56．

32．高坤华，等．研究生课程教学模式研究与改革实践［J］．学位与研究生教育，2014（5）：20—23．

33．田红旗．基于服务需求、提高质量背景下加强研究生课程体系建设的思考与探索［J］．学位与研究生教育，2014（8）：18—22．

34．刘国军，付睿．FD 视角下博士生教学发展探析［J］．研究生教育研究，2014（3）：18—22．

35．熊海帆．"顿悟"视角下慕课教学在专硕教育革新中的应用：模式、课程与组织［J］．电化教育研究，2014（12）：16—22．

36．郭佳，等．基于 Canvas LMS 的翻转课堂设计——以西北大学研究生《教育技术学》课程为例［J］．电化教育研究，2014（12）：

118—124.

37. 肖俏俏，等. 参与式学习环境设计研究——以 N 大学"学习科学导论"研究生课程为例 [J]. 开放教育研究，2014 (4)：53—65.

38. 岑逾豪，孙晓凤. 寓学生发展于研究生教学——学习伙伴模型在硕士研究生课程中的应用 [J]. 学位与研究生教育，2014 (9)：35—39.

39. 周文辉，陆晓雨. 专业学位硕士研究生课程教学现状及改革建议——基于研究生教育满意度调查的分析 [J]. 研究生教育研究，2014 (6)：60—64.

40. 杨雷. 全日制工程硕士企业实践基地现场教学课程的创新探索 [J]. 学位与研究生教育，2014 (2)：35—39.

41. 王淑娟，胡芬. MBA 教育中的案例特色培养模式探索 [J]. 学位与研究生教育，2014 (2)：33—37.

42. 汤敏骞. 论高校人文学科概念的教学策略 [J]. 中国教育学刊，2014 (8)：47—48.

43. 张江宁. 军事学研究生案例教学如何创新 [N]. 光明日报. 2014 – 04 – 30（第 11 版）.

44. 张乐平，等. 全日制专业硕士学位论文的形式与标准 [J]. 学位与研究生教育，2014 (5)：15—19.

45. 王悦，等. 博士学位论文文后参考文献的比较分析——以 B 大学 160 份博士学位论文为样本 [J]. 研究生教育研究，2014 (4)：57—60.

46. 吴淑娟，等. 基于硕博士论文的网络免费学术资源引文分析与研究 [J]. 大学图书馆学报，2014 (2)：85—91.

47. 韩恒. "形同质异"的问题意识——兼论专业学位和学术学位论文的选题 [J]. 学位与研究生教育，2014 (6)：40—42.

48. 朱方伟，等. 我国项目管理理论研究主题分析——硕士学位论文的科学计量分析 [J]. 现代情报，2014 (1)：110—114.

49. 梅定国，唐建兵. 试论文科博士论文的基本要素 [J]. 研究生教育研究，2014 (4)：63—67.

50. 陈涛. 学位论文写作中的关键议题——兼论社会科学研究的方法与路线 [J]. 研究生教育研究，2014 (1)：40—44.

51. 张军. 学位论文的写作语言问题 [J]. 学位与研究生教育，

2014（7）：44—47.

52. 夏晴涛. 研究生学术不端行为问题研究［D］. 北京：中国地质大学，2014.

53. 何宏莲，等. 高校研究生学术道德失范问题防治策略研究［J］. 教育科学，2014（6）：78—84.

54. 史万兵等. 基于质量文化的研究生学术规范培养的管理维度［J］. 研究生教育研究，2014（6）：11—15.

55. 张涵. 新媒体视阈下研究生学术诚信建设机制研究——以浙江省高校为例［D］. 杭州：浙江理工大学，2014.

56. 孙友莲. 实践中的质量保证：教育博士"专业性"［J］. 教师教育研究，2014（5）：1—6.

57. 程平，段莹莹. 基于COSO框架的MPAcc培养质量保障体系内部控制研究［J］. 研究生教育研究，2014（5）：73—78.

58. 马红星，管亚梅. "大财经"视域下的高等财经院校人才培养质量提升机制研究［J］. 中国教育学刊，2014（7）：100—102.

59. 杨红霞. 改革人才培养模式提高人才培养质量——国家教育体制改革试点调研报告［J］. 中国高教研究，2014（10）：44—50.

60. 向智男，王应密. 工科直博生培养体系的创新与思考——基于M大学工科直博生培养的调查分析［J］. 研究生教育研究，2014（1）：29—34.

61. 陈巧霞，王雯. 涉农全日制专业学位研究生培养质量调查分析［J］. 研究生教育研究，2014（1）：74—77.

专题四　研究生导师队伍建设研究

1. 郑若玲，万圆. 我国博士生招生制度的改革与完善［J］. 中国高等教育，2014（18）：20—22.

2. 卓志，毛洪涛，赵磊. 加强顶层设计深化研究生教育综合改革［J］. 中国高教研究，2014（10）：33—36.

3. 周晓璐. 我国研究生导师负责制委托代理关系研究［D］. 南宁：广西大学，2014.

4. 叶云屏. 研究生学术英语能力发展——英语教师与研究生导师

的作用 [J]. 学位与研究生教育，2014（9）：44—48.

5. 牛梦虎，郭瑞迎. 博士生入学考核项目的调查分析与对策 [J]. 教育发展研究，2014（11）：36—41.

6. 刘爱华，曾皓. 中国科大：给研究生打上导师的"品牌烙印" [J]. 中国高教研究，2014（15/16）：56—58.

7. 桂运安. 研究生教育：如何念好"导"字诀 [N]. 安徽日报，2014 – 01 – 15（5）.

8. 姚玉红等. 转型期导师与研究生的理想互动特征研究 [J]. 东北师大学报（哲学社会科学版），2014（2）：207—210.

9. 刘国军. 当前我国博士生指导教师遴选制度的思考 [J]. 东北师大学报（哲学社会科学版），2014（6）：288—290.

10. 张斌贤，吴刚，周险峰. "服务国家特殊需求人才培养项目"教育硕士专业学位研究生试点工作的进展与趋势 [J]. 学位与研究生教育，2014（8）：6—9.

11. 干勤，柏伟. 服务特需职业导向创新工程硕士专业学位研究生培养模式——重庆科技学院研究生培养模式的实践探索 [J]. 学位与研究生教育，2014（8）：14—18.

12. 张宝敏. 天津大学深化研究生教育改革打破研究生导师资格终身制 [N]. 中国教育报，2014 – 04 – 21（1）.

13. 王敬照. 我省出台意见深化研究生教育改革打破导师资格终身制 [N]. 河北日报，2014 – 09 – 22（3）.

14. 冯钢. 把握好指导博士生的重要环节 [J]. 学位与研究生教育，2014（7）：5—9.

15. 高文财，秦春生，饶从满. 强化过程　优化环境　提高质量——东北师范大学博士生培养模式改革的思考与实践 [J]. 研究生教育研究，2014（1）：6—10.

16. 冯涛，柳一斌，万明. 拔尖创新人才培养影响因素与对策——基于陕西省2012年研究生国家奖学金获得者的实证研究 [J]. 研究生教育研究，2014（3）：7—12.

17. 施亚玲. 研究生指导模式的多样化演变分析 [J]. 学位与研究生教育，2014（6）：108—111.

18. 曹淑江. 社会科学类专业研究生导师应该如何指导硕士学位论文 [J]. 学位与研究生教育，2014（6）：20—22.

19. 徐钧，Julia williams. 立足于三个创新推进工程硕士培养模式改革［J］. 研究生教育研究，2014（4）：10—14.

20. 刘映婷. 硕士研究生对导师指导的体验研究——以 H 省研究型大学为例［D］. 长沙：湖南大学，2014.

21. 孔伟明. 基于综合素质能力提升的 MBA 校友导师制研究［J］. 学位与研究生教育，2014（3）：18—23.

22. 邵刚，许天颖，万健. 进站导师制定理论实践"双大纲"——南京农业大学企业研究生工作站建设纪实［N］. 中国教育报，2014 - 01 - 06（6）.

23. 郭峰，李锋，邹农基. 创业导师制：大学创业教育人才培养的新机制［J］. 江苏高教，2014（5）：108—109.

24. 尹晓东. 博士研究生培养质量主要影响因素研究——基于重庆五所高校的实证分析［D］. 杭州：浙江大学，2014.

25. 刘勇刚. 论高校研究生教育的"四导"［J］. 研究生教育研究，2014（1）：45—48.

26. 常正霞，狄美琳. 硕士研究生导师满意度的现状调查及其影响因素［J］. 学位与研究生教育，2014（3）：29—33.

27. 陆唯. 研究生思想政治教育中导师作用现状及对策研究——以湖北省内高校为例［D］. 武汉：武汉纺织大学，2014.

28. 徐国斌，马君雅，单珏慧. "立德树人"视野下研究生导师育人作用发挥机制的探索——以浙江大学为例［J］. 学位与研究生教育，2014（9）：12—15.

29. 王炜，刘西涛. 研究生教育质量提升的制约因素分析与对策选择——基于四个维度的分析框架［J］. 研究生教育研究，2014（3）：13—17.

30. 孙也刚，唐继卫，朱瑞. 我国专业学位研究生教育发展路径探究［J］. 学位与研究生教育，2014（9）：1—4.

31. 郑刚. 全日制专业学位研究生导师队伍建设的探索与实践——以扬州大学为例［J］. 学位与研究生教育，2014（11）：10—14.

32. 蒋承，罗尧. 专业硕士的就业意愿研究［J］. 北京大学教育评论，2014（4）：2—16.

33. 王筱静. 全日制专业学位研究生教育对师资队伍结构的挑战及对策研究［J］. 学位与研究生教育，2014（3）：9—13.

34. 张有东，陆中会，王颖丽. 专业学位研究生培养的双导师机制研究——以淮阴工学院"特需项目"的实践为例 [J]. 学位与研究生教育，2014（3）：74—77.

35. 江涛，杨兆山. 构建师生学术共同体的实践探索——以东北师范大学的文科研究生培养为例 [J]. 黑龙江高教研究，2014（7）：99—101.

36. 冯蓉，牟晖. 博士生导师在构建和谐导学关系中的作用研究——基于北京市 10 所高校的调查 [J]. 研究生教育研究，2014（2）：54—58.

37. 张睿. 硕士研究与导师关系的调查与分析——以综合性大学 Z 为例 [D]. 苏州：苏州大学，2014.

38. 刘莉，韦平. 研究生导师资助制：路在何方？ [J]. 研究生教育研究，2014（2）：9—13.

39. 袁康，王颖，缪园. 中、英、澳研究生导师培训项目比较与借鉴 [J]. 学位与研究生教育，2014（10）：74—77.

40. 梁辰，陈谦明. 研究生导师心理契约问题研究 [J]. 学位与研究生教育，2014（3）：24—28.

41. 赵琳. 倾听学生的声音——国外研究生教育质量评价与保障的新趋势 [N]. 光明日报，2014 - 11 - 23（6）.

专题五　研究生招生与就业

1. 谢静，卢晓中. 我国研究生招生制度 60 年嬗变——基于历史制度主义的视角 [J]. 大学教育科学，2014（4）：70—75.

2. 郭芳芳，郎永杰，闫青，等. "专业硕士扩招"的理性思考——基于 S 大学践行政策过程的质性研究 [J]. 北京大学教育评论，2014.12（4）：17—34.

3. 孙友莲. 硕士研究生招生制度的问题及改进建议 [J]. 江苏高教，2014（1）：95—97.

4. 张玉辉，郑直. 我国硕士研究生招生制度改革设计思路探析 [J]. 福州大学学报（哲学社会科学版），2014（5）：104—108.

5. 陈振，徐森，祝维龙，等. 西藏高校研究生教育现状及发展研究［J］. 西藏大学学报（社会科学版），2014，29（4）：153—157.

6. 陈晓洁. 某医学院校硕博连读招生模式和遴选标准评价［D］. 沈阳：中国医科大学，2014.

7. 彭振威. 论教育硕士招生与培养的改革［J］. 教育科学，2014，30（2）：18—21.

8. 莫玉婉. 关于中外合作办学研究生招生问题的思考［J］. 研究生教育研究，2014（1）：49—53.

9. 张晓煜. 制度视域下我国教育博士招生工作研究［J］. 江苏高教，2014（5）：114—116.

10. 肖凤翔，张宇，赵美蓉. 英国工程博士研究生招生特色及其对我国的启示［J］. 学位与研究生教育，2014（8）：67—71.

11. 熊丙奇. 发展研究生教育需遏制"规模冲动"［N］. 中国教育报，2014－12－01.

12. 别敦荣. 研究生教育亟需"由胖变壮"［N］. 中国教育报，2014－10－22.

13. 侯金亮. "研究生泛滥成灾"的背后. ［N］. 重庆日报，2014－03－07.

14. 研究生扩招泡沫咋越吹越大［N］. 工人日报，2014－12－26.

15. 研究生扩招的"饼"不能越摊越大［N］. 工人日报，2014－03－07.

16. "研究生泛滥成灾"当反思教育积弊［N］. 广州日报，2014－03－03.

17. "考研热"降温警醒研究生教育质量亟须提高［N］. 光明日报，2014－12－31.

18. 研究生推免不再分学术学位专业学位［N］. 光明日报，2014－08－05.

19. 今年起，推荐免试研究生不再设置留校限额［N］. 新华每日电讯，2014－08－05.

20. 国务院学位委员会. 关于2014年招收在职人员攻读硕士专业学位工作的通知［EB/OL］. ［2015－06－10］. http：//www. cdgdc. edu. cn/xwyyjsjyxx/zxkb/hyxx/bgs/278970. shtml.

21. 在职硕士研究生招考缘何并轨［N］. 中国教育报，2014－08－28.

22. 刘玉芳，刘浩. 多学科视角下高校研究生招生宣传策略研究

［J］．现代大学教育，2014（1）：39—44.

23．孙友莲，魏少华，黄凤良．高校学术型硕士研究生招生计划动态调整的方法研究——以南京师范大学为例［J］．学位与研究生教育，2014（6）：36—39.

24．王鑫洁．研究生招生信息结构化与网络共享 XML 解决方案［D］．长春：吉林大学，2014.

25．赵丹，易英欣．基于灰色聚类评价模型的研究生招生质量研究［J］．黑龙江高教研究，2014（11）：46—49.

26．孙晓敏．如何有效选拔研究生：人力资源选拔的视角［M］．北京：北京师范大学出版社，2014.

27．李将．某医科大学硕士研究生招生录取生源分析［D］．沈阳：中国医科大学，2014.

28．李洋洋．基于 SaaS 架构的博士生招生报名系统的设计与实现［D］．郑州：郑州大学，2014.

29．粥多僧少，为何仍喊工作难找［N］．新华日报，2014－11－22.

30．就业尴尬，研究生报考人数减 4 万［N］．新华每日电讯，2014－01－09.

31．欧扬夏子．基于信息不对称理论的研究生就业困境研究［D］．桂林：广西师范大学，2014.

32．牛妞．人力资本投资理论视域下研究生就业问题研究［D］．沈阳：沈阳师范大学，2014.

33．张建，孙抱弘．"校历主义"盛行下的研究生就业困境与出路——基于抗逆力理论视角的分析［J］．教育科学文摘，2014（4）：22—25.

34．李海波，梁巧灵．高校毕业研究生到中小民营企业就业问题研究［J］．学术论坛，2014（7）：177—180.

35．蒋承，罗尧．专业硕士的就业意愿研究［J］．北京大学教育评论，2014，12（4）：2—16.

36．陈鹏．上海市研究生就业特征分析［J］．教育评论，2014（3）：126—128.

37．毕桂芝．教育学硕士就业取向及培养研究［D］．重庆：西南大学，2014.

38．苗丽莎．硕士研究生就业观存在的问题及对策研究［D］．太原：中北大学，2014.

39. 石晓博. 东北三省民族传统体育专业研究生就业现状的调查研究［D］. 大连：辽宁师范大学，2014.

40. 商宁宁. 河北省全日制体育类硕士研究生就业现状及对策研究［D］. 石家庄：河北师范大学，2014.

41. 陆晓冰. 广西高校首届翻译硕士就业情况调查报告［D］. 南宁：广西民族大学，2014.

42. 夏梦凡. 内地社会工作硕士教育与就业问题的调查研究［D］. 南京：南京大学，2014.

43. 龚圆. 影响汉语国际教育硕士就业因素的调查研究——以重庆高校为例［D］. 重庆：重庆师范大学，2014.

44. 张晋锋. H大学2013届硕士研究生就业质量调查研究［D］. 石家庄：河北大学，2014.

45. 王璐. 硕士研究生就业能力现状分析与对策研究［D］. 南昌：江西农业大学，2014.

46. 秦建平. 贵州省体育教育训练学硕士研究生就业能力培养研究［D］. 贵阳：贵州师范大学，2014.

47. 范羽佳. 机械工程专业研究生就业能力研究——以北京地区多所高校为例［D］. 北京：首都经济贸易大学，2014.

48. 章亚萍. 农科研究生就业能力研究——基于福建农林大学的调查［D］. 福州：福建农林大学，2014.

49. 冯烨. 胜任力视角下硕士毕业生可雇用性研究——以财经类专业为例［D］. 北京：首都经济贸易大学，2014.

50. 周晶晶. 社会性别视角下女研究生就业难分析［D］. 武汉：华中师范大学，2014.

51. 余永跃，秦丽萍. 当下我国女研究生发展问题之思考［N］. 中国妇女报，2014 - 12 - 02.

52. 蔡文丽. 女硕士研究生缓解就业压力过程中的社会支持研究［D］. 武汉：华中师范大学，2014.

53. 陈鹏. 基于性别差异的研究生就业和签约薪资比较研究［J］. 高校教育管理，2014.8（3）：80—83.

54. 马明霞，王启烁，赵娜. 性别差异对博士生就业的影响——科研院所女博士就业状况研究［J］. 研究生教育研究，2014

（2）：73—77.

55. 王悦奇. 从女性视角分析推动女性研究生培养和就业的因素 [D]. 合肥：中国科学技术大学，2014.

56. 李涛，沈聪伟. 加强研究生就业指导课程建设的思考 [J]. 首都师范大学学报（社会科学版），2014（4）：146—151.

57. 黄林楠，曹梦. 专业学位硕士研究生就业指导模式的构建 [J]. 国家教育行政学院学报，2014（8）：61—65.

58. 邹波. 运用网络媒体开展研究生就业心理教育探析 [J]. 社会科学家，2014（5）：125—127.

专题六：研究生德育研究

1. 周洁. 研究生学术道德现状、原因及对策分析 [J]. 江苏高教，2014（6）：112—114.

2. 陈磊. 研究生学术失范的场域理论解析 [J]. 高校教育管理，2014，8（2）：78—83.

3. 何宏莲，宋雪. 高校研究生学术道德失范问题防治策略研究 [J]. 教育科学，2014，30（3）：78—84.

4. 滕建华，郭雪娜，于璐. 研究生学术诚信现状的调查与分析 [J]. 黑龙江高教研究，2014（3）：109—112.

5. 陈翠荣，胡成玉. 高校研究生学术失范行为的博弈分析及其治理 [J]. 黑龙江高教研究，2014（1）：96—97.

6. 毋改霞. 全日制硕士研究生学术精神研究 [D]. 重庆：西南大学，2014

7. 赵洁. 研究生学术精神的培养研究 [D]. 天津：天津师范大学，2014.

8. 宋雪. 高校研究生学术道德失范问题研究 [D]. 哈尔滨：东北农业大学，2014.

9. 李文静. 研究生学术道德建设长效机制研究 [D]. 南昌：南昌大学，2014.

10. 张西瑶. 研究生学术诚信保障体系的构建 [D]. 重庆：重庆医科大学，2014.

11. 李刚，樊颖. 学习型组织理论视阈下研究生学风建设的理性思考［J］. 黑龙江高教研究，2014（12）：92—93.

12. 俞明祥. 学风建设对研究生创新能力培养的影响—基于Z大学研究生的调查与分析［J］. 中国高校科技，2014（5）：37—39.

13. 朱黎旻. 研究生学风研究［D］. 长沙：湖南大学，2014.

14. 张瑾. 研究生学术信念培养研究［D］. 西安：陕西师范大学，2014.

15. 吕冬英. 高校研究生思想政治理论课教学存在的问题及对策研究［D］. 湖北：华中师范大学，2014

16. 解晓燕. 高校研究生思想政治理论课实践教学及其评估机制研究［J］. 黑龙江高教研究，2014（7）：105—109.

17. 包淑薇. "高等教育内涵式发展"视域下研究生思想政治教育现状及对策研究［D］. 长春：吉林大学，2014.

18. 杨孝青，鲁丽娟，刘仲林. 自媒体时代研究生思政课自主学习模式研究［J］. 研究生教育研究，2014（4）：48—51.

19. 夏文斌，郭晓濛. 边疆地区研究生思想政治理论课创新研究——以石河子大学为例［J］. 研究生教育研究，2014（5）：17—21.

20. 卫志民. 专题式教学在硕士研究生思想政治理论课中的运用与完善［J］. 思想理论教育导刊，2014（12）：58—63.

21. 解晓燕. 高校研究生思想政治理论课实践教学及其评估机制研究［J］. 黑龙江高教研究，2014（7）：105—109.

22. 杨瑞东，倪士光. 基于学生满意度的德育评价模型的开发与应用［J］. 现代教育技术，2014（8）：47—53.

23. 李炎芳，徐刚. 思想政治教育在研究生教育综合改革中的功能、作用与要求［J］. 黑龙江高教研究，2014（10）：138—139.

24. 赵智，邓廿庆，崔勇. 基于系统理论的"研究生—本科生"思想政治教育互馈机制及实施策略［J］. 江苏高教，2014（2）：133—134.

25. 陆唯. 研究生思想政治教育中导师作用现状及对策研究—以湖北省内高校为例［D］. 武汉：武汉纺织大学，2014.

26. 徐国斌，马君雅，单珏慧. "立德树人"视野下研究生导师育人作用发挥机制的探索——以浙江大学为例［J］. 学位与研究生教育，2014（9）：12—15.

27. 袁熙贤，张帆. 研究生导师与辅导员合力育人的协同机制研究

［J］．科技通报，2014（11）：230—234，240.

28．徐广驰．新形势下加强高校研究生辅导员队伍建设的研究［D］．长春：东北师范大学，2014.

29．孙丽娟．高校辅导员博士生的培养研究［D］．南京：南京师范大学，2014.

30．李涛．基于 KPI 模式的研究生辅导员胜任能力研究［J］．教育理论与实践，2014（15）：30—32.

31．李德煌，于满．理工科高校研究生党支部设置的调查与分析［J］．学位与研究生教育，2014（4）：38—40.

32．董艳．以协同共建为抓手优化研究生党建工作模式［J］．思想理论教育导刊，2014（6）：124—126.

33．秦涛，王艳．新形势下研究生群体心理健康对策探析［J］．研究生教育研究，2014（3）：28—31.

34．杨秀兰，等．研究生社会阶层背景与抑郁、焦虑问题的相关性分析—基于 12 所高等院校的实证调查［J］．学位与研究生教育，2014（8）：47—53.

35．刘会．研究生学习焦虑、应对方式与学业拖延的关系研究［D］．兰州：兰州大学，2014.

36．曹璐．研究生压力、心理弹性与主观幸福感的关系研究［D］．长春：东北师范大学，2014.

37．熊舒珺．研究生学术热情与幸福感的相关性研究［D］．南昌：南昌大学，2014.

38．付艳华．河南省部分高校硕士研究生精神信仰与健康、主观幸福感现状及其关系研究［D］．郑州：郑州大学，2014.

39．马明霞，李涓，王启烁．科研院所女研究生主观幸福感现状的调查研究［J］．黑龙江高教研究，2014（1）：103—105.

40．温亚，刘伟，陈权．研究生心理韧性及情绪智力的关系研究［J］．研究生教育研究，2014（5）：48—51.

41．余国威．高校硕士研究生身份认同的社会学分析［D］．成都：四川师范大学，2014.

42．李娇．硕士研究生专业认同状况的质性研究［D］．呼和浩特：内蒙古师范大学，2014.

43．滕曼曼．跨学科硕士研究生专业认同研究［D］．南京：南京师范大学，2014.

44. 黄丽晓. 全日制教育硕士专业承诺和学习倦怠状况及关系的实证研究［D］北京：首都师范大学，2014.

45. 田丽萍. 高等教育学硕士研究生专业认同研究［D］. 金华：浙江师范大学，2014.

46. 卜珺. 硕士研究生宿舍人际冲突现状调查及对策研究［D］. 北京：首都师范大学，2014.

47. 王瑜. 硕士研究生人际关系特点及教育干预研究［D］. 第三军医大学，2014.

48. 陈明宇. 辽宁省普通高校博士研究生体育行为分析系统［D］. 天津：天津大学，2014.

49. 刘瑾. 研究生体育锻炼习惯与身体自尊的相关性研究［D］. 大连：辽宁师范大学，2014.

50. 常丽翠. 福州市大学城本科院校全日制硕士研究生休闲体育态度、行为及其影响因素研究［D］. 福州：福建师范大学，2014.

51. 李龙科，陈宇晴，刘艳芬. 当代研究生的婚恋观现状及特点分析—对 H 大学在校研究生婚恋观的调查研究［J］. 研究生教育研究，2014（2）：54—49.

52. 周永红，黄学. 研究生婚恋态度及其与主观幸福感的关系研究［J］. 学位与研究生教育，2014（5）：53—57.

53. 贺红霞. 当代研究生婚恋道德观及培育研究［D］. 武汉：华中师范大学，2014.

专题七　学科建设研究

1. 陈英文. 高校学科实力的省域比较研究——基于 2012 年学科评估的结果［J］. 教育科学，2014（4）：13—17.

2. 樊晓杰，王一珉. 上海市优势与潜力学科分析——基于 Scopus 数据库的文献计量分析［J］. 复旦教育论坛，2014（4）：35—41.

3. 刘虹，徐嘉莹. 上海市高校学科国际影响力评价——基于 In-cites 数据库学科映射的文献计量分析［J］. 复旦教育论坛，2014（4）：29—34.

4. 张晓宁，杨晓江. 试析江苏省高校重点学科建设的特征 [J]. 学位与研究生教育，2014（7）：34—34.

5. 景晓娜. 高校重点学科存在的问题及对策分析——以辽宁省为例 [J]. 黑龙江高教研究，2014（9）：38—40.

6. 林华，邓秀成，邹文涛. 地方高校优势学科建设探讨——以海南省为例 [J]. 中国高校科技，2014（12）：58—60.

7. 王增国. 办学自主权扩大与行业特色高校核心竞争力的提升 [J]. 黑龙江高教研究，2014（11）：72—74.

8. 闫俊凤. 生态学视域下行业特色高校学科建设 [J]. 高教探索，2014（2）：96—99.

9. 李针宇. 行业特色高校产学研合作模式创新研究 [J]. 中国高校科技，2014（10）：34—35.

10. 王永生. 适应传媒产业转型升级　强化行业特色大学学科建设 [J]. 中国高等教育，2014（19）：13—16.

11. 薛岩松，卢福强，毕华. 行业特色高校学科与专业建设策略 [J]. 中国高校科技，2014（7）：42—45.

12. 郜晖. 高水平特色研究型大学形成机制分析 [J]. 国家教育行政学院学报，2014（6）：59—63.

13. 刘尧. 地方大学从外延发展向内涵发展的转变——基于学科建设与科学研究视角 [J]. 高校教育管理，2014（7）：97—11，15.

14. 倪建伟. 基于区域发展的地方高校重点学科特色化建设教育发展研究 [J]. 中国高校科技，2014（9）：15—19.

15. 胡茂，刘知贵. 依托行业背景，建设基于特色化发展的地方高校优势学科群——以西南科技大学为例 [J]. 研究生教育研究，2014（12）：56—59.

16. 张爱群，曹杰旺. 地方高师院校学科专业建设的困境 [J]. 教育发展研究，2014（1）：80—84.

17. 刘树琪. 突出适应社会发展导向　优化调整学科专业结构 [J]. 中国高等教育，2014（10）：55—57.

18. 吴仁华. 大学科布局：地方新建本科院校发展工科的重要策略 [J]. 高等工程教育研究，2014（1）：66—70.

19. 李雪玉. 基于核心竞争力的地方综合性大学国家级重点学科建设研究 [D]. 南宁：广西大学，2014.

20．刘永芳，龚放．打造"学科尖塔"：创业型大学治理模式的创新及其启示［J］．中国高教研究，2014（8）：32—36，616.

21．付八军．激活学术心脏地带：创业型大学学科建设图景分析［J］．教育发展研究，2014（7）：14—17.

22．李兴国，赵晓冬．教育部直属财经类高校的学科发展策略——基于学科评估的视角［J］．黑龙江高教研究，2014（7）：56—59.

23．张征．论民族院校的学科发展路径［J］．黑龙江高教研究，2014（4）：1—4.

24．朱爱红，赵清华，范振东．我国军队院校学科分布与发展现状研究［J］．学位与研究生教育，2014（5）：32—36.

25．王建华，程静．跨学科研究：组织、制度与文化［J］．江苏高教，2014（1）：1—4.

26．周朝成．大学跨学科研究组织冲突与治理对策：新制度主义的视角［J］．教育发展研究，2014（9）：40—45.

27．关辉．主动适应：跨学科研究生学科文化适应的理性选择［J］．学位与研究生教育，2014（9）：48—52.

28．万秀兰，尹向毅．美国高校交叉学科发展模式及其启示［J］．比较教育研究，2014（12）：20—25.

29．宋华明，常姝，董维春．美国高校推进学科交叉融合的范例探析及启示［J］．学位与研究生教育，2014（9）：73—77.

30．郭强．加大伯克利跨学科研究机构组织机制分析［J］．中国高校科技，2014（8）：70—73.

31．赵沁平．开拓、创新、求真，科学构建研究生教育学学科体系［J］．研究生教育研究，2014（12）：1—3.

32．王战军．加强研究生教育科学研究 促进研究生教育改革与发展［J］．学位与研究生教育，2014（8）：1—5.

33．朱高峰．论工程教育研究与改革——对建立工程教育学科的思考［J］．高等工程教育研究，2014（1）：1—5，23.

34．姜自燕．体育艺术学学科建设研究［D］．长沙：湖南师范大学，2014.

35．张端鸿，蔡三发．循证决策在高校学科规划中的应用——以A大学新一轮学科建设方案决策为例［J］．复旦教育论坛，2014（4）：21—28.

36．申纪云．科学谋划高等学校学科建设［J］．中国高校科技，2014（7）：4—6．

37．谢冉．国家重点学科审批制度：历史考察与转型路径［J］．高等教育研究，2014（4）：23—28．

38．董向宇．学科交融背景下我国研究型大学院系形态与结构的检视［J］．教育科学，2014（3）：71—77．

39．戴吉亮，阎传海．美国著名理工大学学院设置特征及其启示［J］．黑龙江高教研究，2014（9）：53—55．

40．张振，武毅英．我国大学内部院系之间"贫富分化"的诱因及反思［J］．江苏高教，2014（1）：48—51．

41．赵哲．我国高校学科特区建设的模式、路径与启示［J］．黑龙江高教研究，2014（6）：20—23．

42．钱佩忠．论大学学科带头人的成长学科队伍［J］．教育发展研究，2014（1）：69—74．

43．张意忠．师承效应——高校学科带头人的成长规律［J］．高教发展与评估，2014（5）：48—54．

44．许赞．研究型大学与学科团队合作创新机制构建研究［J］．江苏高教，2014（2）：57—58．

45．慕静，王仙雅．基于 CAS 理论的高校科研创新团队形成机制研究［J］．黑龙江高教研究，2014（10）：8—11．

46．李漫红，姜华．英国大学卓越科研框架（REF）特征分析及其影响［J］．现代教育管理，2014（9）：119—122．

47．秦炜炜．美国一流教育学院的评估与宏观生态［J］．高教发展与评估，2014（7）：93—102，120．

48．易高峰．C9 高校学科水平的现状与对策研究——基于世界一流大学群体的比较［J］．教育科学，2014（2）：56—61．

49．陈力凡．基于区位商的高校分类管理研究——以"985 工程"高校为例［J］．研究生教育研究，2014（2）：60—64．

专题八　研究生教育管理研究

1．杨红霞．改革人才培养模式　提高人才培养质量［J］．中国高教研究，2014（10）：44—45.

2．颜建勇．多视角下研究生教育结构演变的驱动力研究［J］．中国高教研究，2014（1）：68—73.

3．王传毅，李旭，胡彬涵．我国研究生教育类型结构与经济社会发展的协调性分析：基于人才供需的视角［J］．教育发展研究，2014（23）：47—52.

4．陈云．读研之路：高等教育分层及其结果的试探性研究［D］.上海：华东师范大学，2014.

5．卓志，毛洪涛，赵磊．加强顶层设计，深化研究生教育综合改革［J］．中国高等教育.2014（10）：33—36.

6．李进峰．科研机构研究生教育面临的困境与对策建议［J］．中国高教研究.2014（6）：27—30.

7．李立国，黄海军．政府主导下的我国研究生教育发展特征［J］.复旦教育论坛.2014（01）：67—73.

8．顾超，李青励．论高校研究生教育管理改革创新的多维向度［J］．黑龙江高教研究.2014（12）：88—91.

9．黄宝印，等．加快建立健全我国学位与研究生教育质量保证和监督体系［J］．学位与研究生教育，2014（3）：1—7.

10．刘丽娜．发达国家高校研究生教育质量管理研究与借鉴［J］.黑龙江高教研究，2014（1）：100—102.

11．孙晓敏．如何有效选拔研究生 人力资源选拔的视角［M］．北京：北京师范大学出版社，2014.

12．林华．论我国学位管理体制的困境与革新［J］．学位与研究生教育，2014（5）：37—41.

13．马怀德，林华．论学位管理体制的立法逻辑［J］．教育研究，2014（7）：15—20.

14．李翔，胡雪芳．试论"学位法"修订的核心问题［J］．黑龙江高教研究，2014（3）：28—30.

15．罗建国．我国学位授权改革目标与策略探究［J］．学位与研究室教育，2014（08）：55—60.

16．宋艳慧，周兰领．我国学位争议处理制度的完善［J］．学位与研究生教育，2014（06）：55—59.

17．陈玲．研究生学位管理数据自动检索分析［D］．山东：山东大学，2014.

18. 刘文晓.“学部制”改革究竟改什么 ［J］. 现代教育管理，2014（9）：31—35.

19. 胥秋.90 年代以来日本研究生教育组织结构变革述评 ［J］. 现代教育管理，2014（10）：124—126.

20. 佟林杰，孟卫东. 学术生态视角下研究生学术创新激励机制异化及治理研究 ［J］. 学位与研究生教育，2014（3）：62—65.

21. 刘新芳. 研究生培养中的激励机制研究 ［D］. 桂林：广西师范大学，2014.

22. 罗念龙，陈怀楚. 基于资源整合的研究生和本科生教务管理系统 ［J］. 现代教育技术，2014（4）：104—110.

23. 吕向前，查振高. 关于我国研究生教育内涵式发展的哲学思考 ［J］. 学位与研究生教育，2014（4）：41—44.

24. 方子能. 研究生教务管理系统的设计与实现 ［D］. 吉林：吉林大学，2014.

25. 李诗. 研究生个人知识云管理系统的理论与实践研究 ［D］. 武汉：华中师范大学，2014.

26. 冯菲，范逸洲. 高校研究生助教工作职责及培训要求的现状调查 ［J］. 学位与研究生教育，2014（8）：32—37.

27. 岳慧君. 地方高校研究生助教管理制度的探索与实践——以湘潭大学为例 ［J］. 扬州大学学报（高教研究版），2014（6）：64—67.

28. 刘翠翠. 美国研究生助教制度研究 ［D］. 石家庄：河北师范大学，2014.

29. 魏静. 利益相关者视角下研究生收费制度博弈关系研究 ［J］. 研究生教育研究，2014（4）：15—20.

30. 刘强，丁瑞常. 研究生教育学费定价理论研究述评 ［J］. 学位与研究生教育，2014（9）：53—56.

31. 刘文娟，李芳敏. 资助对研究生学业成就影响机制的实证研究述评 ［J］. 学位与研究生教育，2014（6）：43—47.

32. 魏红梅，邓黎颜. 我国研究生奖助制度：问题与改进 ［J］. 教育发展研究，2014（9）：71—76.

33. 王中对. 教育经济学视野下硕士生资助体系重构研究 ［J］. 高教探索，2014（1）：75—78.

34. 衣萌，王腾飞，牟晖. 发达国家研究生收费制度与资助体系比较研究 [J]. 学位与研究生教育，2014（5）：62—66.

专题九　研究生教育国际比较研究

1. 刘春芝，宋锦萍. 香港研究生教育的国际化举措 [J]. 中国高等教育，2014（20）：57—58.

2. 衣学磊，蒋承，中美两国专业硕士学位研究生教育比较研究 [J]. 中国高教研究，2014（5）：33—37.

3. 马永红，张乐，张志祥. 专业学位授权模式的国际比较研究 [J]. 国家教育行政学院学报，2014（8）：89—94

4. 樊文强，马永红，美国印第安纳州公立高校学位授权审核制度研究 [J]. 学位与研究生教育，2014（7）：66—71.

5. 王辉，刘冬. 本硕层次学徒制：英国高层次应用型人才培养的另辟蹊径 [J]. 高等教育研究，2014（1）：91—98.

6. 赵世奎，沈文钦. 中美博士教育规模扩张的比较分析——基于 20 世纪 60 年代以来博士教育发展的数据分析 [J]. 教育研究，2014（1）：138—149.

7. 张薇，齐高峰，侯建国. 经费、师资与自组织：加拿大博士生培养的历史考察及启示 [J]. 河北大学学报（哲学社会科学版），2014（5）：65—71.

8. 李申申. 中俄博士研究生教育比较 [M]. 2014，北京：人民出版社，2014.

9. 朱佳妮. 搭乘欧洲高等教育一体化快车？——"博洛尼亚进程"对德国高等教育的影响 [J]. 清华大学教育研究，2014（6）：66—74.

10. 庄丽君，邓侨侨. 美国专业科学硕士教育研究及对我国的启示 [J]. 学位与研究生教育，2014（2）：67—71

11. 徐颖珺. 美国硕士专业学位运行机制研究 [D]. 上海：华东师范大学，2014

12. 侯晓虹. 美国商学院基于社会需求的多元化培养路径及启示 [J]. 高等工程教育研究，2014（6）：136—140.

13. 李云鹏. 美国专业博士学位的几个关键问题论析 [J]. 学位与

研究生教育，2014（1）：65—69.

14. 赵世奎，郝彤亮。美国第三代专业博士学位的形成与发展：以理疗、护理专业博士为例［J］. 北京大学教育评论，2014（4）：34—47.

15. 王建梁，董鸣燕. 英国专业博士教育20年发展的状况、问题及趋势［J］. 比较教育研究，2014（3）：13—17.

16. 邓涛，李婷. 澳大利亚教育博士的代际发展与改进［J］. 外国教育研究，2014（6）：101—110.

17. 衣萌等. 发达国家研究生收费制度与资助体系比较研究［J］. 学位与研究生教育，2014（5）：62—66.

18. 魏红梅，邓黎颜. 我国研究生奖助制度：问题与改进——基于美国的经验［J］. 教育发展研究，2014（9）：71—76.

19. 黄海刚，苑大勇. 美国博士生教育质量评估与质量保障体系研究——基于历史和价值转换的视角［J］. 外国教育研究，2014（9）：13—25.

20. 张振刚，陈力恒，刘源，全美博士点质量评估体系探析及启示［J］. 中国高教研究，2014（6）：36—42.

21. 刘丽娜. 发达国家高校研究生教育质量管理研究与借鉴［J］. 黑龙江高教研究，2014（1）：99—102.

22. 蒋家琼. 研究生体验调查：英国研究生参与教育质量保障的基本途径［J］. 高等教育研究，2014（6）：105—109.

23. 岳英. 英国研究生教育内部质量保障体系的运行特征——以剑桥大学为例［J］. 比较教育研究，2014（10）：67—72.

24. 何峰，陈秋媛. 美国高校研究生教育管理的过程、特点及启示——对印第安纳大学研究生院的考察［J］. 学位与研究生教育，2014（1）：73—77.

25. 崔海英. 国外高校研究生事务管理实务［M］. 上海：华东师范大学出版社，2014.

26. 李继兵，李芳红. 中美硕士研究生导师制比较分析［J］. 黑龙江高教研究，2014（2）：43—46

27. 万圆. 美国博士生招生制度的特点及启示［J］. 研究生教育研究，2014（4）：90—95

28. 李传波，潘峰. 自主与自律：美国博士生招生申请机制的显著特征［J］. 学位与研究生教育，2014（4）：69—72.

29. 肖凤翔，张宇，赵美蓉. 英国工程博士研究生招生特色及其对我国的启示［J］. 学位与研究生教育，2014（8）：67—71.

30. 陈露茜. 对美国研究生入学考试（GRE）的历史研究［J］. 清华大学教育研究，2014（1）：102—110.

31. 刘翠翠. 美国研究生助教制度研究［D］. 石家庄：河北师范大学，2014.

32. 闫素霞. 美国高校研究生助教制度研究［D］. 哈尔滨：黑龙江大学，2014.

33. 王娟. 美国研究生负责任研究行为教育方式研究［D］. 保定：河北大学，2014.

34. 李素琴，边京京，李淑华. 美国研究生负责任研究行为教育最佳实践——RCR 教育项目研究［J］. 学位与研究生教育，2014（9）：63—68.

35. 牛梦虎，徐永. 美国博士生流失问题的若干理论分析［J］. 中国高教研究，2014（11）：59—63

36. 李海生. 美国博士生学业完成的困境及原因分析［J］. 全球教育展望，2014（11）：101—111.

37. 殷朝晖，雷丽. 学术资本主义视域下的美国研究生创业及其启示［J］. 清华大学教育研究，2014（5）：23—28.

38. 杨婕. 英美日法四国博士培养策略及对我国的启示［J］. 中国青年研究，2014（8）：26—29.

39. 王东芳，沈文钦，李素敏. 美国博士生培养的结构化模式及其全球扩散——以经济学科为案例［J］. 学位与研究生教育，2014（8）：61—66.

40. 陈斌. 中美学术型博士研究生培养模式比较研究［J］. 研究生教育研究，2014（6）：85—90.

41. 李晶. 英国新制博士学位人才培养模式初探［J］. 研究生教育研究，2014（2）：91—95.

42. 张振刚. 中美专业学位研究生培养模式比较研究［M］. 广州：华南理工大学出版社，2014.

43. 高磊，赵文华. 美国学科交叉研究生培养的现状及启示——以美国研究生教育与科研训练一体化项目为例［J］. 学位与研究生教育，2014（8）：54—60

44. 周文辉，陆晓雨. "TI：GER"项目——美国跨学科培养研究生的新探索［J］. 江苏高教，2014（1）：91—94.

45. 万秀兰，尹向毅. 美国高校交叉学科发展模式及其启示［J］. 比较教育研究，2014（12）：20—25.

46. 焦磊，谢安邦. 国外跨学科研究生教育组织形式探究［J］. 中国高教研究，2014（11）：54—58.

47. 宋华明，常姝，董维春. 美国高校推进学科交叉融合的范例探析及启示［J］. 学位与研究生教育，2014（9）：73—77.

48. 刘贤伟，马永红，马星. 美国超学科人才培养的实践——以加州大学欧文分校社会生态学院为例［J］. 高教探索，2014（6）：52—57.

49. 胡立等. 英国产学研联合培养研究生的主要特点及经验借鉴——KTP计划的实践［J］. 学位与研究生教育，2014（3）：67—71.

50. 皮国萃，孙进. 政产学研用一体化：加拿大滑铁卢大学的研究生合作教育模式及其启示［J］. 学位与研究生教育，2014（4）：64—68.

51. 孟秀丽，杨连生，王松婵. 日本长冈技术科学大学工程硕士培养探析［J］. 研究生教育研究，2014（6）：91—95.

52. 安实，胡晓伟，王健. 美国华盛顿大学研究生培养对交通运输工程学科的借鉴［J］. 研究生教育研究，2014（2）：88—90.

53. 张志强等. 美国林业硕士专业学位研究生教育的特点与启示［J］. 学位与研究生教育，2014（6）：70—77.

54. 张秀峰，高益民. 美国教育博士培养"学术化"问题的改革和探索——以范德堡大学教育学院为例［J］. 比较教育研究，2014（3）：18—24.

55. 江敏. 中英教育博士培养方案的比较研究［D］. 长沙：湖南师范大学，2014.

56. 刘瑶瑶. 美国密歇根州立大学教育硕士在线培养项目研究［D］. 重庆：西南大学，2014.

57. 李琦. 中外数学教育硕士培养模式的比较研究［D］. 武汉：华中师范大学，2014.

58. 陈建俞，刘少雪. 中美医学领域授予研究型博士学位的学科专业比较［J］. 高等工程教育研究，2014（2）：137—142.

59. 徐胜萍，田海鑫. 21世纪初域外法学本科后教育改革的特点及启示——基于对日、韩、德、英四国的考察［J］. 中国高教研究，2014

（2）：47—51.

60．李明忠，焦运红．美国高校学生事务管理专业研究生培养及其特征［J］．学位与研究生教育，2014（5）：72—77.

61．胡凯．基于学生主体地位的美国研究生课程教学模式研究［J］．学位与研究生教育，2014（9）：68—72.

62．廖国建，谢建平．哈佛大学医学院研究生微课程项目及其启示［J］．学位与研究生教育，2014（1）：70—72.

63．张睦楚，从北大到剑桥：我国研究生暑期继续教育模式的新探索［J］．研究生教育研究，2014（3）：86—90.

64．吕巾娇等．美国教育技术学博士学位论文的研究内容分析［J］．电化教育研究，2014（12）：114—120.

2014年中国学位与研究生教育学会研究生教育成果奖

特等奖

成果名称： 医学免疫学研究生拔尖创新人才"思行"培养模式的探索与实践

成果完成人： 曹雪涛，王全兴，张意，于益芝，田野苹，万涛，姜北

成果完成单位： 第二军医大学免疫学研究所

成果简介： 第二军医大学免疫学研究所暨医学免疫学国家重点实验室围绕培养青年拔尖创新人才的中心目标，针对当前研究生培养中重量轻质、创造力不强、缺乏开拓性思维及国际大视野的科研文化氛围等问题，在研究生培养中坚持"四位一体化"的育人理念，形成了要素完备的"思行"教育模式，整体设计、分阶段个性化培养，成功培育了一批优秀免疫学研究生和顶尖的教科研骨干。

主要内容和方法

一是以"思"为先，通过导师启发、大师引导等方式，引导研究生树立"献身事业、追求卓越、严谨求实"的成才信念；通过参加国际学术会议、邀请大师专题报告、课题讨论等手段，积极导向研究生思考前沿科学和重大科学问题。二是以"行"为本，通过实施"夯基计划、攀登计划、登峰计划"，帮助研究生完成第一阶段"兴其趣、壮其志、静其心、奠其基"，第二阶段"练其能、定其位、开其悟、鼓其势"为目标的培养拔尖创新人才的任务。三是"思行合一"，既训练研究生慎思明辨的科研思维能力和开拓创新的科研实践能力，还重点培养其将知识转化为应用的能力。四是锻造师资，着力培养集"教育者、管理者、示范者、引导者、组织者"为一体的精英导师队伍。五是文

化育人，强调"科研时间自控、科研方式自选、科研思维自由"，着力营造"和谐"的文化氛围，在研究生中形成良性竞争环境。

创新点

一是成功创立免疫学研究生拔尖创新人才培养体系，成功实现研究生培养方向由"追赶前沿"向"引领前沿"转变；二是首创"两段式"研究生培养"思行"新模式；三是首次提出"五位一体"导师队伍培养新理论；四是确立了"精神引导为根本、知识传授为基础、能力培养为重点、素质锻造为核心""四位一体化"的育人理念。

推广应用成果与贡献

一、"思行"模式培养出顶尖人才，成果丰硕：①所培养研究生10人获"全国优博"，居全国医学院校单学科之首；14人获"上海市优博"、3人获"上海市优硕"、7人获"全军优博"、4人获"全军优硕"；研究生的自主研究结果在Science、Cell等国际一流杂志发表论文16篇；②研究成果获得发明专利21项，3名研究生成果被列为中国十大科技进展和中国高校十大科技进展，一项成果进入国家新药三期验证阶段。③培养的研究生在清华大学等单位担任教研室正、副主任共有12人，2人担任国家二级学会的主任和副主任委员；主编本科和研究生规划教材多部。

二、分享优质资源，发挥积极作用：已经形成了"人才培养—优秀成果—科技转化—反哺学科"的良性循环，帮带兄弟院校和学科，为浙大医学院培养了迄今仅有的2名"全国优博"获得者，为长海医院中医医院培养1名"全国优博"获得者，对我国研究生培养具有导向作用。

三、院校积极推广，深受好评：获得上海市教育研究成果一等奖，应邀在复旦大学等多所院校做报告，深受好评。

一等奖

1. 全国"学科评估"对完善质量保障体系、促进学科内涵发展的探索与实践

成果类别：实践类

成果完成人：李军，林梦泉，任超，王战军，王洪歧

成果完成单位：教育部学位与研究生教育发展中心

成果简介：学科是高等教育的最基本组成单元，是高校人才培养、科学研究、社会服务和文化传承创新的基础和载体。为推动学科内涵式发展，助推教育质量提高，教育部学位与研究生教育发展中心在教育部领导关心和有关部门的指导下，在全国研究教育战线的大力支持和配合下，自主开发了一项"非行政性、非营利性、自愿参与"的评估项目——全国学科评估。它是按照国务院学位委员会和教育部颁布的《学位授予与人才培养学科目录》，按一级学科（不含军事学门类）对具有学位授予权的高校和科研机构进行水平评估，并根据评估结果发布排名。学科评估自 2000 年开始论证，2002 年首次开展，至今已完成三轮评估。

2. 基于科教结合的两段式交叉型人才培养模式的探索与实践

成果类别：实践类

成果完成人：古继宝，张淑林，倪瑞，彭莉君，裴旭

成果完成单位：中国科学技术大学

成果简介：为贯彻落实国家关于建设人才强国和人力资源强国的战略部署，培养具有国际视野的拔尖创新人才，按照国家教育中长期规划和中科院关于加强科教协同创新、促进科教资源共享以及刘延东关于"要大力推进科技与教育协同育人，促进科研与教学互动、科研与人才培养结合"要求，我校秉承"全院办校、所系结合"的办学方针，积极推动与中国科学院合肥物质科学研究院（以下简称"物质院"）在研究生教育领域的合作共建，探索实践了基于科教结合的两段式交叉型人才培养模式。在研究生培养过程中，我校充分利用中国科技大学和物质院双方优势，通过共享科研平台、共享教学资源、交叉互聘领导班子与导师队伍、共建学科创新单元、两段式人才培养和共建信息管理平台，形成了资源整合机制与资源多元化机制，实现优势互补、互动双赢，达到培养具有国际视野的拔尖创新人才的目标。

3. 面向能源学科前沿与国家重大需求，团队式国际化培养创新人才的实践

成果类别：实践类

成果完成人：岑可法，倪明江，骆仲泱，严建华，樊建人

成果完成单位：浙江大学

成果简介：浙江大学工程热物理学科是我国能源环境领域顶尖的人才培养和科学研究基地。该学科有国家级教学团队，建有能源清洁利用国家重点实验室、国家能源科学与技术学科创新引智基地、国家环境保护大气污染控制工程技术中心、国家煤炭分级转化清洁发电协同创新中心、国家能源煤炭清洁转化研发中心和国家能源与动力实验教学示范中心等国家级科研与教学基地。先后获国家级科技三大奖 13 项。多年来，学科在岑可法院士的领导下，努力探索实践培养高水平人才之路，在研究生教育上取得了突出成绩。培养博士生中，7 人获全国优秀博士学位论文奖，4 人获提名奖，学科在人才培养上的主要特色有：①建设高水平导师队伍，团队式培养研究生；②严格研究生开题，面向能源科学前沿和国家重大需求，鼓励学科交叉；③持续稳定地开展国际合作与交流，提升研究生的国际竞争力；④理论联系实际，注重培养研究生解决实际问题的能力。

4. 服务行业需求，提升实践能力，水利领域专业学位研究生培养的创新与实践

成果类别：实践类

成果完成人：朱跃龙，董增川，姚纬明，方国华，刘平雷

成果完成单位：河海大学

成果简介：主要解决了研究生教育实践问题，解决了专业学位研究生知识结构体系不能完全适应现代水利发展需求的问题；解决了服务水利行业需求高层次应用型人才培养中如何切实提高实践能力的问题；解决了专业学位研究生在联合培养基地进行实践的规范化管理与考核问题。

解决实践问题的方法：提出"重基础、强实践、拓素质"的专业学位研究生培养理念，建立了"知识、能力与素质"和"大学、企业与政府"相互作用的双三螺旋人才培养模型，为联合培养提供了理论支撑。以社会需求为牵引，以联合共赢为出发点，建立了"校内培养＋基地培养""知识构建＋工程实践"的专业学位研究生"1＋1"培养模式。以行业需求为导向，更新课程设计理念，突出科技与人文相结合，理论与应用相结合，校内与校外相结合，建立了模块化课程体系。充分利用行业特色优势，构建了学校与政府、学校与行业、学校与企业 3 种类型研究生联合培养基地 145 家，遍布 22 个省（市），为培养高层次应

用型人才提供了有力支撑。严格基地与校内导师选聘，加强培训，建立了高水平的专业学位研究生双导师队伍。目前，已聘任1400余名基地导师和1300余名校内导师。实施"顶岗实践"，所有专业学位研究生完成一年的校内学习后，进入校外基地依托专门的技术岗位、明确的生产或应用研究项目进行为期一年的"顶岗实践"。加强制度建设，建立了专业学位研究生培养的规范化管理制度体系。

5. 硕士研究生培养模式改革实践

成果类别：实践类

成果完成人：丁雪梅，甄良，赵学增，沈毅，宋平

成果完成单位：哈尔滨工业大学

成果简介：①建立起了较为完善的学术型和应用型两种类型硕士生的培养体系，解决了单一培养模式难以适应社会发展对不同类型高水平人才需求的问题，同时拓宽了研究生就业渠道。②根据学生的学科基础及就业规划，通过分类培养"因需施教"，增强了学生自我发展的主动性，解决了以往很多学生被动学习，主动性和积极性不高的问题。③根据学术型和应用型研究生的不同需求，开展特色培养，有针对性地提高不同类型研究生的培养质量，解决了研究生培养规模较大的情况下，单一培养模式难以保证培养质量的问题。

6. 天津大学研究生"3I·4C"分类培养体系的构建与实践

成果类别：实践类

成果完成人：白海力、赵美蓉、陈金龙、刘宁、王天友

成果完成单位：天津大学

成果简介：传统的单一学术型研究生培养模式无法适应经济社会发展对人才多样化的需求，专业学位与学术学位研究生培养存在同质化倾向，亟须建立研究生分类培养体系，突出科教结合和产学结合，提升研究生创新和实践能力。

统筹构建定位清晰、目标明确、特色鲜明、协调发展的研究生"3I·4C"培养体系。①以提升知识更新力、学术创新力和国际竞争力为目标，突出科教结合，构建学术学位研究生"3I"培养体系。以创新（innovation）能力为导向，通过更新培养方案、开展课程建设、构建数字化教学平台等，优化课程体系，强化知识更新力。以国际化（internationalization）为特征，通过建设国际化教学体系、拓展海外学术经历、开展专业国际认证等，改革培养模式，增强国际竞争力。以多学科

交叉（interdisciplinarity）为牵引，通过建设高水平学科交叉平台、协同创新中心、公共实验教学平台、博士生学术论坛等，搭建学术平台，提升学术创新力。②以提升知识迁移力、实践创新力和职业胜任力为目标，突出产学结合，构建专业学位研究生"4C"培养体系。分类（classification）指导，针对不同类型、不同领域专业学位研究生的特点，建立多元目标驱动的管理模式。能力（capability）导向，依据"冰山模型"理论确立胜任力素质标准，构建基于胜任力素质的课程体系。协同（collaboration）培养，以"单证"带"双证"的模式建设校企双赢的实践基地体系，吸引企业参与教学创新，打造校企深度合作的实践平台。内涵（connotation）引领，从招生、培养、学位授予到就业各阶段完善全程质量跟踪的保障机制。

7. 中国研究生教育质量年度报告

成果类别：研究类

成果完成人：王战军，周文辉，翟亚军，廖湘阳，刘俊起

成果完成单位：北京理工大学，华北电力大学，湘潭大学

成果简介：研究生教育质量年度报告紧紧围绕"质量"核心词，对研究生教育质量中的整体质量观、质量评价、满意度、国际化等问题进行了深入研究，并采用多种研究方法进行统计、分析、比较和判断。通过研究，拓展了有关研究生教育整体质量观的理论研究内容，构建了省级研究生质量评价体系与实施方案，开展了研究生满意调查，呈现了国外研究生教育的最新进展，丰富了研究生教育质量研究的理论。

报告采用数理统计法、问卷调查法、定性评价法、功能分析法、比较分析法、描述性研究法等多种研究方法，对研究生教育质量中的有关问题进行了系统研究。研究方法中既有质性的研究方法，又有量性的研究方法，也有在定性评价和定量评价中寻找结合与平衡点，使用的综合评价法。

8. 优势互补、协同创新——探索中国特色、世界一流的生命学科博士生培养模式

成果类别：实践类

成果完成人：施一公，饶毅，王晓东

成果完成单位：清华大学，北京大学，北京生命科学研究所

成果简介：清华大学、北京大学和北京生命科学研究所三家单位携手，共同积极探索协同培养博士生的创新举措，充分聚集和利用各

方在教学、师资和科研方面的优势资源，以提高博士生的科研创新能力，培养生命科学领域具有国际竞争力的高水平博士生，建立了生命科学和生物医学博士研究生联合培养项目（以下简称 PTN 项目），自2010 年开始招生培养。

PTN 项目旨在通过整合三家单位在生命科学研究领域的优势，探索新型的、与国际接轨的博士生招生和培养机制，培养一流生命科学工作者，同时也促进三家单位在学术研究上的深层次交流合作。

9. 清华 MBA 教育改革和创新实践

成果类别：实践类

成果完成人：钱颖一，高建，郦金梁，钱小军，张进

成果完成单位：清华大学

成果简介：传统的中国 MBA 教育存在课程体系偏颇、本土化不足、国际化缺乏三大问题，不利于培养具有综合管理能力的领导者。清华经管学院因应时代变化，提出新的 MBA 培养目标，改革教育模式，创新教育实践，全面提升 MBA 教育。

从 5 个方面实施改革与创新。课程改革：构建总体改革思路，制定新课程体系。招生改革：结合培养目标开发出清华 MBA 学生素质模型，改革招生流程，实行"提前面试 + 国家线录取"的新招生机制。复合型人才培养：与清华大学 10 个院系建立 MBA + X 双学位教育合作，培养跨学科复合型管理人才。与校内外机构合作举办创意创新创业教育平台（x – lab），帮助学生实现跨学科交叉融合。全球化战略：加强国际合作，提升清华 MBA 教育的国际声誉；构建全球学习网络；开办全球MBA 项目，突出中国元素和全球化，提升全英文教学体系。信息化战略：开办首批 MBA 在线课程，采用基于新信息技术的群组混合教学模式，由自主学习和课堂学习两部分构成。

10. 博士质量：概念、评价与趋势

成果类别：研究类

成果完成人：陈洪捷，沈文钦，赵世奎，郭建如，蔡磊砢

成果完成单位：北京大学、北京航空航天大学

成果简介：论证了知识生产模式转型是博士质量危机的深层次原因，提出了博士培养质量、博士发展质量的"两段论"分析框架。提出了学术成果导向、职业导向、学术训练导向和效益导向 4 种类型的质量观。厘清了博士质量、博士点质量、博士教育质量的内涵和边界。

构建了博士培养质量模糊综合评价模型，制订了一套成熟的、可供操作的指标。从新制度主义的视角，分析了博士教育在中国的扩散过程以及制度、文化在博士教育质量保障体系中的作用。以德国为个案，对欧洲尤其是德国博士生培养的结构化改革、研究生院的建立等制度创新进行了深入分析。

后　记

　　2015 年 5 月，编写组在认真总结前 3 年《中国研究生教育研究进展报告》编写经验的基础上，完善方案、改进方法，启动了《中国研究生教育研究进展报告（2015）》的撰写。编写组继续秉承研究生教育年度报告的定位——"汇聚研究生教育研究成果、展示研究生教育研究现状、启示研究生教育研究方向、促进研究生教育科学发展"，搜集 2014 年度发表、出版的学术成果，比较全面地反映了我国研究生教育年度研究的全貌。经过"目录定刊"、"词语定文"、"人工鉴别" 3 个检索步骤广泛搜集学术成果。与 2013 年相比，2014 年度关于研究生教育的期刊论文数仍有小幅增加，博士论文数量仍然较少，学术著作小幅增加，报纸文章数量大幅增长。

　　《中国研究生教育研究进展报告（2015）》仍然保持 9 个专题的主体框架。各专题由引言、主要内容、文献分布及特点分析三部分组成，各部分之间紧密联系。各专题客观描述研究内容，提炼研究成果。为了展示近年来研究生教育研究发展情况，本报告各专题根据前 3 年研究生教育研究报告的研究积累，增加了 2011—2014 年相关主题问题中研究重点、研究方法、引用作者群的比较分析，并用数据对比、图表展示等方式进行阐述。

　　本报告由中国学位与研究生教育学会会长、中国工程院院士赵沁平教授筹划和指导，由北京理工大学学位与研究生教育研究中心、学位与研究生教育杂志社、中国科技大学研究生教育研究杂志社共同编写。分工如下：

文献概述　王战军、乔伟峰、乔刚；

专　题　一　研究生教育基本问题研究：翟亚军、唐广军；

专　题　二　研究生教育质量研究：李娟、王铭；

专　题　三　研究生培养研究：黄志广、李璐；

专　题　四　研究生导师队伍建设研究：裴旭、李金龙；

专　题　五　研究生招生与就业：周文辉、韩晓峰；

专　题　六　研究生德育研究：周文辉、陆晓雨；

专　题　七　学科建设研究：翟亚军；

专 题 八　研究生教育管理问题研究：王战军、李芬；

专 题 九　研究生教育国际比较研究：万明、崔育宝。

北京理工大学学位与研究生教育研究中心主任王战军教授负责统稿工作。清华大学博士研究生乔伟峰、北京理工大学博士研究生乔刚负责2014年度全部文献的搜集，北京理工大学博士生李芬承担编写组秘书工作。鉴于编写组水平有限，本报告肯定存在疏漏和不当之处，恳请读者批评指正。

最后，对给予本报告出版大力支持的中国科学技术出版社及王晓义编辑表示衷心感谢！

中国学位与研究生教育学会研究进展报告编写组
2015 年 7 月